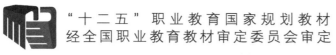

"十二五"职业教育国家规划教材
经全国职业教育教材审定委员会审定

高职高专**汽车检测与维修技术**专业系列教材

汽车性能与使用

（第三版）

主　编　黄超群　曹建国

副主编　杨　浩　邢　峰　徐　杰

参　编　叶　芳　魏显坤

主　审　庞远智

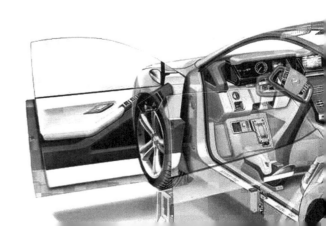

重庆大学出版社

内容提要

本书为"十二五"职业教育国家规划教材,全书主要内容包括汽车概论、汽车动力性、汽车燃油经济性、汽车行驶安全性、汽车平顺性与通过性、汽车使用条件、汽车运行材料及其合理使用、汽车的正确使用,以及汽车维护与保养等。每章后附有拓展知识与习题。全书注重理论与实际相结合,简明实用。

本书可作为高职高专院校汽车类、交通类专业的教材,也可供从事汽车使用、维修、检测与管理的工程技术人员参考。

图书在版编目(CIP)数据

汽车性能与使用 / 黄超群,曹建国主编. -- 3 版. -- 重庆:重庆大学出版社,2020.8(2025.7 重印)
高职高专汽车检测与维修技术专业系列教材
ISBN 978-7-5624-8617-6

Ⅰ.①汽… Ⅱ.①黄… ②曹… Ⅲ.①汽车—性能—高等职业教育—教材②汽车—使用方法—高等职业教育—教材 Ⅳ.①U461②U471.2

中国版本图书馆 CIP 数据核字(2020)第 014726 号

汽车性能与使用
(第三版)

主 编 黄超群 曹建国
副主编 杨 浩 邢 峰 徐 杰
主 审 庞远智
策划编辑:曾显跃

责任编辑:曾显跃　　　版式设计:曾显跃
责任校对:关德强　　　责任印制:张 策

*

重庆大学出版社出版发行
社址:重庆市沙坪坝区大学城西路 21 号
邮编:401331
电话:(023)88617190　88617185(中小学)
传真:(023)88617186　88617166
网址:http://www.cqup.com.cn
邮箱:fxk@ cqup.com.cn(营销中心)
全国新华书店经销
重庆市圣立印刷有限公司印刷

*

开本:787mm×1092mm　1/16　印张:16　字数:402 千
2020 年 8 月第 3 版　2025 年 7 月第 5 次印刷(总第 9 次印刷)
印数:15 201—15 700
ISBN 978-7-5624-8617-6　定价:45.00 元

前言

汽车工业的迅速发展带来了汽车新技术的涌现，为了贯彻落实《国家职业教育改革实施方案》，专业课教材应随发展和产业升级情况及时动态更新，对教材内容持续更新，及时将行业内的新知识、新技术融入教材中。本书在内容上将理论知识和应用实践相结合，以提高学生综合应用知识解决实际问题的能力。

本书共 10 章，主要介绍了汽车动力性能、汽车燃油经济性能、汽车行驶的安全性能、汽车行驶平顺性能与通过性能、汽车使用条件、汽车运行材料及其合理使用、汽车的正确使用、汽车的维护和保养等内容。

本书自 2010 年 7 月第 1 次出版发行以来，受到了用书院校广大师生的好评，结合各院校使用情况意见反馈，编者会同汽车行业专家委员会，通过充分调研论证，对本书在第二版的基础上进行了修订编写，形成以下典型特色：

①为便于学生掌握学习内容，对书中理论知识进行了合理组织，删减及更新了一些过时的内容，突出了教材内容的先进性，保证教材建设与汽车技术同步发展，增加了近几年发展比较成熟且已应用的新技术内容。

②每个章节都设置学习目标，学习目标分为知识目标和技能目标，不仅方便教师进行教学的安排，还有利于学生自学，掌握重点和难点。

③每个章节后面配有知识拓展，便于学习者拓展专业知识。

④每个章节后设置复习思考题,不仅方便教学过程中教师进行理论考核,也有利于学生自查学习效果。

本修订版由重庆工商职业学院黄超群、曹建国、杨浩、邢峰、徐杰、魏显坤、叶芳等人完成内容修订。其中,黄超群、曹建国任主编,杨浩、邢峰、徐杰任副主编,叶芳、魏显坤参编。本书由重庆市公共交通汽车维修有限责任公司庞远智主审。

本书在编写时,参阅了国内外的许多相关书刊和文献,借鉴了宝贵的资料,再次向原作者致以诚挚的谢意。

由于编者水平有限,书中不足及错误之处,敬请广大读者批评指正。

编　者
2020 年 4 月

目 录

第**1**章

汽车概论

学习目标

【能力目标】

1. 能说清汽车主要技术参数的含义；

2. 能运用汽车产品型号和汽车识别代号知识进行车辆识别。

【知识目标】

1. 了解汽车的定义和分类；

2. 掌握汽车识别代号的含义；

3. 掌握汽车产品的型号编制规定；

4. 理解汽车主要技术参数的含义。

1.1 汽车的定义与分类

在美国,汽车是指由本身的动力驱动(不包括人力、畜力),装有驾驶操纵装置的,在固定轨道以外的道路或自然地域上运输客、货或牵引其他车辆的车辆。在日本,汽车则指自身装有发动机和操纵装置、不依靠轨道和架线能在陆上行驶的车辆。在我国,汽车的定义与分类,与美国和日本均有所不同,本节介绍我国对汽车的定义与分类。

1.1.1 汽车的定义

汽车是一种快速而机动的陆路运输工具。一般是指不用轨道,不用架线,而用自带动力装置驱动的轮式车辆。一般具有 4 个或 4 个以上的车轮,通常用作载运客、货及牵引客、货挂车,也有的是为了完成特定的运输任务或作业任务而将一般汽车经过特别改装或配装专用设备的专用车辆,但不是专供农田作业使用的机械。

全挂车和半挂车并无自带的动力装置,它们与牵引汽车组成的汽车列车属于汽车范畴。有些进行特种作业的轮式机械,如轮式推土机、铲运机、叉式起重机(叉车)以及农田作业用的轮式拖拉机等,在少数国家作为专用汽车,而在我国则分别划入工程机械和农业机械范畴。

1.1.2　汽车的分类

汽车的分类方法较多,主要有以下几种:

(1)按国家标准(GB/T 3730.1—2001)分类

1)乘用车

乘用车主要用于载运乘客及其随身行李或临时物品的汽车,包括驾驶员座位在内最多不超过 9 个座位,乘用车又细分为基本型乘用车(轿车)、多功能车(MPV)、运动型多用途车(SUV)、专用乘用车和交叉型乘用车。

①基本型乘用车　它等同于旧标准中的轿车,但在统计范围上又不同于轿车,这种区别主要表现在将旧标准轿车中的部分非轿车品种,别克 GL8、奥德赛、切诺基排除在基本型乘用车外,而原属于轻型客车中的"准轿车"列入了基本型乘用车统计。

②多功能车(MPV)　它集轿车、旅行车和厢式货车的功能于一身,车内每个座椅都可以调整,并有多种组合方式,前排座椅可以 180°旋转的车型。如道奇卡拉旺(图 1.1)和顺风的航海家、福特风之星和雪佛兰鲁米娜、广州本田的奥德赛、上海通用的别克 GL8(图 1.2)、东风柳州的风行和江淮的瑞风等车型。

图 1.1　道奇卡拉旺　　　　　　　　　　图 1.2　上海通用的别克 GL8

③运动型多用途车(SUV)　这类车既可载人,又可载货,行驶范围广泛,驱动方式为四轮驱动。常见的 SUV 车有克莱斯勒道奇酷威(图 1.3)、奥迪 Q7、宝马 X5、本田 CR-V(图1.4)、保时捷-卡宴等。

图 1.3　道奇酷威　　　　　　　　　　图 1.4　本田 CR-V

④专用乘用车　运载乘员或物品并完成特定功能的乘用车,它具备完成特定功能所需的特殊车。例如:旅居车、防弹车、救护车、殡仪车等。

⑤交叉型乘用车　这类车是指除一般意义上的轿车、多功能车(MPV)、运动型多用途车(SUV)以外的乘用车类型,这类车型主要指的是旧分类中的微型客车,今后新推出的不属于上述三类的车型也列入交叉型乘用车统计。

2)商用车

在设计和技术特征上是用于运送人员和货物的汽车,并且可以牵引挂车。主要包括座位数大于9的客车、货车、半挂牵引车等。货车是一种主要为载运货物而设计和装备的商用车辆,其用来牵引或挂车均可。半挂牵引车是装备有特殊装置用于牵引半挂车的商用车辆。

(2)按用途分类

1)轿车

轿车用于载运人员及其随身物品,是座位布置在两轴之间的四轮汽车。它的座位不多于9个(包括驾驶员在内)。

①**按发动机排量分类**

轿车按所用发动机汽缸工作容积(排量)可分为:

a. 微型轿车　排量小于1.0 L,如奥拓(图1.5)、夏利、菲亚特126等。

b. 普通级轿车　排量1.0~1.6 L,如拉达、雪铁龙BX16、嘉年华、飞度、POLO(图1.6)等。

図1.5　奥拓汽车　　　　　　　　　　图1.6　上海大众POLO

c. 中级轿车　排量1.6~2.5 L,如上海桑塔纳、爱丽舍、东风悦达起亚福瑞迪(图1.7)、宝来、标致307、花冠、现代伊兰特、凯越、赛拉图等。

d. 中高级轿车　排量2.5~4.0 L,如帕萨特、雅阁、蒙迪欧、奥迪A6(图1.8)、BENZ E/C、BMW3/5等。

图1.7　东风悦达起亚福瑞迪　　　　　　图1.8　奥迪A6

e. 高级轿车　排量4 L以上,如中国红旗CA770D、美国通用汽车公司的凯迪拉克高级轿车(图1.9)、美国福特汽车公司的林肯高级轿车(图1.10)、英国罗尔斯·罗依斯高级轿车和德国奔驰500系列、560系列高级轿车。

图1.9　凯迪拉克高级轿车　　　　　　图1.10　林肯高级轿车

上述前3种级别的轿车的主要特点是尺寸较小,结构紧凑,前排座椅是较舒适的乘坐位置,而后排座椅通常供辅助用。因此,这些轿车最宜作为车主自己驾驶的家庭用车。

②按车身形式分类

轿车可分为普通轿车、活顶轿车、旅行轿车和华贵轿车等几种类型。

a.普通轿车　具有固定车顶,二排座席,可乘坐 4~6 人,单一客室(前后排座席之间没有隔壁厢式车身)的汽车。

b.活顶轿车　一种车顶可开闭的,即具有可折叠或可移动车篷的小型轿车。车顶至少有两个位置。在第一个位置上,车顶遮蔽车身;在第二个位置上,车顶折叠于后部。

c.旅行轿车　一种后排座席后方具有较大空间的,该空间与客室连成一体可作为行李舱或设置可折叠式座席的厢式轿车。

d.华贵轿车　设有前后两座席和辅助座席,特别重视后排座席,可乘坐 6~8 人,在驾驶员席与后方客室之间可设有隔壁的厢式车身的轿车。

2)客车

客车用于载运乘客及其所携带的行李,一般有 9 个以上座位(包括驾驶员座)。

①按其总长度分类

a.微型客车　总长度不超过 3.5 m,如一汽吉林轻型厂生产的 JL6320 微型客车和天津汽车制造厂生产的天津大发微型客车。

b.轻型客车　总长度 3.5~7 m,如天津市客车厂生产的三峰 TJ6481 轻型客车和沈阳金杯客车有限公司生产的丰田海狮 RZH114L 轻型客车。

c.中型客车　总长度 7~10 m,如四平客车厂生产的 SPK6900 中型客车。

d.大型客车　总长度大于 10 m,如丹东汽车制造厂生产的 DD6112H 大型客车。

(a)长头货车　　　　　　　(b)平头货车　　　　　　　(c)短头货车

图 1.11　按驾驶室结构类型对货车分类

e.包括铰接式客车(车辆长度大于 12 m)和双层客车(长度为 10~12 m)两种,如上海客车厂生产的 SK6141A3 铰接式客车和南京金陵双层客车厂生产的 JL6121S 双层客车。

②按用途分类

按用途不同,客车可分为旅行客车、城市客车、长途客车、游览客车、铰接式客车及双层客车等。

3)货车

货车是运载货物的汽车,又称载重汽车或卡车,通常采用前置发动机,车身分为独立的驾驶室和货箱两部分。

①按最大总质量分类

a.微型货车　最大总质量不超过 1.8 t,如一汽吉林轻型车厂生产的 JL1010 微型货车。

b.轻型货车　最大总质量 1.8~6.0 t,如北京轻型汽车有限公司生产的 BJ1041 轻型货车、南京汽车制造厂生产的跃进 NJ1061 轻型货车,以及江西汽车制造厂生产的江铃 JX1030DS 双排座轻型货车。

　　c. 中型货车　最大总质量 6.0 ~ 14.0 t,如第一汽车制造厂生产的解放 CA1091(CA141)中型货车和第二汽车制造厂生产的 EQ1090E(EQ140)中型货车。

　　d. 重型货车　最大总质量 14.0 t 以上,如济南汽车制造厂生产的黄河 JN1181C13(JN162)重型货车和斯太尔重型货车。②按驾驶室结构分类

　　按驾驶室的外形和结构分为长头货车、平头货车和短头货车(图 1.11)。

　　4)专用(特种)汽车

　　为完成特定的载运(货物或人员)或作业任务,装有专用设备或经过特殊改装的汽车称为专用(特种)汽车。它可分为专用轿车、专用客车、专用货车及特种作业车。

　　①专用轿车　以轿车为基础进行改装而成,如检阅车、指挥车、运动车等。

　　②专用客车　以客车为基础进行改装而成,如囚车、监察车、救护车等。

　　③专用货车　为载运特殊货物装有专用设备的货车,如自卸车、罐式车、保温冷藏车等。

　　④特种作业车　装有专用设备用于完成特殊任务的特种汽车,如消防车、高空作业车等。有的特种作业车,兼有完成作业和运输任务的功能,如垃圾集运车、洒水车、水泥搅拌车等。

　　5)越野汽车

　　主要用于非公路条件下载运人员或货物或牵引各种装备的汽车。图 1.12 为一种硬顶式越野车。

　　6)工矿自卸汽车

　　工矿自卸汽车又称为重型自卸汽车,主要用于矿区、工地运输矿石、砂土等散装货物,并能自行卸货的汽车。这种汽车的最大总质量和最大轴载质量一般都超过公路承载规定,不能在普通公路上行驶,且需采用多桥驱动形式。工矿自卸汽车的允许最大装载质量一般为 15 t以上,最大装载质量已达 300 t,需采用大功率柴油发动机。装载质量较小的工矿自卸汽车可采用长头或平头式驾驶室。装载质量较大的一般采用仅设驾驶员座的半边式驾驶室(图1.13)。

图 1.12　越野汽车

图 1.13　工矿自卸汽车

　　7)农用汽车

　　农用汽车是农村地区运输用或农耕作业用汽车。一般农用汽车结构简单,造价较低,发动机功率较小而输出转矩较大,车速较低(20 ~ 45 km/h),最大装载质量较小(1 t 以下),轮胎附着性能好,离地间隙高。

农用汽车可分为：

①农村运输汽车　主要用于农村地区的货物运输,在农村公路和田间道路行驶,具有较好的越野性能。

②农用运输作业车　既可用于农村地区运输,也可用于田间作业,多装有拉钩,装上农用装备后可进行撒肥、播种、喷药、除草等田间作业。

③多功能农用汽车　其发动机功率较大,结构较复杂,造价较高。除用于货物运输外,可装用特种设备,可输出动力,进行铡草、磨面、抽水等工作。

8)牵引汽车和汽车列车

牵引汽车专门用于牵引各种挂车。由牵引车与挂车共同组成的车列称为汽车列车。

(3)按动力装量种类及所用燃料分类

1)蒸汽机汽车

以蒸汽机为动力装置的汽车。该类汽车所使用的燃油无严格限制,但其耗油量大、噪声较大,制造成本也较高。

2)电动汽车

电动汽车指以车载电源为动力,用电机驱动车轮行驶的汽车,一般专指蓄电池汽车。电动汽车的优点是无废气排出、不产生污染、噪声小、能量转换效率高、易实现操纵自动化。但是传统式的铅蓄电池在重量、充电间隔时间、寿命、放电能力等方面还不完全令人满意,从而限制了电动汽车的大量普及。但是,在汽车公害、能源等社会问题进一步突出的今天,又促使电动汽车的研究和推广工作加快步伐。目前,碱性蓄电池(镍-镉电池、镍-铁电池)的研究取得了较大的进展。这种电池性能好、质量轻,但是其制造工艺较复杂,致使价格过高。此外,电动机的供能装置也可以是太阳能电池,或者是其他形式的电源。

3)内燃机汽车

内燃机汽车是指以内燃机为动力装置的汽车。当代汽车几乎全是往复活塞式内燃机汽车,也有少数转子式发动机汽车。按发动机所用的燃料分为:汽油机汽车和柴油机汽车,也有专门采用液化石油气、甲醇、乙醇、煤油、煤气、天然气等代用燃料的汽车。

4)其他动力装置汽车

有新研制的用氢气作燃料的汽车,用太阳能的汽车等。还有20世纪60年代后期出现的复合动力汽车,装有两种动力装置,而其中之一必须具有回收能量的储能装置,如内燃机和蓄电池复合动力汽车。

(4)按发动机布置分类

1)前置发动机汽车

发动机位于汽车前端的汽车。

2)后置发动机汽车

发动机位于汽车后端的汽车。

3)中置发动机汽车

发动机位于前后桥之间的汽车。

4)下置发动机汽车

发动机位于车身地板下面的汽车。

5）双发动机汽车

汽车前后端都装有发动机的汽车。

1.2 汽车型号与识别代码

1.2.1 汽车型号

在我国国家标准 GB/T 9417—1988 汽车产品型号编制规则中规定,汽车产品型号由企业名称代号、车辆类别代号、主参数代号、产品序号组成,必要时附加企业自定代号。对于专用汽车及专用半挂车还应增加专用汽车分类代号。该项国家标准规定,国家汽车型号均应由汉语拼音字母和阿拉伯数字组成,如图 1.14 所示。

企业名称代号　　汽车类别代号　　主参数代号　　产品序号代号　　企业自定代号

图 1.14　汽车产品型号

(1)企业名称代号

位于产品型号的第一部分,一般为 2 位或 3 位字母,大多是企业名拼音字头,如北京汽车公司的 BJ、北京客车总厂的 BK,一汽集团沿用了 CA 的代号。一些公司也采用了英文缩写,例如上汽通用的 SGM 等。

(2)车辆类别代号

位于产品型号的第二部分,用一位阿拉伯数字表示,按表 1.1 规定。

表 1.1　车辆类型代码

车辆类别	车辆种类	车辆类别	车辆种类	车辆类别	车辆种类
1	载货汽车	4	牵引汽车	7	轿　车
2	越野汽车	5	专用汽车		
3	自卸汽车	6	客　车	9	半挂车及专用半挂车

(3)主参数代号

位于产品型号的第三部分,一般使用两位阿拉伯数字表示。

①载货汽车、越野汽车、自卸汽车、牵引汽车、专用汽车与半挂车的主参数代号为车辆的总质量(t)(牵引汽车的总质量包括牵引座上的最大质量)。当总质量在 100 t 以上时,允许使用 3 位数字表示。

②客车及半挂客车的主参数代号为车辆长度(m),当车辆长度小于 10 m 时,应精确到小数点后一位,并用长度值(m)的 10 倍数表示,大于 10 m 用长度值表示,如 BK6120HG 表示长度为 12 m 的客车,如 BJ6480 表示长度为 4.8 m 的客车。

③轿车的主参数代号为发动机排量(L),应精确到小数点后一位,并以其数值的 10 倍数表示。如果一个轿车产品同时选装不同排量的发动机时允许企业以一个排量为主参数,其他

排量用企业自定代号区别。

④专用汽车及专用半挂车的主参数代号,当采用定型汽车底盘或定型半挂车底盘改装时,若其主参数与定型底盘原车的主参数之差不大于原车的10%,则应沿用原车的主参数代号。

⑤主参数的数字修约按《数字修约规则》规定。

⑥主参数不足定位数时,在参数前以"0"占位。

(4)产品序号

位于产品型号的第四部分,用阿拉伯数字表示,数字由0,1,2,…,依次使用,一般用"0"代表第一代产品,"1"代表第二代产品……

当车辆主参数有变化,但不大于原定型设计主参数的10%时,其主参数代号不变;大于10%时,应改变主参数代号,若因为数字修改而主参数代号不变时,则应改变其产品序号。

(5)专用汽车分类代号

位于产品型号的第五部分,用反映车辆结构特征和用途特征的3个汉语拼音表示。结构特征代号按表1.2的规定(同时适用于专用半挂车)。

表1.2　专用汽车分类代号

仓栅式汽车	罐式汽车	起重举升汽车	特种结构汽车	厢式汽车	专用自卸汽车
C	G	J	T	X	Z

用途特征代号另行规定如下:

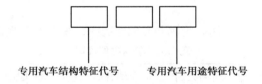

专用汽车结构特征代号　　专用汽车用途特征代号

(6)企业自定代号

位于产品型号的最后部分,由企业根据汽车结构的变化由企业自定,位数也自定。同一种汽车,结构略有变化而需要区别时(如汽油、柴油发动机,长、短轴距,单、双排座驾驶室,平、长头驾驶室,左、右置方向盘等),可用汉语拼音字母和阿拉伯数字表示。供用户选装的零部件(如暖风装置、收音机、地毯、纹盘等)不同结构特征变化,应不给予企业自定代号。

例如:BJ2020S中,"BJ"代表北京汽车制造厂,"2"代表越野车,"02"代表该车总质量为2 t,"0"代表该车为第一代产品,"S"为厂家自定义。

TJ7131U中,"TJ"代表天津汽车制造厂,"7"代表轿车,"13"代表排气量为1.3 L,"1"代表该车为第二代产品,"U"为厂家自定义。

1.2.2　汽车识别代号(VIN)

VIN(Vehicle Identification Number)是车辆制造厂家为了识别车辆而给一辆车指定的一组确定的代码。"VIN编码"由一组字母和阿拉伯数字组成,共17位,又称17位识别代码编码。它是识别一辆汽车不可缺少的工具,称为"汽车身份证"。每辆车只有唯一的车辆识别代号,这个代号,在全世界也不会重复。VIN的每位代码代表着汽车的某一方面信息参数。按照识别代码编码顺序,从VIN中可以识别出该车的生产国家、制造公司或生产厂家、车辆类型、品牌名称、车型系列、车身形式、发动机型号、车型年款(属哪年生产的年款型车)、安全防护装置型号、检验数字、装配工厂名称和出厂顺序号码等。车辆识别代号为销售者、使用者、维修人员、交通管理部门识别车辆的"身份"提供了方便。

车辆可识别代号发源于美国,由美国汽车工程师学会(SAE)提出并管理。后来逐渐推广到其他国家,目前已在全世界推行。我国为了与国际接轨,也从1997年开始推行,要求国产汽车自1999年起,所有新生产的车辆必须标识这一代号。

世界汽车识别代号(VIN)是用一组字母和阿拉伯数字,共17位,由3个部分组成,它们分别是世界制造厂识别代号(WMI)、车辆说明部分(VDS)和车辆指示部分(VIS)。

(1)世界制造厂识别代号(WMI)

WMI由VIN的前3位字码排列组合而成,具有唯一性。WMI必须经过申请、批准和备案后方能使用。

①WMI中的第1位字码是表示一个地理区域的字母或数字,根据预期的需要,可给某一地理区域指定几个字码,如北美是1～5,大洋洲是6,7,南美是8,9,0,非洲是A～H,亚洲是J～R(中国是L),欧洲是S～Z等。

②WMI中的第2位字码是表示一个特定地区内的一个国家的字母或数字,由ISO统一分配给中国的代码为0～9和A～Z。第1,2位字码的组合将能保证国家识别标志的唯一性。

③WMI中的第3位字码是表示由国家机构指定的某个特定制造厂。

对于年产量不低于500辆的汽车制造厂,WMI由VIN第1,2,3位字码组合,其组合能保证制造厂识别标志的唯一性。如郑州宇通:LZY,苏州金龙:LKL,东风:LGC,江淮:LJ1,福建新福达:LFZ。

对于年产量低于500辆的汽车制造厂,将第一部分WMI的3位字码和第三部分VIS的第3,4,5位(即VIN的第12,13,14位)字码一起作为世界制造厂识别代号。

(2)车辆说明部分(VDS)

VDS用来表示车辆主要技术参数和性能特征,它提供说明车辆一般特性的资料。VDS由6位(即VIN的第4～9位)字码组成,由汽车制造厂自定。VDS的第1～5位(即VIN的第4～8位)字码应对车型特征进行描述,包括车辆类型、结构特征、装置特征、技术特性参数等方面的内容。

①轿车 种类、系列、车身类型、发动机类型及约束系统类型;

②MPV 种类、系列、车身类型、发动机类型及车辆额定总重;

③载货车 型号或种类、系列、底盘、驾驶室类型、发动机类型、制动系统及车辆额定总重;

④客车 型号或种类、系列、车身类型、发动机类型及制动系统。

VDS最后一位为检验位,用以核对车辆识别代号的准确性。

(3)车辆指示部分(VIS)

VIS是表示一辆车的具体代码,它表明车辆的车型年份、装配厂和生产序号,由8位(即VIN的第10～17位)字码组成。

①VIS部分第1位字码代表年份,年份代码按规定使用,2001—2030年的年份代码依次为阿拉伯数字1～9和字母A～Y(I,O,Q,U,Z五个字母除外),30年循环一次。

②第2位字码代表装配厂,若无装配厂,制造厂可规定其他的内容。

③第3~8位字码,当制造厂生产的某种类型车辆年产量不低于500辆时,表示生产序号;当制造厂年产量低于500辆,则此部分的第3,4,5位(即VIN的第12,13,14位)字码应与WMI的3位字码一起表示一个车辆制造厂,第6,7,8位字码表示生产序号。生产序号,即为习惯上所说的车架号,一辆车一个序号。

以德国大众公司1999年生产的汽车的VIN码为例:WVWDB4505LK005678,了解一下VIN编码规则。

第1位:生产国别。W—德国、1—美国、3—墨西哥、9—巴西。

第2位:制造厂家。B—巴西、V—德国大众公司。

第3位:车型类别。1—皮卡、3/2—MPV、W—轿车。

第4位:车型系列。A—两门标准型、B—两门经济型、C—两门特别型、D—两门旅行型、G—四门特制型。

第5位:发动机型号。A—四缸80/100 hps汽油机、B—四缸102/123 hps汽油机、C—四缸123 hps汽油机、G—四缸52 hps柴油机、M—V6 172 hps汽油机。

第6位:安全保护装置。0—主动式安全带、1/9—被动式安全带、2—被动式及手动安全带、4—电控被动式及手动式、5—驾驶员安全气囊及驾驶员、乘员手动安全带、8—驾驶员、乘客主动式安全带及安全气囊。

第7,8位:车型代码。1G—高尔夫(golf)GTI/Jetta(1990—1991)、1H—Golf(1992—1994)、15—敞篷车、16—Jetta(1983—1989)、17—罗比塔(Robbit)/Golf/GTI/皮卡(pick up)(1983—1989)、30—狐狸(fox)、31—passat、50—Corrado、70—Eurovan(欧款厢式货车)。

第9位:VIN检验数代码。

第10位:车型年款代码:0—1983、E—1984、F—1985、G(H,J,K,L,M,N,P,R,S,T)—1996。

第11位:总装工厂代码。

第12—17位:出厂顺序号代码。

1.3 汽车主要技术参数

1.3.1 汽车的主要技术参数

汽车的主要技术参数可分为两大类,即质量参数和尺寸参数。

(1)汽车的质量参数

汽车的质量参数主要包括汽车的整备质量、装载质量、总质量、整备质量利用系数和轴荷分配等。

1)整备质量

整备质量是指汽车在加满燃料、润滑油、工作液(如制动液)及发动机冷却液并装备(随车工具及备胎等)齐全后(不包括人员和货物的质量)载货时的总质量。

2）装载质量

汽车的装载质量是指汽车在硬质良好路面上行驶时能允许的额定装载量。

①乘用车：以座位数计算，包括驾驶员座位在内最多不超过9个座位。

②商用车中的客车：以载客量计。

③商用车中的载货汽车：以其在良好的硬路面上行驶时所装载货物质量的最大限额计。

3）总质量

总质量是指已整备完好、装备齐全并按规定载满客、货时的汽车质量。

4）汽车的整备质量利用系数

汽车的整备质量利用系数是指载货汽车的装载质量与其整备质量之比。它表明单位汽车整备质量所承受的汽车装载质量。整备质量利用系数的提高是现代载货汽车制造技术进步的重要标志之一，在装载质量相同和使用寿命相同的条件下，整备质量利用系数越高，该车型的结构和制造水平就越高。

5）汽车的轴荷分配

汽车的轴荷分配是指汽车空载或满载时的整车质量分配到各个车轴上的百分比。它对汽车的牵引性、通过性、制动性、操纵性和稳定性等主要性能以及轮胎的寿命，都有很大的影响。

（2）汽车主要尺寸参数

汽车的主要尺寸参数包括轴距、轮距、总长、总宽、总高、前悬、后悬等。

1）轴距

轴距是通过车辆同一侧相邻两车轮的中点并垂直于车辆纵向对称平面的二垂线之间的距离。简单地说，就是汽车前轴中心到后轴中心的距离。对双轴汽车，轴距就是前、后轴之间的距离（图1.15）；对于三轴及以上的汽车，其轴距由从前到后的相邻两车轮之间的轴距分别表示，总轴距为各轴距之和。

轴距是一个很重要的参数，它与汽车的性能息息相关。轴距决定了汽车重心的位置，汽车轴距一旦改变，就必须重新进行总布置设计。比如，传动系和车身部分的尺寸、悬架系统中的弹簧及吸震器参数、转向系中的转向梯形拉杆尺寸等。轴距的改变会引起前、后桥轴荷分配的变化，从而必须考虑这些因素对汽车制动性、操纵性及平顺性的影响；同时，轴距的长度也直接影响汽车的长度。汽车轴距短，汽车总长就短，质量就小，最小转弯半径和纵向通过半径也小，机动灵活，一般普通轿车及轻型货车轴距较短。但轴距过短会导致车厢长度不足或后悬过长以及万向节传动的夹角过大，汽车行驶时纵向振动过大，汽车加速、制动或上坡时轴荷转移过大而导致其制动性和操纵稳定性变差等情况。因此，一般货车、中高级轿车轴距较长。

2）前、后轮轮距

轮距是指车轮在支承平面（一般就是地面）上留下的轨迹中心线之间的距离，也就是左、右车轮中心的距离（图1.15）。较宽的轮距有助于横向的稳定性与较佳的操纵性能。轮距和轴距搭配之后，即确定4个车轮着地的位置；车轮着地位置越宽大的车型，其行驶的稳定性越好，因此，越野车辆的轮距都比一般车型要宽。

汽车轮距对总宽、总质量、横向稳定性和机动性都有较大影响。轮距越大，则悬架的角度越大，汽车的横向稳定性越好。但轮距过大，会使汽车的总宽和总质量过大。

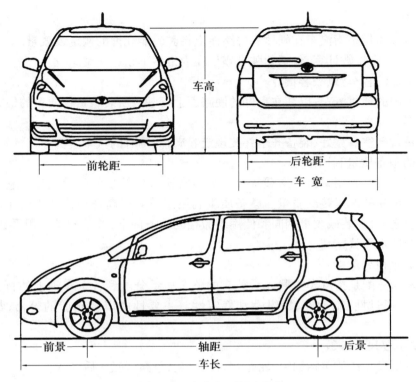

图 1.15　汽车主要尺寸参数

3)汽车的外廓尺寸

①总长 L:汽车长度方向两个极端点间的距离(mm)(图 1.15),即从车前保险杆最凸出的位置量起,到车后保险杆最凸出的位置,这两点间的距离。

②总高 H:从地面算起,到汽车最高点的距离(mm)(图 1.15)。而所谓最高点,也就是车身顶部最高的位置,但不包括车顶天线的长度。

③总宽 S:汽车宽度方向两极端点间的距离(mm)(图 1.15),也就是车身左、右最凸出位置之间的距离。根据业界通用的规则,车身宽度是不包含左、右后视镜伸出的宽度,即后视镜折叠后的宽度。

我国对公路车辆的限制尺寸是:总高不大于 4 m,总宽(不包括后视镜)不大于 2.5 m,左、右后视镜等突出部分的侧向尺寸总共不大于 250 mm;对于载货汽车及越野汽车总长不大于12 m,牵引汽车带半挂车不大于 16 m,汽车拖带挂车不大于 20 m,挂车不大于 8 m,大客车不大于 12 m,铰接式大客车不大于 18 m。

4)汽车的前悬和后悬

汽车前悬:汽车前端至前轮中心之悬置部分(图 1.15)。前悬处要布置发动机、弹簧前支架、车身前部、保险杠和转向器等,要有足够的纵向布置空间。前悬也不宜过长,以免使汽车的接近角过小而影响通过性。

汽车后悬:汽车后端至汽车后轮中心之悬置部分(图 1.15)。后悬长度主要与货厢长度、轴距及轴荷分配有关。后悬也不宜过长,以免使汽车的离去角过小而引起上、下坡时刮地,同时转弯也不灵活。

1.3.2　汽车的基本性能指标

汽车主要性能指标包括汽车的动力性(最高车速、加速时间、爬坡性能)、经济性(汽车的燃料消耗量)、制动性(汽车的制动距离)、通过性(最小转弯半径、汽车的最小离地间隙、接近角、离去角、纵向通过角)、操纵稳定性和汽车有害气体排放等。

(1)汽车的最高车速

最高车速指在水平良好的路面直线道路(混凝土或沥青)上和规定装载质量条件下汽车行驶所能达到的最高车速(km/h),它是汽车的一个重要动力指标。目前普通轿车最高车速一般为 150 ~ 200 km/h。

(2)汽车的加速时间

加速时间指汽车加速到一定车速所需要的时间。常用原地起步加速时间与超车加速时间表示。它也是汽车动力性的重要指标。轿车常用 0 ~ 100 km/h 的换挡加速时间来评价,如普通轿车为 10 ~ 15 s。

(3)汽车的爬坡度角

爬坡度角是指汽车满载在良好路面等速行驶的最大爬坡度,即汽车满载时在良好路面上用第一挡克服的最大坡度角,它表征汽车的爬坡能力。爬坡度用坡度的角度值(以度数表示)或以坡度起止点的高度差与其水平距离的比值(正切值)的百分数来表示。轿车的爬坡角度一般为 30%(即 16.7°)左右;越野车的爬坡角度要求更高,一般为 60%(即 31°)左右。

(4)汽车的燃料消耗量

汽车的燃料消耗量通常以百千米油耗衡量,即汽车在良好的水平硬路面以一定载荷(轿车半载、货车满载)及最高挡等速行驶时的百千米燃料消耗量(L/100 km),它是汽车的燃料经济性常用的评价指标。

(5)最小转弯半径

将汽车的方向盘转动到极限,以极低的速度让汽车进行转向的圆周运动,此时汽车外侧转向轮的中心平面在支承平面上滚过的轨迹圆半径就是最小转弯半径,它表征了汽车能够通过狭窄弯曲地面的能力。最小转弯半径越小,汽车的机动性越好。轿车的最小转弯半径一般为轴距的 2 ~ 2.5 倍。

(6)汽车的制动距离

汽车的制动距离指在良好的试验跑道上在规定的车速下紧急制动(紧急制动时,货车的踏板力不大于 700 N,轿车的踏板力不大于 500 N)时,由踩制动踏板起到完全停车时通过的距离。我国通常以 30 km/h 和 50 km/h 车速下的最小制动距离来评价汽车的制动效能。例如,普通轿车在 30 km/h 车速下的最小制动距离为 5.5 ~ 6.5 m,中型载货车为 6.5 ~ 8.0 m。

(7)汽车的最小离地间隙

最小离地间隙指汽车满载且静止时平直地面与汽车的中间区域最低点之间的距离。不同车型其离地间隙也是不同的,离地间隙越大,车辆的通过性就越好。因此,通常越野车的离地间隙要比轿车大。

(8)接近角

接近角指汽车满载且静止时前端突出点向前轮所引切线与地面间夹角 α,如图 1.16 所示。也就是说,水平面与切于前轮轮胎外缘(静载)的平面之间的最大夹角(°),前轴前面任何固定在车辆上的刚性部件不得在此平面的下方。接近角越大,在汽车上下渡船或进行越野行驶时,就越不容易发生触头事故,汽车的通过性就越好。

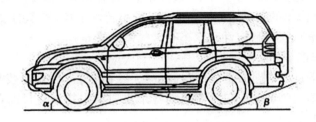

图 1.16　接近角、离去角、通过角示意图

(9) 离去角

离去角是指汽车满载且静止时自车身后端突出点向后车轮引切线与路面之间的夹角 β,如图 1.16 所示。也就是说,水平面与切于车辆后车轮轮胎外缘(静载)的平面之间的最大夹角(°),位于后车轮后面的任何固定在车辆上的刚性部件不得在此平面的下方。它表征了汽车离开障碍物(如小丘、沟洼地等)时,不发生碰撞的能力。离去角越大,则汽车的通过性越好。

(10) 纵向通过角

纵向通过角是指汽车满载且静止时垂直于汽车纵向中心平面,分别与前、后车轮轮胎相切,相交并与车轮底盘刚性部件(除车轮)接触的两个平面形成的最小锐角 γ,如图 1.16 所示。它决定了车辆所能通过的最陡坡道。纵向通过角越大,则汽车通过性越好。

(11) 汽车有害气体排放

汽车有害气体主要有一氧化碳(CO)、碳氢化合物(HC)、氮氧化物(NO_x)、二氧化硫(SO_2)、醛类和微粒(含碳烟)等。

知识拓展

我国新能源汽车

新能源汽车是指除汽油、柴油发动机之外所有其他能源汽车,包括燃料电池汽车、混合动力汽车、氢能源动力汽车和太阳能汽车等。

我国新能源汽车产业始于 21 世纪初。2001 年,新能源汽车的研究项目被列入国家"十五"期间的"863"重大科技课题,并规划了以汽油车为起点,向氢动力车目标挺进的战略。"十一五"以来,我国提出"节能和新能源汽车"战略,政府高度关注新能源汽车的研发和产业化,形成了完整的新能源汽车研发、示范布局。

2008 年,新能源汽车在国内已呈全面出击之势。2008 年成为我国"新能源汽车元年"。2009 年,在密集的扶持政策出台背景下,我国新能源汽车驶入快速发展轨道。虽然新能源汽车在我国汽车市场的比重依然微乎其微,但它在我国商用车市场上的增长潜力已开始释放。

2010 年,我国加大对新能源汽车的扶持力度。2010 年 6 月 1 日起,我国已在上海、长春、深圳、杭州、合肥 5 个城市启动私人购买新能源汽车补贴试点工作。2010 年 7 月,国家将十城千辆节能与新能源汽车示范推广试点城市由 20 个增至 25 个,选择 5 个城市进行对私人购买节能与新能源汽车给予补贴试点。新能源汽车进入全面政策扶持阶段。

在能源和环保的压力下,新能源汽车无疑将成为未来汽车的发展方向。"十二五"期间,我国新能源汽车将正式迈入产业化发展阶段,在全社会推广新能源城市客车、混合动力轿车、小型电动车。"十三五"期间,新能源汽车产业被列入战略性新兴产业发展规划中。我国将进一步普及新能源汽车、混合动力车,新能源汽车将逐步进入普通家庭。此外,据相关统计,截至 2019 年年底,我国新能源汽车产销比分别为 124.2 万辆和 120.6 万辆。

电机是新能源汽车的关键零部件,也是目前制约电动汽车发展的瓶颈之一。随着电动汽车的发展,汽车动力面临电控化和电气化两大技术变革。

我国新能源汽车的发展需经两大阶段:第一阶段是以混合动力汽车为主、燃料电池车等新能源汽车为辅的发展方向,开拓新能源汽车市场;第二阶段是在纯电动汽车技术成熟的基础上,纯电动汽车逐步替代混合动力及燃料电池汽车以至于完全占据新能源汽车市场,实现零排放的阶段。因此,走好新能源汽车发展之路,混合动力汽车应首先被重视和推广。

习　题

1. 汽车按照用途分类,一般包括哪几种类型?
2. 汽车识别代号(VIN)的意义和作用是什么?
3. 汽车的整体尺寸包括哪些技术参数?
4. 汽车的基本性能指标有哪些?

第**2**章
汽车动力性

学习目标
【能力目标】
1. 理解汽车行驶的基本原理,能够利用汽车行驶的基本原理理解汽车的加速、减速、匀速运动等现象;
2. 理解汽车的动力性指标,能够利用该理论指导实际;
3. 熟练运用汽车的力平衡图和功率平衡图分析汽车的动力性指标。
【知识目标】
1. 理解汽车的动力性指标,熟练分析汽车的受力情况;
2. 理解汽车的行驶方程式;
3. 理解汽车的力平衡图和功率平衡图。

2.1 汽车动力性评价指标

汽车的动力性是指汽车在良好路面上直线行驶时,由汽车受到的纵向外力决定的所能达到的平均行驶速度。汽车是一种高效率的运输工具,运输效率的高低很大程度上取决于汽车的动力性。所以,动力性是汽车各种性能中最基本最重要的性能。

提高汽车的平均行驶速度,可提高汽车的运输生产率,从获得尽可能高的汽车平均行驶速度的观点出发,汽车的动力性可由汽车最高车速、汽车加速时间和汽车最大爬坡度等指标评价。

(1)汽车最高车速

汽车最高车速与试验条件(如路面、载荷)有关。在我国,汽车的最高车速是指在水平的直线(混凝土或沥青)道路和规定装载质量条件下,汽车行驶能达到的最高行驶速度(km/h)。

汽车最高车速对长途运输车辆的平均行驶速度影响最大。随着汽车制造业水平的提高,汽车最高车速有增加的趋势。目前,轿车的最高车速范围一般为 150～300 km/h,中级轿车的最高车速一般为 160～220 km/h。

（2）汽车加速时间

汽车的加速时间表示汽车的加速能力,它对平均行驶车速有很大影响。汽车加速时间是指汽车在干燥、清洁、平直的良好路面上,由某一低速加速到某一高速所需的时间(s)。常用原地起步加速时间与超车加速时间来表明汽车的加速能力。

原地起步加速时间(s),又称原地换挡加速时间。它是指汽车从静止状态下,由Ⅰ挡或Ⅱ挡起步,并以最大的加速强度(包括节气门全开和选择最恰当的换挡时机),逐步换至最高挡后,到达某一预定的距离或车速所需的时间。目前常用 0→400 m 或 0→100 km/h 所需的时间来表明汽车的原地起步加速能力。原地起步加速时间越短,则使用低速挡的时间就越短,汽车平均行驶速度就越高,这对市区运输车辆有较大的影响。轿车的设计特别重视原地起步加速时间,其加速时间短。

超车加速时间,指用最高挡或次高挡由某一较低车速(一般为 30 km/h 或 40 km/h)全力加速至某一高速所需的时间,它对长途运输车辆的平均行驶速度及安全行车有较大的影响。由于超车时两车辆并行,容易发生安全事故,所以超车加速能力强,并行行程短,行驶就安全。

（3）汽车的最大爬坡度

汽车的最大爬坡度是指汽车满载时在良好路面上用第一挡所能通过的最大坡度,它表征汽车的爬坡能力。汽车的最大爬坡度有两种表述方法,一是百分比坡度,它是指坡道的垂直高度与坡道的水平距离之比值,也就是水平前进 100 m 升高的高度(m)。例如 20%,即表示此坡度为每前进 100 m,坡度便升高 20 m;另一个表述方法是坡度的角度值。对于经常在城市和良好公路上行驶的汽车,最大爬坡度在 10° 左右即可。对于载货汽车,有时需要在路况较差的道路上行驶,最大爬坡度应在 30%,即 16.7° 左右;而越野汽车要在无路地带行驶,最大爬坡度可达 60%,即 30° 以上。

2.2　汽车行驶驱动与阻力

汽车的动力性是由沿汽车行驶方向的作用力即汽车纵向力决定的。汽车行驶时,纵向作用力包括驱动力和行驶阻力。建立汽车行驶平衡方程式,就可利用受力关系,并确定汽车的加速度、最高车速和最大爬坡度。

2.2.1　汽车的驱动力

（1）驱动力的产生

汽车的驱动力(也称牵引力)是驱动汽车行驶的力。在汽车行驶中,发动机曲轴输出的有效转矩经离合器、变速器、传动轴、主减速器、差速器、半轴传递至车轮,车轮对地面产生作用力,因此地面也对驱动轮产生一个反作用力,这个力就是汽车的驱动力。

设汽车发动机产生的有效转矩为 T_{tq},变速器传动比为 i_t,主减速器传动比为 i_0,汽车传动系机械效率为 η_m,此时作用于驱动轮上的转矩为 T_t,产生一个圆周力 F_0,地面

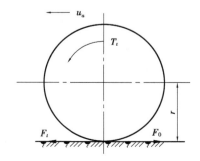

图 2.1　汽车的驱动力示意图

对驱动轮产生一个反作用力即汽车的驱动力 F_t（图2.1），单位为 N，其数值为

$$F_t = \frac{T_t}{r} \tag{2.1}$$

式中　r——车轮半径，m。

其中

$$T_t = T_{tq}i_ti_0\eta_m \tag{2.2}$$

则驱动力 F_t

$$F_t = \frac{T_t}{r} = \frac{T_{tq}i_ti_0\eta_m}{r} \tag{2.3}$$

从式（2.3）中可以看出，驱动力的大小与发动机输出的转矩 T_{tq}，传动系的机械效率 η_m，变速器传动比 i_t，主减速器传动比 i_0 成正比，与轮胎的半径 r 成反比。

因为

$$T_{tq} = \frac{9\,550P_e}{n} \tag{2.4}$$

式中　P_e——发动机在转速为 n（r/min）时的功率，kW。

故

$$F_t = \frac{9\,550P_ei_ti_0\eta_m}{nr} \tag{2.5}$$

（2）汽车驱动力的影响因素

1）发动机的速度特性

汽车的效率大小很大程度上取决于发动机的性能。当发动机运转的时候，其功率、转矩和耗油量3个基本性能指标都会随着负荷的变化而变化。这些变化遵循一定的规律，将这些有规律的变化描绘成曲线，就成了反映发动机特性的曲线图。根据发动机的各种特性曲线，可以全面地判断发动机的动力性和经济性。

发动机的功率、转矩以及燃油消耗率与发动机曲轴转速的变化关系，即为发动机的速度特性。当节气门全开或高压油泵在最大供油量位置时，发动机的功率、转矩以及燃油消耗率与发动机转速之间的关系，称为发动机的外特性，所对应的曲线称为外特性曲线；如果节气门部分开启或部分供油，则称为发动机部分负荷特性曲线。

图2.2为发动机的外特性曲线，n_{emin} 为发动机最低稳定工作转速，随着发动机转速的增加，发动机发出的有效功率和有效转矩都在增加，发动机转矩达到最大值 T_{tqmax}，此时，相应的发动机转速为 n_{etq}，再增大发动机转速时，有效转矩有所下降，但功率继续增加，一直达到最大功率 P_{emax}，此时发动机转速为 n_{ep}，继续提高发动机转速，其功率反而下降。一般取 $n_{emax} = (1.1 \sim 1.2)n_{ep}$。

设功率单位为 kW、转矩单位 N·m、转速单位为 r/min，则功率与转速和转矩的关系式为

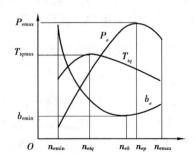

图2.2　发动机的外特性曲线

$$P_e = \frac{T_{tq} \times n_{etq}}{9\,549} \tag{2.6}$$

2）传动系的机械效率

发动机所输出的功率 P_e 在经传动系传至驱动轮的过程中,有部分功率消耗于克服传动系各机构中的阻力,用 P_m 表示传动系中损失的功率,则驱动力得到的功率仅为$(P_e - P_m)$,那么传动系的机械效率为

$$\eta_m = \frac{P_e - P_m}{P_e} = 1 - \frac{P_m}{P_e} \tag{2.7}$$

传动系的功率损失由传动系中的变速器、传动轴、万向节、主减速器等部件的功率损失所组成。离合器在工作时,其结合与分离,都会造成动力损失,如果在不打滑的情况下,其功率损失很小;万向传动机构的传动效率取决于两传动轴间的夹角,现代汽车的这个夹角较小,如果滚针润滑正常,功率的损失很小;汽车各部轴承润滑调整正常,功率损失也很小。

传动系的功率损失主要在变速器和主减速器等部位,这些部位的功率损失可分为两种类型:机械损失和液力损失。机械损失指齿轮传动副、轴承、油封等处的摩擦损失,与传动副的数量、机件制造质量及传递的转矩有关。液力损失指消耗于润滑油的搅动、润滑油与旋转零件表面的摩擦等功率损失,与润滑油的品种、温度以及齿轮等旋转零件的转速有关。

虽然 η_m 受到多种因素的影响,但对汽车进行初步的动力性分析时,可以将它取为常数。一般地,对于有级变速器,轿车 $\eta_m = 0.90 \sim 0.92$,载货汽车和大客车 $\eta_m = 0.82 \sim 0.85$。

3）车轮半径

车轮半径分为自由半径、静力半径和滚动半径。车轮无载荷时的半径称为自由半径 r_0。汽车轮静止不动时,车轮中心至轮胎与道路接触面之间的距离称为静力半径 r_s。由于轮胎承受径向载荷的作用而发生变形,显然有 $r_0 > r_s$,$r_s = r_0 - \Delta r$。车轮运动时,汽车运动速度 $v(\text{m/s})$ 与车轮角速度 $\omega(\text{rad/s})$ 之比值称为车轮滚动半径或动力半径 $r_r(\text{m})$,即

$$r_r = \frac{v}{\omega} = \frac{v \times \Delta t}{\omega \times \Delta t} = \frac{s}{2\pi n_k} \tag{2.8}$$

式中　n——经过时间 Δt 车轮转动圈数;

　　　s——经过的路程,m。

车轮的滚动半径受车轮上各种外力和转矩的影响。弹性车轮在刚性路面上滚动,并受到切向力作用时,在转矩或制动力的作用下,引起的变形是不同的。在驱动力的作用下,滚动半径减小,在制动力的作用下,滚动半径增大。

对汽车进行动力学分析时应该使用静力半径 r_s;而在进行运动学分析时,采用滚动半径 r_r。在实际应用中,一般不考虑它们的差别,统称为滚动半径 r(即认为 $r_r \approx r_s \approx r$)。

表2.1 给出常见轮胎滚动半径。

表2.1　常见汽车轮胎滚动半径

轮胎规格	r/m	轮胎规格	r/m	轮胎规格	r/m	轮胎规格	r/m
4.50-12ULT	0.264	7.00-15LT	0.367	10.00R20	0.500	145/70R12	0.247
5.00-10ULT	0.250	7.00-16LT	0.379	11.00-20	0.522	155/80R12	0.268
5.00-12ULT	0.275	7.50-16LT	0.393	11.00R20	0.512	165/70R13	0.273
5.50-13LT	0.294	7.00-20	0.439	12.00-20	0.541	175/70R13	0.280
6.00-14LT	0.334	7.50-20	0.454	12.00R20	0.531	185/60R14	0.281

续表

轮胎规格	r/m	轮胎规格	r/m	轮胎规格	r/m	轮胎规格	r/m
6.50-14LT	0.346	8.25-20	0.472	145R12LT	0.262	185/70R13	0.286
6.50-15LT	0.358	8.25R20	0.462	155R12LT	0.267	195/60R14	0.286
6.50R15LT	0.355	9.00-20	0.493	155R13LT	0.278	195/75R14	0.315
6.50-16LT	0.367	9.00R20	0.484	175R13LT	0.290	215/70R14	0.319
6.50R16LT	0.360	10.00-20	0.509	185R14LT	0.318	215/70R15	0.332

2.2.2　汽车的行驶阻力

汽车行驶过程中,阻止汽车前进的阻力有 4 种:滚动阻力 F_f、空气阻力 F_w、坡度阻力 F_i 和加速阻力 F_j,这些阻力合称为行驶阻力,即

$$\sum F = F_f + F_w + F_i + F_j \qquad (2.9)$$

其中,滚动阻力和空气阻力在任何条件下总是存在的,克服这两项阻力消耗的能量是不能被回收利用的;坡度阻力和加速阻力在一定行驶条件下存在,在水平路面上等速行驶就没有坡度阻力和加速阻力,克服坡度阻力和加速阻力的能量可分别用在下坡和滑行时重新利用。

(1)滚动阻力

滚动阻力是指车轮在路面滚动时,轮胎与路面之间的相互作用和相应变形所产生的阻力。它主要由轮胎与路面变形所产生的能量损失引起。弹性车轮在硬路面上滚动时,路面的变形很小,轮胎的变形是主要的,轮胎的弹性迟滞损失是产生滚动阻力的根本原因;车轮在沿松软路面(如松软土路、沙地、雪地等)滚动时,轮胎的变形较小,而路面的变形较大,路面变形引起的能量损失占主导地位。此外,轮胎与路面存在纵向、横向的局部滑移以及汽车减振系统和车轮轴承内部都存在着摩擦。车轮在滚动时产生的这些变形和摩擦都要消耗发动机一定的动力,因而形成滚动阻力。

滚动阻力与车轮的滚动紧密相连,在汽车中、低速运行时,它是行驶阻力的主要部分。

其滚动阻力可用下式计算:

$$F_f = Gf \qquad (2.10)$$

式中　G——汽车重力,N;

　　　f——滚动阻力系数。

当重力为 G 的汽车在道路坡度角为 α 的路面行车时,整车 $F_f = Gf\cos\alpha$。

滚动阻力系数 f 表示单位车重的滚动阻力,其通过试验测得。实际上滚动阻力系数是一变化值,它与路况、车轮状态、行驶车速等都有关系。其主要影响因素有:

1)路面的类型、平整度、坚硬程度和干燥状况

一般路面状况越好,车轮滚动时的能量损失越少,则滚动阻力系数就越小。表 2.2 是车速在 50 km/h 以下时不同路面的滚动阻力系数。

表 2.2　不同路面的滚动阻力系数

路面类型	滚动阻力系数 f	路面类型	滚动阻力系数 f
良好的沥青或混凝土路面	0.01 ~ 0.018	结冰路面	0.015 ~ 0.030
一般的沥青或混凝土路面	0.018 ~ 0.020	压紧的雪道	0.030 ~ 0.050
碎石路面	0.020 ~ 0.025	压紧的雨后土路	0.050 ~ 0.150
良好的卵石路面	0.025 ~ 0.030	泥泞土路(雨季或解冻期)	0.100 ~ 0.250
压紧的干燥土路	0.025 ~ 0.035	湿　沙	0.060 ~ 0.150
坑洼的卵石路面	0.030 ~ 0.050	干　沙	0.100 ~ 0.300

2)轮胎的结构

保证轮胎有足够的强度和寿命的前提下,减少帘布层数,可以使胎体减薄而减少滚动阻力系数;子午线轮胎因帘线层数少、弹性迟滞损失少使得其滚动阻力系数比普通斜交轮胎小。

3)轮胎的气压

同类型轮胎,在硬路面行车时,若轮胎气压降低,则轮胎变形增加,弹性迟滞损失加大,滚动阻力系数变大;轮胎气压过高,在软路面上行驶时,路面产生很大的塑性变形,也使滚动阻力系数增大。

4)行车速度

车速在 50 km/h 以下时,滚动阻力系数变化不大;在 100 km/h 以上时增长较快。车速达某一高速时,如 150 ~ 200 km/h 时,滚动阻力系数迅速增长。

此外,前轮定位失准以及车轮受到侧向力作用时,地面会对轮胎产生侧向反作用力,引起轮胎的侧向变形,例如在转弯行驶时,滚动阻力系数将大幅度增加。

(2)空气阻力

空气阻力是汽车在空气中行驶,汽车相对于空气运动时空气作用力在行驶方向形成的分力,空气阻力可分为摩擦阻力和压力阻力。

摩擦阻力是由于空气的黏性在车身表面产生的切向力的合力在行驶方向上的分力。摩擦阻力与车身的表面粗糙度及表面积有关,占空气阻力的 8% ~ 10%。

压力阻力是作用在汽车外形表面上的法向压力的合力在行驶方向上的分力,它包括形状阻力、干扰阻力、内循环阻力和诱导阻力 4 部分。在一般轿车中,这几部分阻力的大致比例为:形状阻力占 58%,干扰阻力占 14%,内循环阻力占 12%,诱导阻力占 7%,摩擦阻力占 9%。

空气阻力主要与汽车的外部形状、正面投影面积、汽车与空气的相对运动速度有关。空气阻力大小可用下式计算:

$$F_w = \frac{C_D A v_a^2}{21.15} \qquad (2.11)$$

式中　C_D——空气阻力系数,取决于汽车的形状和表面的粗糙程度,由风洞试验测得,客车的 C_D 为 0.50 ~ 0.80,货车的 C_D 为 0.8 ~ 1.0,典型轿车的 C_D 为 0.28 ~ 0.41,较好的跑车在 0.25 附近,赛车可以达到 0.15,表 2.3 列出了部分车型的空气阻力

系数;

　　A——迎风面积,m²,即汽车行驶方向的投影面积,估算时,对于货车 $A = BH$,对于轿车 $A = WH$,其中 B 为轮距,W 为车宽,H 为车高,典型轿车的 A 为 $1.7 \sim 2.1$ m²,客车的 A 为 $4 \sim 7$ m²,货车的 A 为 $3 \sim 7$ m²;

　　v——汽车与空气的相对速度,km/h。

　　式(2.11)表明:空气阻力与空气阻力系数 C_D 及迎风面积 A 成正比,与汽车和空气的相对运动速度 v 的平方成正比。汽车高速行驶时,空气阻力显著增加,是汽车行驶阻力的主要部分,发动机大部分功率都消耗在空气阻力上。而当车速小于 30 km/h 时,空气阻力较小,可以忽略不计。

表 2.3　部分车型的空气阻力系数

车　型	空气阻力系数 C_D	车　型	空气阻力系数 C_D
吉利金刚	0.29	现代伊兰特	0.313
海马福美来 II	0.33	日产骐达	0.297
一汽夏利	0.32	大众宝来	0.32
哈飞路宝	0.32	奥迪 A4	0.28
雪佛兰乐风	0.32	Volvo S80	0.28
雪铁龙 C4	0.3	丰田威驰	0.29

(3)坡度阻力

　　坡度阻力是指汽车上坡行驶时,汽车的重力所产生的沿着坡道的分力。这个分力,起着阻碍汽车上坡的作用。因此,汽车在上坡时,还必须克服这一阻力,如图 2.3 所示。

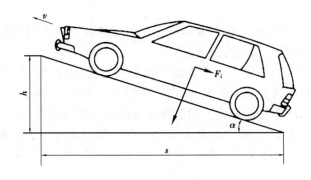

图 2.3　汽车坡度阻力

　　汽车的坡度阻力,与汽车的总质量和坡道的坡度直接相关。在坡度不大的情况下,坡度阻力并不明显,但在坡度较大的情况下,它可能成为汽车行驶的主要阻力。当然,汽车下坡时,坡度阻力为负值,即变成了汽车下坡的动力。

　　坡度阻力计算公式为

$$F_i = G \sin \alpha \tag{2.12}$$

式中　G——汽车重力,N;

α——道路坡度角,(°)。

道路坡度 i 以坡高 h 与坡底长 s 之比来表示,即 $i = h/s = \tan \alpha$。

当 $\alpha < 10° \sim 15°$ 时,$\sin \alpha \approx \tan \alpha$

故
$$F_i \approx G \tan \alpha = Gi \tag{2.13}$$

由于滚动阻力和坡度阻力均和道路条件有关,而且均与车重成正比,因此一般将这两种阻力合在一起称为汽车的道路阻力,用 F_ψ 表示

$$F_\psi = F_f + F_i = G(f \cos \alpha + \sin \alpha) \tag{2.14}$$

当 α 较小时,$\cos \alpha \approx 1$,$\sin \alpha \approx i$,则

$$F_\psi = G(f + i) \tag{2.15}$$

令 $(f + i) = \psi$,ψ 为道路阻力系数,表示单位车重的道路阻力,则

$$F_\psi = G\psi \tag{2.16}$$

(4)加速阻力

汽车加速行驶时,需要克服其质量加速运动时的惯性力,就是加速阻力。加速阻力的大小主要与汽车的总质量、旋转质量的大小和加速度有关。汽车的质量分为平移质量和旋转质量两部分,加速时,不仅平移质量产生惯性力,旋转质量也要产生惯性力偶矩。为了便于计算,常以系数 δ 把旋转质量的惯性力偶矩转化为平移质量的惯性力,因而汽车加速阻力可用下式计算

$$F_j = \delta m \frac{\mathrm{d}v}{\mathrm{d}t} \tag{2.17}$$

式中　m——汽车质量,kg;

$\dfrac{\mathrm{d}v}{\mathrm{d}t}$——汽车行驶的加速度,m/s²;

δ——汽车旋转质量换算系数,其物理意义是:将旋转质量的惯性力偶矩等效地叠加到平移质量惯性力上时,平移质量惯性力应扩大的倍数。

汽车加速阻力 F_j 作用在汽车的质心上,其方向与加速度方向相反。汽车加速时,其加速阻力虽然消耗了发动机能量,但汽车的动能有所提高,而当汽车减速行驶时,其部分动能便加以释放,对外做功,F_j 就成了事实上的行驶阻力。

2.3　汽车行驶驱动条件

2.3.1　汽车行驶的驱动-附着条件

(1)汽车行驶的驱动条件

汽车行驶过程中,受到各种行驶阻力的作用,为了保证汽车的正常行驶,必须有一定的驱动力 F_t 以克服各种行驶阻力。表示汽车驱动力与行驶阻力之间关系的等式称为汽车的驱动平衡方程。

$$F_t = F_f + F_w + F_i + F_j \tag{2.18}$$

式(2.18)说明了汽车直线行驶时驱动力与各种行驶阻力之间的平衡关系。当路面的接触强度足够时,若汽车驱动力与各行驶阻力的平衡关系不同,则汽车的运动状态不同。

若 $F_t > F_f + F_w + F_i$,则汽车将加速行驶;

若 $F_t = F_f + F_w + F_i$,则汽车将匀速行驶;

若 $F_t < F_f + F_w + F_i$,则汽车将不能起步,或行驶的汽车将减速直至停车。

可见,驱动力必须大于滚动阻力、坡度阻力和空气阻力之和,才能加速行驶。若驱动力小于这3个阻力之和,则汽车无法开动,正在行驶中的汽车将减速直至停车。因此,汽车行驶的第一个条件为

$$F_t \geqslant F_f + F_w + F_i \tag{2.19}$$

该式被称为汽车行驶的驱动条件。

(2)汽车行驶的附着条件

汽车行驶的驱动条件不是汽车行驶的充分条件。松软路面或建筑工地上有时会见到汽车驱动轮陷入泥坑,驱动轮相对地面产生滑转,汽车不能行驶的现象,驾驶员采用加大节气门的方法,力图增大汽车驱动力,其结果只能使驱动轮加速旋转,汽车仍不能行驶。这种现象说明,地面作用在驱动轮上的切向反力,受地面接触强度的限制,并不能随意增大。汽车行驶除满足驱动条件外,还要满足地面接触强度提供的条件即附着条件,汽车才能正常行驶。

无侧向力作用时,地面对轮胎切向反作用力的极限值,称为附着力。在硬路面上,附着力与驱动轮的法向反作用力成正比,即

$$F_\varphi = F_z \varphi \tag{2.20}$$

式中　F_φ——驱动轮的附着力,N;

　　　F_z——驱动轮的法向反作用力,N;

　　　φ——附着系数,由试验确定,取决于轮胎、路面和使用条件。

汽车驱动力的最大值固然取决于发动机的最大转矩和传动系的传动比,但实际发出的驱动力还受到附着力的限制。当附着力较大时,汽车能充分发挥发动机的动力,能得到较大的驱动力;当附着力较小时,汽车的驱动力就较小,加大汽车节气门,只会增加驱动轮的滑转速度,而不会增大地面对驱动轮的切向反力,不会增大驱动力。所以满足汽车行驶的第二个条件为

$$F_t \leqslant F_\varphi \tag{2.21}$$

该式被称为汽车行驶的附着条件。

(3)汽车的驱动-附着条件

由汽车行驶的驱动条件和附着条件可以看出,保证汽车正常行驶的必要与充分条件是:汽车驱动力应大于或等于汽车滚动阻力、坡度阻力和空气阻力之和,且小于或等于汽车附着力,即

$$F_f + F_w + F_i \leqslant F_t \leqslant F_\varphi \tag{2.22}$$

式(2.22)为汽车行驶的驱动-附着条件。

汽车行驶首先要满足驱动条件,即汽车本身具有产生足够驱动力的能力,而推动汽车行驶的驱动力,是地面对驱动轮的切向反作用力,是地面作用于汽车的外力,地面对汽车作用的驱动力最大值要受到附着力的限制,驱动力不能超过附着力,只能等于或小于附着力。

2.3.2　汽车的驱动力-行驶阻力平衡图

汽车的行驶方程式表明了汽车行驶时,驱动力和各行驶阻力之间的平衡关系。当发动机转速特性、变速器传动比、主减速比、机械效率、车轮半径、空气阻力系数、汽车迎风面积及汽车总质量等初步确定后,便可利用此式分析汽车在良好路面(沥青、混凝土路面)上的行驶能力,即确定节气门全开时,汽车能达到的最高车速、加速能力和爬坡能力。

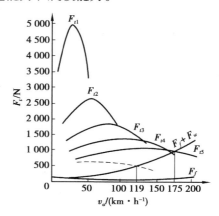

为了清晰而形象地表明汽车行驶时的受力情况及其平衡关系,一般用汽车的驱动力-行驶阻力平衡图来分析汽车的动力性,图解确定汽车的动力性指标。汽车的驱动力-行驶阻力平衡图是以 v_a 为横坐标,以汽车所受的外力为纵坐标,图中有汽车在各挡位的驱动力 F_t 曲线及汽车行驶中经常遇到的滚动阻力 F_f 与空气阻力 F_w 叠加的曲线,图 2.4 为一具有五挡变速器汽车的驱动力-行驶阻力平衡图,从图中可以清楚地看出不同车速、不同挡位时的驱动力和行驶阻力之间的关系,并可容易地确定汽车动力性评价指标。

图 2.4　汽车驱动力-行驶阻力平衡图

在发动机外特性曲线上选取不同的点 (T_{tq}, n_e),汽车在某挡位时,变速器传动比 i_t 为定值,已知汽车设计的 i_0, η_m, r 的值,便可根据 $F_t = T_{tq} i_t i_0 \eta_m / r$ 和相应发动机转速 n_e 对应的汽车车速 $v_a = 0.377 rn / (i_t i_0)$ 画出该挡位的 F_t-v_a 曲线,不同的挡位 F_t-v_a 曲线不同。

F_f-v_a 曲线的形状取决于滚动阻力系数 f 随 v_a 的变化,但是,在一定道路上,当 $v_a < 100$ km/h 时,f 的变化不大;当 $v_a > 100$ km/h 时,f 增长较快。因此,F_f 近似水平线,但在速度较高时稍有上升。

F_w-v_a 曲线,对于一定的车型,其 C_D, A 是已知的,在不同的速度下,可以用公式 $F_w = C_D A v_a^2 / 21.15$ 计算出对应的数值。

2.3.3　汽车的动力特性

(1)汽车的动力因数

利用汽车驱动力-行驶阻力平衡图可以确定汽车的动力性,但不能用来直接评价不同类型汽车的动力性。因为种类不同的汽车,其质量及外形有所不同,因此各行驶阻力也不同。在评价汽车动力性时,就必须考虑汽车的总重力 G 和空气阻力 F_w 对汽车动力性的影响。为了更科学地评价不同汽车的动力性,必须采用与 G 无关并同时排除了 F_w 的指标,才能对总重不同、外形各异的汽车作出共同的评价尺度。

由汽车驱动力平衡方程

$$F_t = F_f + F_w + F_i + F_j$$

则得

$$F_t - F_w = F_f + F_i + F_j$$

即

$$\frac{F_t - F_w}{G} = f \cos \alpha + \sin \alpha + \frac{\delta}{g} \frac{\mathrm{d}v}{\mathrm{d}t} \tag{2.23}$$

若令 $\dfrac{F_t - F_w}{G}$ 为汽车的动力因数,并以符号 D 表示,则

$$D = \frac{F_t - F_w}{G} = f \cos \alpha + \sin \alpha + \frac{\delta}{g} \frac{\mathrm{d}v}{\mathrm{d}t} \tag{2.24}$$

式(2.23)称为汽车的动力平衡方程。从式(2.24)可知,只要两车的 D 值相等,则它们在相同的道路条件下,便可爬同样大小的坡度,或产生同样的加速度(δ 值应相等)。也就是说,具有相同动力因数的汽车,尽管它们总重力和空气阻力等相关参数不同,但它们具有相同的克服道路阻力和加速阻力的能力。因此,动力因数反映了汽车的动力特性,所以常把动力因数作为表征汽车动力特性的指标。

(2)动力特性图

动力因数随汽车行驶速度变化的关系,即 $D\text{-}v_a$ 称为汽车的动力特性,表示动力特性的曲线称为汽车的动力特性图,如图 2.5 所示。再将汽车滚动阻力系数 f 随车速 v_a 变化关系曲线,以同样比例尺画在动力特性图上,就可以方便地求解汽车动力性评价指标。

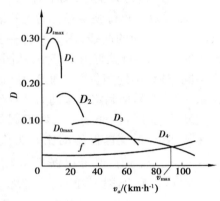

图 2.5　汽车动力特性图

1)确定汽车最高车速

汽车在平直路面上以最高车速行驶时,加速度的数值为零,即 $\mathrm{d}v/\mathrm{d}t = 0$, $\sin \alpha = 0$, $\cos \alpha = 1$,将其代入式(2.24)得

$$D = f$$

因此,D 曲线与 f 曲线的交点所对应的车速就是汽车的最高车速 $v_{\max}$。

2)确定最大爬坡度

汽车等速上坡行驶时,其 $\mathrm{d}v/\mathrm{d}t = 0$,由式(2.24)得

$$D = f \cos \alpha + \sin \alpha \tag{2.25}$$

解此方程得

$$\alpha = \arcsin \frac{D - f \sqrt{1 - D^2 + f^2}}{1 + f^2} \tag{2.26}$$

求最大爬坡度时,可将图 2.5 中第 1 挡的最大动力因数 $D_{1\max}$ 和对应的滚动阻力系数 f 代入式(2.26),求出最大坡度角 $\alpha_{1\max}$。

若道路坡度角不大或粗略估算汽车的爬坡能力,则可认为 $\cos \alpha \approx 1$, $\sin \alpha \approx \tan \alpha \approx i$,将其代入式(2.25)后变换得

$$i = D - f \tag{2.27}$$

式(2.27)说明动力特性图上 D 与 f 曲线间的距离粗略地表示了汽车在各挡位相应车速的爬坡度。显然,在附着条件足够时,汽车的最大动力因数越大,汽车的爬坡能力就越强。

3)确定汽车加速能力

汽车加速行驶时,其 $i = 0$,由式(2.24)得

$$\frac{dv}{dt} = \frac{g}{\delta}(D - f) \tag{2.28}$$

式(2.28)表示汽车动力特性图中,某车速时 D 与 f 曲线间距的 g/δ 倍,即为该车速所能达到的加速度。利用各挡节气门全开时图解得到的加速度及其倒数曲线,可求得所需的汽车加速时间。显然,在附着条件足够时,汽车的动力因数越大,则汽车的加速能力就越强。汽车第1挡的最大动力因数 D_{1max} 和最高挡位的最大动力因数 D_{0max},对汽车的平均行驶速度有很大的影响,是评价汽车动力特性的重要参数。

2.3.4　汽车的功率平衡

汽车行驶时,不仅驱动力和行驶阻力互相平衡,发动机发出的功率和汽车的行驶阻力功率也总是平衡的。若发动机发出的功率为 P_e(kW),汽车行驶阻力所消耗的功率为滚动阻力功率 P_f、空气阻力功率 P_w、坡度阻力功率 P_i 和加速阻力功率 P_j,则汽车功率平衡方程式如下

$$P_e = (P_f + P_w + P_i + P_j)/\eta_m \tag{2.29}$$

或

$$P_e = \frac{v_a}{3\,600\eta_m}\Big(Gf\cos\alpha + \frac{C_D A v_a^2}{21.15} + G\sin\alpha + \delta\frac{G}{g}\frac{dv}{dt}\Big) \tag{2.30}$$

与汽车驱动-行驶阻力平衡一样,汽车的功率平衡也可以用图来表示。若以纵坐标表示功率,横坐标表示车速,将发动机功率 P_e,汽车经常遇到的阻力功率 $(P_f + P_w)/\eta_m$,对车速的关系曲线绘在坐标图上,即得汽车功率平衡图,如图2.6所示。

可见发动机功率随车速的变化,实际上是随发动机转速的变化,发动机转速在不同挡位对应的行驶速度不同,挡位越高,车速越高,速度区间也越宽,但是挡位不同时,其功率大小的范围不变,即 P_e 的起始值、终点值和最大值是一样的。

汽车达到最高车速时,$dv/dt = 0$,$i = 0$,则

$$P_e = (P_f + P_w)/\eta_m \tag{2.31}$$

可见汽车达到最高车速时,发动机功率完全与滚动阻力功率、空气阻力功率和传动损失功率平衡,因而图2.6中发动机功率曲线与阻力功率曲线交点 A 处所对应的车速,便是汽车在良好水平路面上的最高车速 v_{max}。

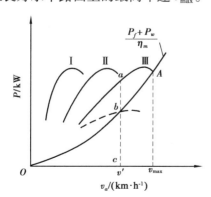

图2.6　汽车功率平衡图

当驾驶员减小节气门开度时,发动机即在部分负荷特性下工作,发动机发出的功率如图2.6中的虚线所示,其虚线与阻力功率曲线的交点所对应的车速 v' 即为汽车在该节气门开度下的等速行驶车速。此时,汽车发动机能发出的功率为 $\overline{ac}$,汽车阻力功率为 $\overline{bc}$,而功率之差为

$$P_e - \frac{P_f + P_w}{\eta_m} = \overline{ac} - \overline{bc} = \overline{ab} \tag{2.32}$$

它可用来加速或爬坡,通常称 $P_e - \dfrac{P_f + P_w}{\eta_m}$ 为汽车的后备功率。

在一般情况下维持汽车等速行驶所需的发动机功率并不大,发动机节气门的开度较小。

当需要爬坡或加速时,驾驶员加大节气门开度,使汽车的全部或部分后备功率发挥作用。因此,汽车的后备功率越大,汽车的动力性就越好。

利用功率平衡定性分析设计使用中有关动力性问题较为方便,因为它是从能量转换角度研究汽车动力性;利用功率平衡图可以形象地表明后备功率,能看出汽车行驶时发动机的负荷率,所以燃油经济性分析中常用它。

2.4　影响汽车动力性因素

从对汽车行驶方程式的分析中知道,汽车的动力性与汽车结构参数、载荷及道路条件密切相关。下面从汽车结构和使用条件两个方面来讨论各种因素对汽车动力性的影响。

2.4.1　汽车结构参数对动力性的影响

(1)发动机参数对汽车动力性的影响

发动机的最大功率、最大转矩和外特性对汽车动力性影响最大。

发动机功率越大,汽车的动力性越好。设计中发动机最大功率的选择必须保证汽车预期的最高车速。最高车速越高,要求的发动机功率越大,其后备功率也大,加速和爬坡能力必然较好。但发动机功率不宜过大。一方面,发动机功率过大导致发动机尺寸、质量、制造成本增大,同时还导致发动机负荷率过低使汽车燃油经济性显著下降;另一方面,汽车驱动力的提高受附着条件的限制,不可无限制地增大,所以过高的发动机功率、转矩也是无益的。通常用汽车比功率(kW/t)来衡量汽车发动机功率是否匹配。

单位汽车质量所具有的发动机功率 P_e/m 称为比功率或功率利用系数。比功率和汽车的类型有关。总重力49 kN(5 t)的货车其比功率在较小范围内变化,一般在75 kW/t以上。轿车和总重力小于39.2 kN的货车比功率较大,动力性很好;重型自卸汽车速度低,比功率较小。

发动机外特性曲线形状对动力性也有较大的影响。两台发动机的外特性曲线形状不同,但其最大功率和相对应的转速可能相等。假定汽车的总质量、流线型、传动比均为已知,为了便于比较,并假定总阻力功率曲线与两台发动机功率曲线交于最大功率点,如图2.7所示,为两台发动机的外特性曲线,其最大功率相等。由图可见,外特性曲线1的后备功率较大,使汽车具有较大的加速能力和上坡能力,动力性较好;同时外特性曲线1适应汽车行驶阻力变化的能力强,可使换挡次数减少,有利于提高汽车的平均行驶速度。

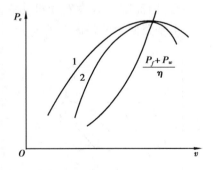

图2.7　发动机外特性曲线形状不同的汽车功率平衡图

(2)传动系参数对汽车动力性的影响

1)传动效率 η_m

传动系损失功率可表示为 $P_m = P_e(1-\eta_m)$,可见传动系机械效率越高,传动损失功率越小,发动机有效功率更多地转变为驱动力,汽车动力性好。目前可在润滑油中加入减磨添加剂和选用黏度适当且受温度影响小的润滑油,对提高传动效率有明显效果。

2)主减速器传动比

变速器处于直接挡时,主减速器传动比将直接影响汽车动力性。

图2.8表示其他条件相同而主减速器传动比不同的直接挡功率平衡图,其中 $i_{01} > i_{02} > i_{03}$。分析该图可知,$i_0 = i_{02}$ 时,汽车的最高车速 v_{max2}。因为 $i_0 = i_{02}$ 时,汽车以最高车速行驶消耗的阻力功率等于发动机的最大功率,汽车的最高车速等于发动机最大功率相对应的车速。其他条件不变,无论使主减速器传动比 i_0 增大或减小,都使汽车的最高车速降低。若增大 i_0,使其 $i_0 = i_{01}$,则汽车的后备功率增大,汽车的加速能力和爬坡能力提高,汽车低速动力性较好,但汽车最高车速降低至 v_{max1}。若减小 i_0,使其 $i_0 = i_{03}$,则汽车的后备功率减少,同时汽车的最高车速降低至 v_{max3},动力性变差,但发动机功率利用率提高,燃油经济性较好。为了提高汽车动力性,i_0 应选得适中。

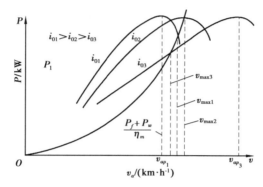

图2.8 不同主减速器传动比的功率平衡图

3)变速器传动比及变速器挡数

汽车以最低挡行驶时,必须保证汽车具有足够的驱动力,以使汽车具有克服最大行驶阻力的能力。如其他条件相同,1挡传动比直接影响汽车起步加速性能和最大爬坡能力。

现代汽车大多仍保持变速器的最小传动比为1,即最高挡为直接挡;少数汽车变速器最小传动比小于1,即最高挡为超速挡。利用超速挡的目的主要是提高汽车在良好道路上行驶的最高车速和高速时的燃油经济性。

变速器挡位多,增加了发动机发挥最大功率附近高功率的机会,发动机的平均功率利用率高,后备功率大。当变速器挡数很多时,汽车行驶的驱动力特性就接近理想的动力特性,其汽车就具有良好的加速性和爬坡能力。另外,挡数较多,可使换挡容易,操纵性好,同时汽车在低燃油消耗率区间工作的机会加大。但挡数过多,会使变速器的结构变得复杂,同时操纵机构也相应复杂。通常,轿车变速器采用3~5个挡,轻、中型货车变速器采用4~5个挡,重型汽车变速器多于5个挡。为保证有足够多的挡位而结构又不复杂,不少重型汽车的变速器后还接上一个具有2个挡位或3个挡位的副变速器,在越野汽车的变速器后带有一个具有高、低挡的分动器。

(3)阻力系数对汽车动力性的影响

根据公式 $D = (F_t - F_w)/G$,若汽车总重力与驱动力不变,则空气阻力越小,汽车动力因数 D 越大,汽车最高车速也越高,汽车的动力性就越好。

空气阻力系数 C_D、迎风面积 A 及车速决定了汽车空气阻力的大小。空气阻力在汽车低速行驶时,对汽车动力性影响较小;而在汽车高速行驶时,空气阻力在汽车行驶阻力中占很大比重,对汽车动力性影响较大。所以减小空气阻力,对高速行驶的汽车是非常必要的,而减小空气阻力的主要手段是降低空气阻力系数 C_D,现代汽车设计师都注重改善车身的流线型,对轿车车身常采用下列方法来降低空气阻力系数。

1)整车

整个车身应向前倾斜 $1° \sim 2°$,水平投影应为"腰鼓"形,后端稍稍收缩,前端呈半圆形。

2)车身前部

车身前部的发动机罩应向前下倾;面与面交接处的棱角应为圆柱状;风窗玻璃应尽可能躺平且与车顶圆滑过渡;前支柱应圆滑,侧窗应与车身相平;尽量减少灯、后视镜等凸出物,凸出物的形状应接近流线型。

3)汽车后部

汽车后部最好采用舱背式或直背式车身,舱背式车身是指后窗玻璃与水平线呈 $25° \sim 50°$ 的车身,而直背式车身是指后窗玻璃与水平线夹角小于 $25°$ 的车身。若采用折背式车身,则行李箱盖板应高而短,后面应有鸭尾式结构。

4)车身底部

底部用平滑的盖板将车身下平面内面的所有零部件盖住,其盖板从车身中部或由后轮以后向上稍稍升高。

现代轿车的空气阻力系数 C_D 已大大降低,高级轿车的 C_D 值已达 0.3 以下,有的车身 C_D 值已达 0.2,这对减少高速行驶时的功率消耗是非常有利的,可提高汽车动力性。

(4)汽车质量对汽车动力性的影响

汽车在使用中,其总质量随载运货物和乘客的多少而变化。尤其是载货汽车拖带挂车时,总质量的变化更大,汽车质量对其动力性有很大影响。汽车总质量增加时,动力因数 D 将随之下降,而道路阻力和加速阻力随之增大。故汽车的动力性将随汽车总质量的增加而变差,汽车的最高行驶速度和上坡能力也下降。

汽车的自身质量对汽车动力性影响也大,对于具有相同额定载质量的不同车型,其自身质量较轻的总质量也较轻,因而动力性较好。因此,对于额定载质量一定的汽车,在保证刚度与强度足够的前提下,尽量减轻自身质量,可以提高汽车的动力性。

(5)汽车驱动形式对汽车动力性的影响

汽车驱动形式不同,汽车的附着条件就不同,汽车所能获得的最大驱动力就不同,因而对汽车的动力性就有影响。单轴驱动汽车,一般以后轴作为驱动轴,有利于提高汽车的动力性。当汽车上坡、加速、高速行驶需要加大驱动力时,地面作用于驱动轮的法向反作用力增大,附着力也随之增大,汽车容易获得足够的附着力而保证所需的驱动力。采用全轮驱动的汽车比单轴驱动汽车具有更好的动力性,因为它能够利用的附着力是最大的,同时当某一驱动轴失去驱动能力时,则另外的驱动轴仍可继续驱动。自动四轮驱动系统(4WD)已开始应用在一些轿车上,它能根据行驶路面的情况自动采取双轮驱动或四轮驱动,以充分发挥所需的驱动力来提高汽车的动力性。通常情况下,汽车处于 2WD 模式运行,而当前轮与后轮之间出现转速差时,说明驱动轮出现滑转,则应提高附着力,此时控制系统将使 2WD 模式自动转变成 4WD 模式。当汽车等速行驶或减速行驶时,一般为两轮驱动;当突然猛加速或上大坡时,就有可能成为四轮驱动,这一转变是自动实现的。

(6)汽车轮胎对汽车动力性的影响

汽车的驱动力与滚动阻力以及附着力都受轮胎的尺寸与形式的影响,故轮胎的选用与汽车的动力性的关系十分密切。

汽车的驱动力与驱动轮的半径成反比,汽车的行驶速度与驱动轮半径成正比,驱动轮半径对与动力性有关的驱动力和车速是矛盾的。现在,在良好路面上行驶的汽车,轮胎半径有减小的趋势。首先,汽车在良好路面上行驶时,附着力较大,允许用小直径的轮胎,可得到较大的驱动力。车速的提高可以用主减速器传动比来解决。轮胎尺寸和主减速器传动比减小,使汽车质心高度降低,提高了汽车的行驶稳定性,有利于汽车的高速行驶。软路面上行驶的汽车,车速不高,要求轮胎半径大些,主要是为了增加轮胎与路面间的附着系数。

轮胎形式、花纹、气压对汽车动力性也有影响。为提高汽车动力性,应尽量减小汽车轮胎的滚动阻力,同时增加道路与轮胎间的附着力。根据这一原则,在硬路面上行驶的汽车,用子午线轮胎,小而浅的花纹,较高的轮胎气压,对提高汽车的动力性有一定作用;在松软路面上行驶的汽车,用大而深的轮胎花纹、较低的轮胎气压,对提高汽车的动力性和通过性有很好的作用。

2.4.2　使用因素对汽车动力性的影响

使用因素对汽车动力性有重要影响,如一台动力性良好的汽车,若使用、保养、调整不当,发动机发不出应有的功率,传动系统机械效率较低,则汽车就不能充分发挥它的动力性。使用因素对汽车动力性的影响主要包括以下几个方面:

1)发动机技术状况

发动机技术状况是保证汽车动力性的关键。发动机是汽车动力的来源,若发动机技术状况不良,其功率、转矩下降,则汽车动力性就会下降。因此,应对发动机加强维护,保证发动机具有良好的技术性能。

2)底盘技术状况

汽车底盘技术状况从多方面影响汽车动力性,如传动系技术状况不良,则动力传递时的功率损失会增大,驱动轮获得的功率会减少;如行驶系技术状况不良,则汽车的行驶阻力会增大,汽车行驶平顺性、操纵稳定性会变差,汽车高速行驶是不可能的;如转向系、制动系技术状况不良,则会直接影响汽车的行车安全,汽车的动力性就得不到充分发挥。若底盘技术状况不良,则汽车的平均行驶速度会降低,动力性会变差。因此,应加强对汽车底盘的检查、维护,确保汽车底盘具有良好的技术性能。

3)驾驶技术

熟练地驾驶,适时和迅速地换挡以及正确地选择挡位,对发挥和利用汽车的动力性具有很大作用。同一辆车,同样的行驶条件,不同的驾驶者驾驶,可能具有不同的平均行驶速度,这就是驾驶技术在起作用。

4)汽车行驶条件

行驶条件中的气候和路面对汽车动力性的影响较大。汽车长时间在高温条件下工作,由于发动机过热,进气温度高,引起功率下降,致使汽车动力性降低;汽车行驶在高原地区,由于充气量与压缩压力下降,引起发动机功率下降,导致汽车动力性下降;汽车在路况较差的路面行驶时,路面和轮胎间的滚动阻力较大,附着系数较小,汽车的动力性下降。

2.5　汽车动力的合理使用

从汽车技术状况变化规律的分析表明,汽车在正常使用阶段,是汽车技术经济性的最佳阶段,在这个时期内如何合理使用车辆,充分发挥其经济效益,是汽车使用研究的主要内容,而最重要的内容是研究如何充分发挥汽车的动力。充分发挥汽车动力主要是提高汽车的平均技术速度和有效载质量,即提高汽车发动机功率的利用程度。

2.5.1　汽车平均技术速度

(1)汽车平均技术速度

汽车平均技术速度不同于汽车的最高车速,它不仅能反映汽车的动力性,同时也能反映各种运行条件的影响,因此,它是影响运输生产率和成本的重要因素之一。

汽车平均技术速度等于汽车总行驶里程与总行驶时间之比,即

$$v_p = \frac{s}{t}$$

式中　v_p——汽车平均速度,km/h;

　　　s——总行驶里程,km;

　　　t——总行驶时间,h。

总行驶时间 t 包括与行驶条件有关的短暂停车时间,如在信号灯前(铁路与公路交叉道口、过轮渡和会车等)的停车时间;而其他停歇时间,如装卸货物、乘客上下车、途中排除故障和行车人员用餐等停车时间,均不计算在内。

汽车的平均技术速度不仅取决于汽车的动力性,同时还受到汽车的其他使用性能以及道路条件、运输工作的组织因素、驾驶员技术水平和交通条件的影响。它不是汽车的实际行驶速度,也不是汽车的最高车速,而是一个计算值,是汽车运输企业在编制运输工作方案时计算生产率和成本的一个重要参数。

(2)提高汽车平均技术速度的途径

汽车平均技术速度是驾驶员的技术水平、车辆技术性能、道路、交通条件、运输组织、载荷等的综合反映。因此,提高汽车平均技术速度的途径很多,目前主要有以下几个方面:

1)提高驾驶员的技术水平

驾驶员的技术水平主要是指驾驶员操作技能的熟练程度及对所驾车辆技术状况、性能、结构原理的掌握程度,对交通环境及各种情况处理是否正确等。一个技术良好的驾驶员,应具有操作技术熟练,熟知所驾车辆的结构、性能和状况,在各种道路上以及在较复杂的交通条件下,既能提高车速,也能保证行车安全。一个好的驾驶员能提高汽车的平均技术速度。统计表明,同一台汽车,由于驾驶员的技术水平不同,平均技术速度约产生10%的偏差。另外,驾驶员的生理特性差异(如反应能力、视觉功能等)对平均技术速度也有很大的影响。

2)提高汽车的性能和技术状况

要提高汽车的平均技术速度,首先要有性能良好的汽车。因此,汽车制造厂应提供速度快、加速能力强,而且安全可靠的汽车。从使用方面来说,要合理使用汽车,及时对汽车进行

维护,采用现代化的检测诊断技术,提高维修质量。这样才能保持汽车良好的技术状况,充分发挥汽车的速度性能,提高汽车的平均技术速度。

3)改善道路条件

从目前来讲,在我国影响汽车速度性能发挥的主要因素是道路条件。如公路等级、行车路面宽度、颜色、道路的照明、转弯半径、安全设施、尘土的多少、纵向坡度和坡长、路面平整度及附着系数、交叉路口数量、上下坡的多少等,都影响汽车的行驶速度。目前,我国三、四级公路占的比例较大,一、二级公路占的比例较小。表2.4是道路等级对平均技术速度的影响,路面种类对平均速度技术的影响见表2.5。

表2.4 道路等级对平均技术速度的影响

公路等级 车速	高级(Ⅰ,Ⅱ级)	中级(Ⅲ,Ⅳ级)	低级(Ⅳ级以下)
最大车速/(km·h⁻¹)	60	45	35
平均技术速度/(km·h⁻¹)	40~50	30~35	20~25

表2.5 路面种类对平均技术速度的影响

路面状况良好的沥青路	100%
路面状况良好的条石路、碎石路、修整的土路	75%~80%
路面磨损的条石路、碎石路、修整的土路	70%
路面严重磨损的道路或土路	50%

道路宽度的影响:车辆在运行时,随时都可能与迎面驶来的车辆相会或超越前车。当两车交会时,考虑车辆左右摇摆情况,要有一定的侧向安全距离。车与车的侧向间距大,车速可以高些;反之应低些,以免发生事故。

加快公路建设,改善交通条件,是提高平均技术速度的重要途径。加快高速公路与高等级公路的建设,改善道路交通条件与交通状况,为充分发挥汽车的速度性能创造条件。

加快道路交通设施的建设,加强道路交通管理。建立健全道路的标志、标线、信号等设施,实行先进的道路交通管理手段,控制各种道路的交通密度和流量,以提高汽车的平均技术速度。

此外,采用合理的运输组织和改进交通管理等,也是提高汽车平均技术速度的有效途径。

2.5.2 汽车合理拖载

合理组织拖载运输,增加车轴数,组成汽车列车,以充分利用汽车的动力,发挥车辆的潜力,增加汽车的载质量。这是运输企业提高运输生产率、降低运输成本的有效措施,也是提高汽车运用效率的重要途径。汽车拖载运输与单车运输相比,具有载质量大,运输效率高,运输成本低的优点。而且挂车的结构简单,制造和维修成本低,对道路没有更高的要求。采用甩挂运输,减少了汽车装卸停歇时间,可提高车辆出车时间的利用率。因此,可以在少增加公路投资的情况下,大幅度地增加车辆的载质量,以提高公路运输的经济效益。从我国多年对货运车辆组织实施拖载的统计情况表明,实施拖载后使运输效率提高 30% ~50%,成本降低 30% ~40%,油耗下降 20% ~30%。可见,合理拖载是提高经济效益的合理运载方式。

目前,我国公路运输的发展趋势是以重型汽车列车为主,担任长距离运输。一些公路发达的国家也都采用这种运输组织形式,运输的经济距离一般都在 400 km 以上。如能大量采用汽车列车,对发展公路运输,提高公路运输比重将会起到显著的效果。

(1)组织拖载运输的可能性

汽车发动机的功率利用程度,主要取决于汽车结构、载质量和道路条件 3 个因素。

根据试验,一般汽车在规定载荷下用直接挡(包括超速挡)和常用经济车速行驶于良好道路上,节气门只需开 35% ~40%,仅利用了发动机在同转速下最大功率的 45% ~50%,约为发动机最大功率的 20%。尤其在低速行驶时,发动机功率利用率更低。如东风 EQ1090 型汽车载质量 5 t,拖载 4.5 t,在平路上以正常车速(35 ~45 km/h)行驶,只利用了发动机最大功率的 50%。所以,通常情况下单车运行时,汽车发动机是处于部分负荷状态,而保持着相当大的后备功率。

汽车的牵引力是评价汽车牵引性能的指标。它的大小与传动系统的传动速比、车轮的滚动半径和传动机械效率有关,更与发动机的功率有关。因此,发动机的后备功率或者说汽车的拖载能力,通常用剩余牵引力来表示。

由于目前我国道路技术条件的限制,汽车最高车速很少能达到,同时又提倡中速行驶,因此,汽车发动机发出的牵引力比较大,而相应的汽车行驶运动阻力又比较小。所以,利用发动机的后备功率组织拖载运输是完全可能并有理论根据的。

(2)合理拖载质量的确定

对汽车的合理拖载质量的选择,需要进行全面的分析和研究。当拖载质量确定之后,还应在生产实践中考查运输效率、油耗量和发动机磨损量(每千米磨损量)及当地的自然条件等。

1)确定汽车拖载质量的原则

①基本保持单车的使用性能,或者下降不多。要保持直接挡为经常行驶的挡位,直接挡(包括超速挡)的行驶时间应控制在 60% 以上,平均技术速度不低于单车的 70%,最高车速不应低于单车的经济车速。

②汽车拖载运输时,在最大坡道上要用一挡起步,用二挡通过(个别情况使用一挡)。

③要保持有足够牵引力,同时保证牵引车的驱动轮不打滑。

④应保证在直接挡位有较好的加速性能,并要求从起步到直接挡达到单车的同等速度所需的加速时间,不得高于单车时间的 1 倍。即要求在加速过程中,要有较大的剩余牵引力以克服加速阻力,因为加速过程中的不稳定状态能降低牵引力,所以,拖载不宜过重,否则会严重降低加速能力和平均技术速度。

⑤拖载后的燃料消耗总量应不超过原厂规定的单车消耗量的 50%。

⑥汽车列车的比功率是汽车拖载后牵引性能的一个综合评价指标,应不小于 0.48 kW/t,各国对比功率的规定见表 2.6。

表 2.6　几个国家的汽车比功率值

国　家	美　国	日　本	德　国	英　国	荷　兰
比功率(kW/t)	6.8 ~8.1	6.3 ~6.6	5.9	4.4 ~5.2	5.4

⑦从道路交通条件和交通安全等情况出发,汽车拖载最好一车一挂。对于牵引力较大的汽车,可以拖质量位较大的挂车。

2)合理拖载质量的选择

在选择拖挂质量时,首先应确定汽车总质量,使其比功率不小于 4.8 kW/t,所以初步估计汽车列车总重力 $G_L = P_e/0.48(\text{kN})$。

①在运行路线上大部分时间能用直接挡行驶。直接挡最大动力因数 $D_{0\max}$ 是评价汽车合理拖载量的重要指标,当 $D_{0\max}$ 值过小时,换挡次数增多,燃料消耗量增加,平均车速和运输生产率下降,并使牵引装置、发动机和传动系等早期磨损和损坏。

汽车列车直接挡的最大动力因数应比沥青路面上的滚动阻力系数大一些,因此,列车直接挡的动力因数可取 $D_{0\max} = 0.025 \sim 0.03$。

由

$$D_{0\max} = \frac{F_{t0\max} - F_w}{G_L} \tag{2.33}$$

得

$$G_L = \frac{F_{t0\max} - F_w}{D_{0\max}} \tag{2.34}$$

式中　$F_{t0\max}$——牵引车直接挡最大牵引力,N;

　　　F_w——$F_{t0\max}$ 相应车速时的空气阻力,N。

②在运行路线的最大坡道上用一挡起步。我国各级公路允许的纵向坡度见表 2.7。在四级公路的山岭区,最大纵坡度可增加 1%。

表 2.7　各级公路纵坡度标准

公路等级	一	二		三		四
		平原微丘	山岭重丘	平原微丘	山岭重丘	
最大纵坡/%	4	5	7	6	8	8

汽车列车在坡道上起步时,与其正常行驶不同,道路有较大的变形,引起额外的附加阻力,使道路阻力系数加大,又由于起步时发动机的热力状况尚未稳定,其功率、扭矩和汽车的牵引力均较额定值小,所以,在起步时引入一个系数 β 进行计算,相当于滚动阻力系数加大 β 倍。

$$G_L = \frac{F_{t1\max}}{\left(\beta f + i + \dfrac{\delta_L}{g}j\right)g} \tag{2.35}$$

式中　$F_{t1\max}$——一挡最大牵引力,N;

　　　β——汽车列车起步时的附加阻力系数,其数值取决于运行条件。一般夏季取 1.5 ~ 2.5,冬季取 2.5 ~ 5.0;

　　　δ_L——汽车列车的旋转质量换算系数,通常取 1;

　　　j——汽车列车起步时的加速度,取值 0.3 ~ 0.5 m/s^2。

③在运行路线的最大坡道上能用二挡通过。此情况车速较低,可不计空气阻力,且可认为等速上坡,故空气阻力 $F_w = 0$,加速阻力 $F_i = 0$,从牵引平衡方程式可知,为了满足要求所允

许的列车总重力为

$$G_L = \frac{F_{t2max}}{i+j} \tag{2.36}$$

式中　F_{t2max}——二挡最大牵引力,N。

④汽车列车必须符合附着条件。保证牵引车的驱动车轮不打滑,即要求牵引力必须小于牵引车的驱动车轮与路面之间的附着力。即:$F_t \leqslant F_\varphi$,一般汽车列车行驶时,其车速不高,且为等速行驶,故可得式

$$F_t = G_L \psi \tag{2.37}$$

式中　ψ——道路阻力系数,$\psi = i + f$。

而牵引车驱动轮与路面间的附着力为

$$F_\varphi = G_f \varphi \tag{2.38}$$

式中　φ——附着系数;

　　　G_f——驱动轮的附着力,N。

由此得到

$$G_L \psi \leqslant G_f \varphi \tag{2.39}$$

综上所述,在确定汽车合理拖载质量时,在保证汽车列车在线路上行驶能力的条件下,分别按式(2.30)、式(2.31)、式(2.32)、式(2.35)计算出的汽车列车总质量可能各不相同,应选取最小值作为汽车列车总质量,将列车总质量减去牵引车的总质量,得挂车或半挂车总质量,它应符合国家挂车系列型谱的规定。

一些汽车制造厂规定的拖载质量见表2.8。

表2.8　汽车制造厂规定的拖载质量

车辆型号	原车总质量/kg	原车额定载质量/kg	功率/kW	规定拖载质量/kg
CA1091	9 310	5 000	99	6 000
EQ1090	9 290	5 000	99	6 000

(3)汽车拖载后对各总成的影响

汽车拖挂后,与单车的工作情况不同,拖挂后所需发动机的输出功率增大,传动系传递的转矩增加,起步时间增长,行驶中由于冲击、摇摆和振动所造成交变负荷也变大。因此,汽车各总成机件磨损增加,大修间隔里程缩短,使汽车使用寿命降低。

1)对制动系使用寿命的影响

由于汽车总质量增加,制动距离增大,特别是在高岭山区公路使用,制动器的使用时间长,使用条件恶劣,制动强度增加,所以,制动摩擦片的使用寿命降低(约5 000 km)。因此,汽车使用单位应加强对制动器及驱动机构技术状况的检验、调整、润滑作业,以使汽车获得最佳制动效能。

2)对传力机件使用寿命的影响

汽车拖载后,由于拖载质量较大,因而增加了起步阻力。在单辆汽车起步时,离合器接合的延续时间一般为0.5~2.0 s,在牵引挂车时则增加到5 s,有时甚至还要多些。这时,接触机件相对滑转的时间增加了2~3倍,因此,易于引起离合器摩擦片温度升高而较快地磨损。

传力机件的变速器、万向传动轴、主减速器和差速器,由于传递功率增加和扭矩增大,使齿轮、齿槽和轴承所受到的压力增加。齿轮与齿轮的啮合间隙与工作面要求相应地比单辆汽车严格,否则会引起齿轮的异常磨损。另外,由于汽车在中间挡行驶的时间加长,所以变速器二、三挡齿轮的磨损也就较显著。

3)对车架和行走机构使用寿命的影响

汽车拖载后起步、换挡、急剧加速与在不平道路上行驶时,均增大了牵引钩上的交变载荷,这些巨大的冲击力,均使车架的纵梁与横梁承受额外的应力,导致车架产生裂纹和紧固连接部分的松动。起步加速时的冲击力使钢板弹簧的反应扭矩和纵向推力增加,引起后悬挂上连接螺栓的松动。

由于拖挂后驱动力(牵引力)增加,使驱动轮打滑的次数较多,因而轮胎磨损比单车大。如有的地区东风汽车行驶4万km就出现了轮胎严重磨损、早期报废现象。

4)对发动机使用寿命的影响

汽车拖带挂车后,由于发动机的功率利用率提高,实际上是增大了汽车发动机节气门的开度,使汽缸充气量增加,气体的燃烧压力增大,使发动机发出较大的功率和扭矩,由于进入汽缸的混合气量增多,燃烧后发出的热量增加,使汽缸壁、活塞、燃烧室和气门的温度均大为增长。

在炎热的季节或爬坡行驶时,汽车低挡运行时间加长,发动机温度升高,将使润滑油黏度下降,润滑条件变差,因而增加曲轴连杆机构零件的磨损,特别是汽缸壁、活塞、活塞环的磨损。另外,发动机经常在重负荷下工作,较高的气体压力将加速曲轴连杆颈和主轴颈以及轴承的磨损。

除了发动机的工作温度和气体压力的因素外,汽车拖载后单位里程的曲轴转数也要比单辆汽车工作时相应地增加,也使发动机加快磨损。另外,随着曲轴总转数的增加,对发动机某些机件的磨损也发生影响,如分电器的触点和火花塞电极工作次数增加,使磨损也有所增加。

由于上述的影响,不言而喻,汽车拖载后寿命将降低,大修间隔里程将缩短。

2.5.3 货物集装化和装卸机械化

采用货物集装化和装卸机械化是提高汽车运输效率、降低运输成本的重要措施。

(1)货物集装化简介

货物集装化通常是采用集装箱运输。汽车集装箱运输是指把货物装在集装箱内用汽车载运的一种货物运输组织形式。它具有安全、迅速、简便、节约等特点,主要表现在:

①利于装卸机械化,装卸效率高,从而提高车辆利用率和汽车运输效率;

②运输生产率提高,货运周期缩短;

③减少了货物运输中的倒装等中间环节,可降低货损、货差,运输质量提高;

④节省包装和仓库费用,降低运输成本。

由于集装箱运输经济效果显著,所以20世纪60年代以后集装箱运输得到了迅速发展。

1)集装箱的定义

集装箱(Container)的英文词义是一种容器,在我国台湾和香港等地称为货柜。它是指具有一定规格和强度的专为周转使用的大型货箱。这种容器与货物的外包装及其他容器不同之处,在于除能装载货物外,还需要适应许多特殊要求。国际标准化组织制订了集装箱统一规格,力求使集装箱达到标准化,标准化组织不仅对集装箱尺寸、术语、试验方法等作了详细规定外,而且就集装箱的构造、性能等技术特征作了某些规定。集装箱的标准化促进了集装箱在国际间的流通,对国际货物流转的合理化起了重大作用。

关于集装箱的定义,历年来国内外专家学者存在一定分歧。现以国际标准化组织(ISO)对集装箱的定义作以下介绍,国际标准化组织(ISO)对集装箱的定义为集装箱是一种运输设备,应满足以下要求:

①具有耐久性,其坚固强度足以反复使用;

②便于商品运送而专门设计的在一种或多种运输方式中运输无须中途换装;

③设有便于装卸和搬运特别是便于从一种运输方式转移到另一种运输方式的装置;

④设计时应注意便于货物装满或卸空;

⑤内容积为 1 m^3 或 1 m^3 以上。

目前,中国、日本、美国、法国等国家,都全面地引进了国际标准化组织的定义。除了 ISO 的定义外,还有《集装箱海关公约》(CCC)、《国际集装箱安全公约》(CSC)、英国国家标准和北美太平洋班轮公会等对集装箱下的定义,内容基本相同。我国国家标准 GB 1992—85《集装箱名词术语》中,引用了上述定义。

2)集装箱的种类

随着集装箱运输的发展,为适应装载不同种类货物的需要,因而出现了不同种类的集装箱。这些集装箱不仅外观不同,而且结构、强度、尺寸等也不相同。集装箱按使用用途分为:通用集装箱、保温集装箱、框架集装箱和散货类集装箱 4 种,其中使用最多的是通用集装箱,占集装箱总数的 70% ~80% 。

通风集装箱一般在侧壁或端壁上设有通风孔,适于装载不需要冷冻而需通风、防止汗湿的货物,如水果、蔬菜等。如将通风孔关闭,可作为杂货集装箱使用。一般包括:干货集装箱、侧开门集装箱、侧壁全开式集装箱和通风集装箱。

保温集装箱主要分为保温集装箱和冷藏集装箱,其中冷藏集装箱分为带有冷冻机的内藏式机械冷藏集装箱和没有冷冻机的外置式机械冷藏集装箱。适于装载肉类、水果等货物。冷藏集装箱造价及营运费用均较高,使用中应注意冷冻装置的技术状态及箱内货物所需的温度。

框架集装箱主要包括板架集装箱、运输汽车的板架集装箱以及运牲畜的集装箱。

散货类集装箱除了有箱门外,在箱顶部还设有 2~3 个装货口,适用于装载粉状或粒状货物。使用时要注意保持箱内清洁干净,两侧保持光滑,便于货物从箱门卸货。一般包括散装集装箱和罐装集装箱。

3)集装箱运输车的种类

集装箱运输车通常有自装卸式集装箱运输车、可拆卸式集装箱运输车和常规集装箱运输车 3 种类型。

自装卸式集装箱运输车上安装有起重运输机械,使车辆具备了自装卸和运输双重功能。

可拆卸式集装箱运输车在集装箱运达目的地后,可在原地用支腿将集装箱支起,车辆退出原来所载运的集装箱,而转入下一项运输。

常用集装箱运输车是陆上集装箱运输最普遍的形式,它包括集装箱专用运输车和通用型集装箱运输车两种。

集装箱专用运输车结构很简单,只有两根纵梁以及用于安装定位锁止装置的横向臂,又称为骨架车、底盘车。车架上平面不设底板,不能装载其他货物。它在整个集装箱运输车中所占比例最大。

通用型集装箱运输车是指在普通车辆的基础上,加装定位锁止机构所制成的集装箱运输车。它可以装载其他货物,适用于在集装箱业务不充沛或季节性强的场合时使用。此外,集装箱运输车根据基础车不同,可分为:集装箱单车、集装箱半挂汽车列车、集装箱全挂列车、集装箱双拖载汽车列车等。

(2)装卸机械化简介

在货物运输过程中,装卸工作占有很大比重,是货物运输中的一个重要环节,直接影响成本和质量。过去的装卸作业主要是依靠人力手搬肩扛,劳动效率低,劳动强度大,从而严重地影响了装卸效率和装卸能力的提高,随着我国国民经济的迅速发展,商品流通量的扩大,单纯依靠人工装卸,已无法满足客观形势发展的需要。

机械化装卸可大大节省劳动力和减轻装卸工人的劳动强度、缩短装卸作业时间、大大降低装卸作业成本。

1)装卸机械的种类

汽车运输货物种类繁杂,批量小,站点分散,货场和仓库比较小,目前根据装卸机械的工作特点,大致可分为以下几种:

①间歇作业的装卸机械

这类机械的工作特点是周期性的,即工作行程和空回等行程是周期性进行的。并具有机动灵活、速度快、生产率高以及对货物和场地的适应性强等优点。间歇作业的装卸机械又包括装载机、叉式装卸车、汽车起重机及跨运车等4种。

a.装载机 装载机是一种用途十分广泛的铲装机械。其主要工具是铲斗,用它可对散状物料进行铲装、搬运及卸载作业,通常与自卸车配合使用。

b.叉式装卸车 叉式装卸车简称"叉车",主要用于车站、港口、机场、仓库、工厂及货场等,进行成件或集装件货物的装卸、搬运、堆码和拆垛等工作。换装其他工作属具后,叉车还可以用于散状货物和非包装的其他货物的装卸、搬运作业。所以,叉车是实现货物机械化装卸、堆垛和短距离运输的高效搬运机械。

c.跨运车 跨运车是一种高架式叉车,车身跨在物料的上面,用夹具夹持、提起或托起物料进行搬运和装卸作业。它适合露天堆场、货场和码头等场所机械化作业。跨运车又可分为通用跨车、集装箱跨车和门式跨车等种类。

d.汽车起重机 汽车起重机是在汽车底盘上安装有起重设备、能完成吊装任务的汽车,通常称为吊车。它具有机动灵活、行驶速度快的特点,但不能吊挂重物作长距离运行。它可以快速实现工地之间的转移,进入作业场地后能迅速投入工作。因此特别适用于流动性大、不固定的作业场所,用来装卸大型零件、包装件、散装货物和建筑构件等。

②自装卸运输车

自装卸运输车,是在运输车上安装有起重设备的一种车辆。通常有随车起重机运输车和集装箱自装卸运输车两种。随车起重机体积小、质量轻、结构简单而紧凑、操作简便。它适用于起重量小,起升高度不大,作业范围较窄的作业场所。随车起重设备一般安装在驾驶室与车厢之间的车架上,其支腿也应安装在此部位,以便能使支腿尽可能直接承受起重作业负荷。

③连续作业的装卸机械

连续作业的装卸机械是一种能连续实现供料、传送和卸料的机械,如圆盘式装货机、蟹爪式装货机和斗轮装货机等。它具有结构简单、生产率高、机动灵活、使用维修方便等特点。适用于一些货源较固定和货物数量较大的货场,如车站、机场、码头、仓库、建筑工地以及工矿企业等。

2)装卸机械化方案的选择

实现装卸机械化,主要是为了提高装卸效率和运输效率,降低运输成本。但在实际工作中,必须根据具体情况,选择合适的装卸机械化方案,尽可能提高运输的经济效益。在选择装卸机械化方案时,主要应考虑装卸机械化的程度、装卸货物的种类、装卸机械生产率与运输生产率的适应性、完成装卸作业的工作条件以及装卸机械的投资和包括装卸成本在内的运输成本。

①装卸机械化的程度

装卸机械化的程度是指对装卸作业的要求情况,如大型机械化或小型机械化,全盘机械化或部分机械化,这将影响对装卸机械的选择。

②装卸货物的种类

装卸货物的种类可分为3类:散状物料、集装箱和特大件货物。不同的货物,选择的机械不同。

③装卸机械生产率与运输生产率的适应性

装卸机械的生产率必须与运输车辆的生产率相适应,否则,就会造成装卸机械停歇或运输车辆的等待,使运输成本增加。

④完成装卸作业的工作条件

完成装卸作业的工作条件包括货场或中转站的平面布置、货物存放地点到装卸地点的距离、装卸场地的大小、集装箱的堆放方法、装卸机械的动力来源等。不同的工作条件所适用的装卸机械不同。

⑤装卸机械的投资和包括装卸成本在内的运输成本

在选择装卸机械时,除要考虑装卸机械的实用性外,还要考虑装卸机械的投资大小与装卸成本的高低,它将直接影响汽车运输成本的高低。所以,运输成本是选择装卸机械的综合依据。

3)装卸机械使用效能的评价指标

装卸机械的使用效能评价指标,除运输成本外,还包括:装卸工人生产率、装卸机械生产率、装卸机械的投资额、装卸工作成本、节约额、原始投资偿还期、装卸工作连续时间等。

知识拓展

提高汽车发动机动力改装方案

能源紧张,油价在不断上涨,买辆经济的小排量汽车自然是个不错的选择,平时开起来方便还省油。但是一到夏天,有些车主就反映天热开空调时,感觉到车油耗大了,且动力明显不足,提速不畅。那么,如何改变夏季开空调后,小排量车的这种"小马拉大车"的感觉呢?这里提供一套比较保守、安全又行之有效的提高发动机动力的改装方案,而且是在新交通法规允许范围之内。

(1)高性能火花塞:促进充分燃烧

将车上原有的火花塞换成高性能的火花塞,这样可以提高燃油的燃烧效率与爆发力,让燃油充分燃烧,从而提高动力,而且还会减少积炭的产生,延长发动机的寿命。因为火花塞中心电极越小,电极尖端的电压就越集中。当电量集中于一点时,即便在相对较低的电压下也会发生点火现象。所以,中心电极越细,所产生的火花越强。另外,电极还具有冷却功能。较粗的电极冷却效果很好,但打火效果有时欠佳。为提高打火性能,电极与火焰核心的接触区域应减小。中心电极越细,与火焰接触区域越小,避免了火花热量的损失,因此,打火性能得到极大提高。目前在市场上,火花塞因电极材料的不同分为普通、铂金和铱金3种。换高性能火花塞时,通常更换为铂金、铱金的火花塞,这两种火花塞的电极很细,在极高转速的高温、高压下,能提供准时、强劲的火花。但需要提醒车主的是,在选用时应该注意以下两点:第一,规格要一致,要选用和原装规格相一致的火花塞;第二,热值适当。火花塞用所承受的热负荷散失程度或能力来表示其承受热负荷的特性,称为热值。

(2)高压点火线:提高点火能量改善原来发动机的点火能量

将原车的点火线换成高能量高压点火线。高压点火线从外观上看,线体外壳采用高技术材料屏蔽,外观好看,使得其耐用性提高。这种高压点火线比普通高压点火线内阻要低很多,点火电量通过性好,保证线路畅通无阻,从而提高了点火能量。目前市场上改装用高压点火线有很多型号和牌子可以选择。但消费者在购买时还是要注意包装上的产品性能参数等说明,选择适合自己车型的参数。

(3)采用高效空气过滤器

增加进气量发动机上的空气过滤器是为了过滤发动机运转所需要的空气,在汽油发动机上都有此装置。原车所安装的空气过滤器似有进气量不足之嫌,而安装大流量的空气过滤器,则可以降低进气阻碍,增加进气量,通俗一点说,就是增强引擎的"肺活量"。进气系统改装的入门工作就是换用高效率、高流量的空气过滤器滤芯,市场上常见的品牌有很多,价位也有所不同。其工作原理是:换装高流量的空气滤芯可降低引擎进气的阻力,同时提高引擎运转时单位时间的进气量及容积效率,而由供油系统中的空气流量计量测出进气量的增加,将信号送至供油电脑,电脑便会控制喷油嘴喷出较多的汽油与之配合,让较多的油气进入汽缸,达到增大马力输出的目的。在实际改装的测试中,改装后的发动机在高速运转时,动力有所增加,发动机运转顺畅,提速感觉好。但安装大流量空气过滤器要尽量远离发动机。在改装之前,需要提醒车主的是,首先要把自己车的情况和使用习惯联系在一起,根据自己的需要进行相应的改装,同时别忘了要在国家相关法律允许的范围内和保证行车安全。

习 题

1. 什么是汽车的动力性?汽车动力性的评价指标有哪些?
2. 什么是滚动阻力系数?
3. 汽车行驶中滚动阻力是怎样形成的?

4. 什么是附着力？影响附着力的因素有哪些？

5. 汽车的行驶阻力有哪些？这些行驶阻力的数值如何计算？

6. 请写出汽车的驱动-附着条件。

7. 什么是汽车的动力因数？

8. 影响汽车动力性的主要因素有哪些？

第 **3** 章
汽车燃油经济性

学习目标

【能力目标】

1. 能解释汽车燃油经济性的评价指标；

2. 能利用所学知识解释城市工况和公路工况汽车百千米油耗为什么不同；

3. 能利用所学知识解释为什么柴油发动机汽车比汽油发动机汽车经济性好。

【知识目标】

1. 掌握汽车燃油经济性的评价指标；

2. 掌握汽车燃油经济性的计算方法；

3. 理解影响燃油经济性的汽车结构因素和使用因素。

3.1 汽车燃油经济性评价指标

石油是现代工业特别是交通运输的主要能源,西方各国汽车运输所消耗的石油产品几乎占石油开采量的40%,我国汽车运输每年消耗的汽油占汽油总产量的90%,柴油约占其产量的7%,总消耗量约占成品油的1/3,在汽车运输成本中,燃料消耗费用占总费用的20%~30%,所以节约燃油就意味着汽车运输成本的降低和经济效益的提高。节约汽车用燃油已成为汽车制造业和汽车运输业的一个重要任务。每个汽车生产国都在加强研究如何降低汽车油耗。

汽车燃油经济性的评价指标主要有以下3种:

(1)单位行驶里程的燃油消耗量

在我国及欧洲用每行驶百千米所消耗燃油的升数 Q_s 作为汽车燃油经济性指标,其单位为 L/100 km,即行驶 100 km 所消耗的燃油升数,其数值越大,汽车的燃油经济性就越差。

单位行驶里程的燃油消耗量只考虑了行驶里程,没有考虑车型与载质量的差别,因而只能用于比较同类型汽车或同一辆汽车的燃油经济性,但它也可用于分析不同部件(如发动机、传动系等)装在同一汽车上,对燃料经济性的影响。其数值越小,汽车燃油经济性越好。

（2）单位运输工作量的燃油消耗量

若燃油以质量计算时,该指标单位对载重汽车为 kg/(100 t·km),对客车为 kg/(1 000人·km)。若燃油以容积计算时,该指标单位对载重汽车为 L/(100 t·km),对客车为L/(1 000人·km)。该指标可以用来比较不同类型、不同装载质量汽车的燃料经济性。其数值越小,汽车燃油经济性越好。

（3）消耗单位燃油所行驶的里程

美国采用消耗单位燃油所行驶的里程的评价方法,其单位是 MPG 或 mile/USgal,指的是每消耗一加仑燃油能行驶的里程(1 mile = 1.61 km,1 USgal = 4.55 L)。其数值越大,汽车燃油经济性越好。

3.2 汽车燃油经济性的计算

在汽车设计时,常需要在实际的试验样车制成之前,先根据所选用的发动机台架试验得到的油耗曲线与汽车功率平衡图,对汽车进行燃油经济性的估算。其中包括汽车等速百千米油耗的计算,等速、加速、减速和怠速等行驶工况下油耗的计算。

（1）汽车等速百千米油耗的计算

等速行驶百千米的燃油消耗量是常用的一种评价指标,指汽车在额定载荷(我国标准规定轿车为半载,货车为全载)下,以最高挡在水平良好路面上等速行驶 100 km 的燃油消耗量。

汽车以速度 v_a 等速行驶时,发动机相应工况的有效燃油消耗率为 b_e[g/(kW·h)],而此时汽车行驶 100 km 所消耗的功率即阻力功率为 P_h(kW),则等速百千米油耗 Q_v(L/100 km)为

$$Q_v = \frac{P_h b_e}{1.02 v_a \gamma} = \frac{b_e}{3\ 600 \eta_m \gamma}\Big(G\psi + \frac{C_D A v_a}{21.15}\Big) \tag{3.1}$$

式中　γ——燃料的重度,N/L,汽油取 6.96～7.15 N/L,柴油取 7.94～8.13 N/L;

　　　b_e——有效燃油消耗率,g/(kW·h)。

有效油耗率 b_e 与发动机的负荷率 U 有关。所谓负荷率,是指在某一转速下,节流阀部分打开时,所发出的功率与该转速下节流阀全开时最大功率之比。有效油耗率 b_e 与负荷率 U的关系曲线,即为负荷特性曲线。发动机负荷特性是从台架试验上获得的,因此,由功率平衡图与负荷特性,可得出行驶时发动机的油耗。

在功率平衡图中,可很容易确定汽车在某一车速某一挡位下的发动机负荷率。图 3.1(a)中 $\overline{bc}$ 与 $\overline{ac}$ 的比值即为汽车在 v_a' 车速下的发动机负荷率。

$$U' = \frac{\overline{bc}}{\overline{ac}} \tag{3.2}$$

负荷率的高低表明了汽车功率的利用程度,负荷率低,表示汽车功率利用较少,汽车的后备功率较大,此时汽车具有良好的加速能力或爬坡能力;负荷率高,表示汽车此时的功率利用率较大,适当提高汽车发动机负荷率,可提高汽车的燃油经济性。

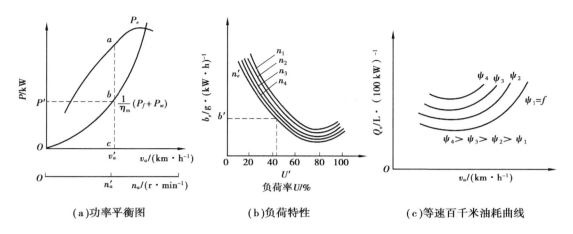

（a）功率平衡图　　　　　（b）负荷特性　　　　（c）等速百千米油耗曲线

图 3.1　用功率平衡图与负荷特性计算汽车等速百千米油耗

与车速 v_a' 相对应的发动机转速为 n_a'，n_a' 可通过 $n_a = \dfrac{v_a i_t i_0}{0.377r}$ 计算得到，根据 n_a'，U' 便能在负荷特性曲线上找出有效燃油消耗率 b'，如图 3.1（b）所示。

汽车行驶 100 km，发动机应做的功为

$$W' = \frac{P'100}{v_a'} \tag{3.3}$$

每隔 10 km/h 或者 20 km/h 速度间隔求出相应的等速行驶百千米的燃油消耗量，然后在图上连成曲线，称为等速百千米的燃油消耗量曲线，如图 3.1（c）所示。

由于等速油耗仅反映了汽车的稳态工况，而在实际行驶中汽车常为非稳态工况。因此，在分析汽车燃料经济性时，除等速百千米油耗曲线外，还常用数值计算法确定按某行驶工况循环试验行驶时的总平均百千米油耗量。为此，必须进行加速、减速以及停车怠速的耗油量的计算。

（2）等加速行驶工况燃油油耗的计算

在汽车加速行驶时，发动机还要提供为克服加速阻力所消耗的功率。若加速度为 $\dfrac{\mathrm{d}v}{\mathrm{d}t}$（m/s²），车速为 v_a，则发动机提供的功率 P（kW）应为

$$P = \frac{v_a}{3\,600\eta_m}\left(G\psi + \frac{C_D A v_a}{21.15} + \frac{\delta G}{g}\frac{\mathrm{d}v}{\mathrm{d}t}\right) \tag{3.4}$$

下面计算由 v_{a1} 以等加速度行驶至 v_{a2} 的燃油油耗量，如图 3.2 所示。将加速过程分隔为若干个区间，例如按速度每增加 1 km/h 为一个小区间，每个区间的燃油消耗量可根据其平均的单位时间燃油消耗量与行驶时间之积来求得。各区间起始或终了车速所对应时刻的单位时间燃油消耗量 Q_n（mL/s），可根据相应的发动机发出的功率与燃油消耗率求得

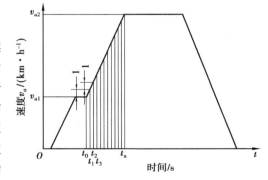

图 3.2　等加速过程的燃油油耗量计算

$$Q_n = \frac{Pb_e}{1.02v_a\gamma}$$

$$= \frac{b_e}{3\ 672\eta_m\gamma}\left(G\psi + \frac{C_D A v_a}{21.15} + \frac{\delta G}{g}\frac{\mathrm{d}v}{\mathrm{d}t}\right)$$

$$= \frac{b_e}{3\ 672\eta_m\gamma}\left(G\psi' + \frac{C_D A v_a}{21.15}\right) \tag{3.5}$$

其中

$$\psi' = G\psi + \frac{\delta}{g}\frac{\mathrm{d}v}{\mathrm{d}t}$$

ψ' 为汽车的当量道路阻力系数,即将加速行驶时的惯性力,相当于某一道路阻力来考虑,这样加速过程的燃料经济性,可用等速行驶的燃料经济性的分析方法进行分析。

汽车行驶速度每增加 1 km/h 所需时间 $\Delta t(\mathrm{s})$ 为

$$\Delta t = \frac{1}{3.6\dfrac{\mathrm{d}v}{\mathrm{d}t}} \tag{3.6}$$

从行驶初速度 v_{a1} km/h 加速至 $(v_{a1}+1)$ km/h 所需燃油消耗量 $Q_1(\mathrm{mL})$ 为

$$Q_1 = \frac{Q_{t0} + Q_{t1}}{2}\Delta t \tag{3.7}$$

式中　Q_{t0}——行驶车速为 v_{a1} 时,即 t_0 时刻的单位时间燃油消耗量,mL/s;

Q_{t1}——行驶车速为 $(v_{a1}+1)$ km/h 时,即 t_1 时刻的单位时间燃油消耗量,mL/s。

而车速由 $(v_{a1}+1)$ km/h 再增加 1 km/h 所需的燃油消耗量 $Q_2(\mathrm{mL})$ 为

$$Q_2 = \frac{Q_{t1} + Q_{t2}}{2}\Delta t \tag{3.8}$$

式中　Q_{t2}——行驶车速为 $(v_{a1}+2)$ km/h 时,即 t_2 时刻的单位时间燃油消耗量,mL/s。

以此类推,每个区间的燃油消耗量为

$$Q_3 = \frac{Q_{t2} + Q_{t3}}{2}\Delta t$$

$$Q_4 = \frac{Q_{t3} + Q_{t4}}{2}\Delta t$$

$$\vdots$$

$$Q_n = \frac{Q_{t(n-1)} + Q_{tn}}{2}\Delta t \tag{3.9}$$

整个加速过程的燃油消耗量 $Q_z(\mathrm{mL})$ 为

$$Q_{az} = \sum_{i=1}^{n} Q_i \tag{3.10}$$

汽车加速过程的油耗计算方法分段越细,结果越准确。

(3)等减速行驶工况燃油消耗量的计算

减速行驶时,油门松开(关至最小位置)并进行轻微制动,发动机处于强制怠速状态。其油耗量即为正常怠速油耗。所以减速工况燃油消耗量等于减速行驶时间与怠速油耗的乘积。减速时间 $t(\mathrm{s})$ 为

$$t = \frac{v_{a0} - v_{a1}}{3.6 \dfrac{\mathrm{d}v}{\mathrm{d}t}} \tag{3.11}$$

式中　v_{a0}——减速起始的车速,km/h;

　　　v_{a1}——减速终了的车速,km/h;

　　　$\dfrac{\mathrm{d}v}{\mathrm{d}t}$——减速度,m/s^2。

故减速过程燃油消耗量 Q_{jz}(mL)为

$$Q_{jz} = \frac{(v_{a0} - v_{a1})Q_d}{3.6 \dfrac{\mathrm{d}v}{\mathrm{d}t}} \tag{3.12}$$

式中　Q_d——怠速燃油消耗率,mL/s。

(4)停车怠速工况燃油消耗量的计算

若怠速停车时间为 t'(s),则燃油消耗量

$$Q_{dz} = Q_d t' \tag{3.13}$$

(5)整个循环工况的百千米燃油消耗量的计算

等速百千米燃油消耗量不能反映汽车实际行驶中频繁出现的加速、减速等非稳定行驶工况,不能全面地评定汽车的燃油经济性,一般的便采用循环油耗进行评价。

循环油耗是指在一段指定的典型路段内汽车以设定的不同工况行驶时的油耗,起码要规定等速、加速和减速 3 种工况,复杂的还要计入启动和怠速停驶等多种工况,然后折算成百千米油耗。一般而言,循环油耗与等速百千米油耗(指定车速)加权平均取得综合油耗值,就比较客观地反映了汽车的耗油量。一些汽车技术性能表上将循环油耗标注为"城市油耗",而将等速百千米油耗标注为"等速油耗"。

我国的载货汽车"六工况燃料测试循环",其整个试验循环的百千米燃油消耗量 Q_s 为

$$Q_s = \sum Q \times 100/s \tag{3.14}$$

式中　$\sum Q$——所有过程油耗量之和,mL;

　　　s——整个循环的行驶距离,m。

(6)汽车运行燃油消耗量的计算

汽车运行燃料消耗量的计算式用于计算汽车在不同运行条件下运行时所消耗的燃料限额,以限制和考核汽车运行燃料经济性。它由汽车基本运行燃料消耗量和汽车运行条件修正系数两部分构成。载货汽车运行燃料消耗量计算式为

$$Q = \sum_{i=1}^{n}(q_k + q_g G_z + q_t G_q)s_j K_{kz}/100 \tag{3.15}$$

式中　q_k—— 汽车空驶基本燃料消耗量,L/100 km;

　　　q_g——货物(旅客)周转量的基本附加燃料消耗量,L/(100 t·km)或 L/(1 000 人·km);

　　　q_t——整备质量变化的基本附加燃料消耗量,L/(100 t·km);

　　　G_z——该运行条件下汽车的载质量,t;

　　　G_q——汽车整备质量增量,其值为汽车实际整备质量(包括挂车整备质量)与本标准给出的汽车整备质量之差,t;

s_j——该运行条件下汽车行驶里程,km;

K_{kz}——运行条件修正系数。

$$K = K_{rj}K_{hj}K_{tj}K_{\rho j}$$

式中 K_{rj}——该运行条件下道路修正系数,可按表3.1选取;

K_{hj}——该运行条件下海拔高度(大气压力)修正系数,$K_{hj} = 1 + 0.002\ 1(P - 100)$,$P$ 的单位为 kPa,该系数还可按表3.2选取;

K_{tj}——该运行条件下气温修正系数,$K_{tj} = 1 + 0.002\ 5(20 - t)$的单位为℃,该系数还可按表3.3选取;

$K_{\rho j}$——燃料密度修正系数,对于汽油 $K_{\rho j} = 1 + 0.8(0.742 - \rho_g)$,对于柴油 $K_{\rho j} = 1 + 0.8(0.830 - \rho_d)$,$\rho_g$ 和 ρ_d 分别表示汽油和柴油气温为 20 ℃、气压为 100 kPa 时的密度,g/mL。

表 3.1 道路条件修正系数

道路类别	公路等级和条件	城市道路等级	修正系数
1 类	平原、微丘一、二、三级公路	—	1.00
2 类	平原、微丘四级公路	平原、微丘一、二、三、四级公路	1.10
3 类	山岭、重丘一、二、三级公路	重丘、一、二、三、四级公路	1.25
4 类	平原、微丘级外公路	级外道路	1.35
5 类	山岭、重丘四级公路	—	1.45
6 类	山岭、重丘级外公路	—	1.70

表 3.2 海拔高度(大气压力)修正系数

海拔高度,100 m	≤5	>5 ~ 15	>15 ~ 25	>25 ~ 35	>35
K_{hj}	1.00	1.03	1.07	1.13	1.20

表 3.3 气温修正系数

月平均气温 t/℃	>28	28 ~ 5	<5 ~ -5	< -5 ~ -15	< -15 ~ -25	< -25
K_{tj}	1.02	1.0	1.03	1.06	1.09	1.13

大型载客汽车运行燃料消耗量计算式为

$$Q = \sum_{i=1}^{n}(q_k + q_g N_j + q_t G_q)s_j K/100 \qquad (3.16)$$

式中 N_j——该运行条件下乘客人数,个。

轿车运行燃料消耗量计算公式为

$$Q = \sum_{i=1}^{n} q_0 s_j K/100 \qquad (3.17)$$

式中 q_0——汽车空车质量综合基本燃料消耗量,L/100 km。

3.3 影响燃油经济性的因素

为了提高汽车燃油经济性,必须对影响汽车燃油经济性的因素进行研究。通过对汽车燃油消耗方程式的分析可知,汽车的燃油消耗量正比于行驶阻力与燃油消耗率,反比于传动效率,其中发动机的燃油消耗率,一方面取决于发动机的种类、设计制造水平;另一方面又与汽车行驶时发动机的负荷率有关。在实际行驶中汽车常为非稳态工况,加速、减速以及停车、怠速等多种工况,这些同样影响燃油消耗率,所以汽车行驶时要想节约燃油,一方面制造厂生产燃油消耗率小的优良汽车是非常重要的,另一方面用户能够正确地使用车辆,当然还与使用环境条件有关。因此,影响汽车燃油经济性的因素可归纳为汽车结构、汽车使用和环境条件3方面。

3.3.1 汽车结构

(1)发动机

为了节省能源,充分发挥燃料的热效率,近年来国内外对发动机进行了多方面的深入研究,从研究成果来看,比较成熟的技术有汽油喷射发动机。

(2)汽车外形

对于新设计的车型,最好的流线型是一滴水由空中落下时的形状,但一般汽车很难设计成这种形状,只是有些竞赛汽车,其外形比较接近。某轿车的试验表明,当空气阻力系数由0.5下降到0.3,可使油耗降低22%,预计在不久的将来,实际使用的轿车空气阻力系数可达0.2。

(3)汽车轮胎

轮胎行驶时产生的滚动阻力越小,则汽车的燃油经济性就越好。轮胎的种类、结构、气压对滚动阻力影响很大。

轮胎气压对滚动阻力系数影响很大,在坚硬的路面上行驶,若轮胎气压降低,轮胎变形大,滚动阻力增加;但在松软路面上,胎压降低,使轮胎与地面的接触面加大,单位压力降低,路面变形小,会使滚动阻力减小。在一般道路上行驶,轮胎气压低时,会使滚动阻力增加,如要保持原有的车速,就必须消耗更多的功率,消耗更多的燃油,所以目前国外用的轮胎气压较高。若轮胎气压降低30%,轿车的油耗将增加5%~10%,柴油载货汽车油耗将增加20%~25%,并且在高速行驶时极易发生爆胎现象。

目前使用较多的轮胎类型主要集中在普通斜交轮胎和子午线轮胎。试验表明:子午线轮胎与普通斜交轮胎相比,其滚动阻力一般要小20%~30%,油耗减少6%~8%。

轮胎的结构对燃油经济性影响也很大,如轮胎的宽度越宽(轮胎的宽度体现在轮胎标号中的扁平率,扁平率值越小,轮胎越宽),其和地面的接触面积越大,汽车所获得的驱动力越大,但滚动阻力也越大,汽车的燃油消耗量也越大。

3.3.2 保养与使用

对一定的车型而言,汽车燃油消耗量的多少,主要取决于汽车的技术状况、驾驶操作技术水平以及有关的运行条件。

（1）汽车的技术状况

汽车的技术状况是否良好，直接影响汽车的油耗。对于在用汽车来说，随着行驶里程的增多，技术状况要逐渐变坏，必须通过维修来恢复其技术性能。汽车的各主要总成、零部件技术性能的改变，都会影响汽车油耗。汽车各主要总成中，发动机总成影响最明显，其中汽油发动机比柴油发动机影响明显。

保持汽车良好的技术状况，不但可以延长汽车的使用寿命，降低使用成本，对于发动机性能的提高和降低汽车的行驶阻力亦同样有效。要使汽车达到一个最佳的技术状况，就必须严格执行汽车保养规范，及时准确地对车辆进行保养和调整。

汽油机点火系的技术状况，如点火能量、点火提前角和火花塞型号等，都对燃烧过程有很大影响，从而影响汽车的燃料经济性。

汽车底盘的技术状况，如传动系齿轮传动副的啮合间隙、轴承和油封的紧度等对传动系统效率有较大的影响，前轮定位、制动器的状态等影响汽车的行驶阻力，从而影响汽车的燃料经济性。合理保养与调整汽车底盘部件，有利于降低汽车的燃料消耗量。

轮胎的种类、结构、气压对滚动阻力系数影响很大。国外十分重视检查轮胎气压，实行监测仪器仪表化，并研制了胎压警报装置，当胎压低于标准值时，警报装置发出信号，通知驾驶员尽快补足轮胎气压。

燃料的质量和种类对汽车的燃料消耗有很大影响。汽油的标号只与发动机的压缩比有关，而与汽油的其他性能没有多少关联，所以不是标号越高的汽油品质就越好。汽油标号的不同，代表的是不同的辛烷值（辛烷值代表汽油的抗爆性），只有使用适合发动机压缩比的标号汽油，才能使燃油经济性达到最佳。如果一味追求高标号汽油，只会使燃油经济性变差。至于发动机的压缩比值以及适合其使用的汽油标号，可以在车辆的说明书中或油箱盖内侧查到。

润滑油的质量和种类对汽车的燃料消耗也有很大影响，汽车燃料燃烧释放的能量中有20%～25%被零部件间的摩擦所消耗，控制由发动机部件摩擦造成的能量损失是达到降低汽车燃料消耗的关键因素。

（2）驾驶和使用技术水平

1）发动机温度的控制

发动机的温度与油料的节约有直接关系，温度过高或过低都将导致油料消耗的增加。正常的发动机温度（80～95 ℃）有利于燃料的雾化和混合气的均匀分配，使发动机具有良好的燃油经济性和动力性，并且能保证机油的润滑能力，以减少发动机的磨损，降低摩擦消耗。在低温条件下启动发动机时要进行预热，发动机预热升温，可以明显节约油料。

2）车辆起步和加速

车辆起步前的发动机的启动质量与油料消耗有直接关系，启动次数越多，空耗油料越多。因此提高启动质量是节约燃油的重要环节。车辆发动后的起步和加速对节油有一定的影响。汽车平稳起步和均匀加速，比急起步猛然加速要明显的节油。为了在起步和提速上节约燃油，在车辆起步时应选择低挡，应平稳加油。不要乱踏油门，以免造成燃料空耗，离合器要配合得相当准确，油门控制适度，做到起步平稳自然，加速均匀，这样既可以节油，又可以减轻机件磨损。

3）车速

经济车速是汽车以直接挡或超速挡行驶时,燃油消耗量最低时的车速。汽车在相同的道路上行驶,车速不同,油耗也不同。因此,只有在某一车速行驶时,油耗最低。所以汽车在行驶中应当用直接挡或高速挡中速行驶,这样可以节省油耗。

4）挡位

挡位的选择与换挡动作都对燃油的消耗影响很大,在起步时,应根据载质量和道路情况合理选用挡位。在行驶中,当感到动力不足时应及时减挡,而不应只用加大油门的方式解决动力不足,一味地踏油门,将加大油耗。换挡时要脚轻手快,动作准确。这样可以缩短换挡时车辆行驶的距离,达到节油的目的。

3.4　汽车燃油经济性的试验

3.4.1　燃油经济性试验分类

对汽车燃油经济性的评价,归根到底要通过试验来决定。目前,国内外燃油消耗量的试验方法很多,现行的各国燃油经济性试验方法归纳起来大致可分为以下 5 类:

(1)发动机台架试验

判别发动机是否省油,必须通过发动机台架试验,测定发动机的有效耗油率。发动机的有效耗油率与发动机的热效率有关,热效率越高,台架试验结果的有效耗油率越低。

利用发动机的台架试验测量油耗。有许多优点:一是试验条件可以人为控制,能最大限度地克服外界环境对试验结果的影响;二是试验方便、经济,燃油消耗量可以用容积法、质量法等多种方法测量,并且可同时测定废气排放物;三是试验可在稳定条件下进行。因此,测量结果的误差小,数据的重复性好。缺点是台架试验的条件和道路试验的条件相差很大,无法与汽车实际运行情况一致。因此,台架试验所测得的燃油消耗量,并不能完全代表汽车实际运行时的燃油消耗量。

(2)底盘测功器循环试验

底盘测功器循环试验用以测量汽车整车燃油的消耗量。汽车在道路上行驶的情况,在道路上受到的道路阻力、空气阻力、惯性阻力、负荷特性等,可用底盘测功器进行模拟。

油耗的测量结果与底盘测功器模拟误差相关,模拟误差越大,测定的燃油消耗量越不接近道路运行试验结果。减少模拟误差的关键是完善和提高底盘测功器的性能。

底盘测功器试验的优点在于:

①试验可在与当地气候条件无关的情况下进行;

②由于试验条件可以控制。所以反映环境影响的修正系数可以减到最小;

③可在准确性高的情况下模拟不同工况的行驶循环;

④燃油消耗量和废气排放物可同时测量;

⑤可使用各种测量法。

底盘测功器也有它的不足之处:主要是由于测量设备本身性能影响,在底盘测功器上模拟的各种阻力与道路上遇到的各种阻力不完全一样,会造成油耗测量值的偏差。此外,国外的大多数底盘测功器是为测量底盘功率损耗和废气排放而定制的,测功器的可变惯量间隔较大,会产生不正确的车辆惯性力,影响车辆负荷模拟的准确度和稳定性,不太符合燃油经济性试验要求。所以,在设计底盘测功器时,应考虑燃油经济性试验的使用要求,才有可能提高燃油消耗的测量准确度。

(3)不控制的道路试验

不控制的道路试验是指对各个使用因素都不加以控制的试验,该试验反映了车辆类型、道路条件、交通量、装载质量以及气候等因素对汽车燃料消耗的影响。如果试验的行程和时间比较长,得出的油耗值基本与实际运行的耗油量一样,可用于全面评价汽车使用燃料经济性。但是由于这种试验的道路条件和驾驶操作习惯不易进行控制,其油耗值在多次试验中重复性很差。国内多次节油试验的资料表明,用载质量相同的一组车辆,车辆的技术状况和使用燃油相同,行驶的道路一样,不同驾驶操作技术的驾驶员驾驶,其油耗平均相差18%左右。除道路、环境和驾驶条件影响外,长期运行后的车辆、燃料、润滑油、零部件状况和轮胎气压都会引起变化,使油耗偏差扩大;同时,如果这种试验不结合运输生产进行,则用于试验的费用非常高,一般不被采用。

(4)控制的道路试验

它是在测量油耗时,对道路条件、环境条件、驾驶习惯中的一个或几个变量实行控制的道路试验方法。道路可以选择路程长短一样的线路,或者可以选择公路等级相似的较有代表性的典型线路;环境变化可以通过缩短试验时间来克服;交通流量可以通过选择特定试验路段,适当控制非试验车辆进入试验区的方法,以保证行车安全和试验条件的一致性;驾驶习惯可以用同一个驾驶员驾驶同一车辆或相同型号的车,在预定时间内通过同一路段来控制。控制的变量越多、越严格,油耗测量结果的重复性越好。该方法的试验结果具有较好的可比性。

(5)道路循环试验

"道路循环试验"是指汽车完全按规定的车速-时间规范进行的道路试验方法。它与控制道路试验没有明显界限,所不同的是这种试验对循环行驶里程,行驶中的换挡、制动次数、息速、减速和加速时间以及稳定车速时间都加以严格规定。这种试验方法在国外常被汽车制造厂采用,不同的汽车制造厂都有自己的专用试验道路和特定的道路循环试驶模式。等速燃油消耗量试验和息速油耗试验是这类试验中两种最简单的循环试验方法。

上述5种方法,前两者可在室内进行,一般归属于室内试验;后三者属于道路试验。

3.4.2 燃油经济性的道路试验

汽车燃料消耗量与发动机类型、制造工艺、调整状况、道路条件、气候情况、海拔高度、驾驶技术等多种因素有关,因此其主要试验方法必须有完整的规范。根据中华人民共和国国家标准 GB/T 12545.1—2008《乘用车燃烧消耗能量试验方法》、GB/T 12545.2—2016《商用车燃烧消耗能量试验方法》和 GB/T 19233—2008《轻型汽车燃烧消耗能量试验方法》对汽车在路试条件下燃油消耗量试验的规范和项目的规定如下:

(1)试验规范

汽车路试的基本规范依照 GB/T 12534—1990《汽车道路试验方法通则》进行。

（2）试验条件

1）试验车辆载荷

除有特殊规定外,轿车为规定乘员数的一半(取整数);城市客车为总质量的 65%;其他车辆为满载,乘员质量及其装载要求按 GB/T 12534 的规定。

2）试验仪器

①车速测定仪器和燃料流量计:精度为 0.5%;

②计时器:最小读数为 0.1 s。

3）试验的一般规定

①试验车辆必须清洁,关闭车窗和驾驶室通风口,只允许开动为驱动车辆所必需的设备;

②由恒温器控制的空气流必须处于正常调整状态;

③试验车辆必须按规定进行磨合,其他试验条件,试验车辆准备按 GB/T 12534 的规定。

（3）试验项目

①直接挡全油门加速燃油消耗量试验;

②等速燃油消耗量试验;

③多工况燃油消耗量试验;

④限定条件下的平均使用燃油消耗量试验。

（4）直接挡全油门加速燃料消耗量试验

1）测试路段长度

试验测试路段长度为 500 m。

2）试验方法

①汽车挂直接挡(没有直接挡可用最高挡),以(30 ± 1)km/h 的初速,稳定通过 50 m 的预备段,从测试路段的起点开始,油门全开,加速通过测试路段。

②测量并记录通过测试段的加速时间、燃料消耗量及汽车在测试段终点时的速度。

3）测定值的确定

①试验往返各进行两次,测得同方向加速时间的相对误差不大于 5%;

②取 4 次加速时间试验结果的算术平均值作为测定值,且要符合该车技术条件的规定;

③经本项试验后,做其他燃料消耗量试验时,汽车发动机不得调整。

（5）等速行驶燃料消耗量试验

等速行驶油耗试验是一种在我国广泛采用的最简单的道路循环试验。试验规范规定该试验设在路面良好、平直的道路上进行,测量路段长度为 500 m,汽车技术状况良好,试验前,汽车必须充分预热,使发动机出水温度 80 ~ 90 ℃,变速器及驱动桥润滑油温度不低于 50 ℃。

试验时,汽车挂常用挡(一般为最高挡)从 20 km/h(最小稳定车速高于 20 km/h 时,从 30 km/h 开始)起测,以 10 km/h 的整倍数递增,均匀选取最高车速,直至该挡最高车速的 90%,至少测定 5 个试验车速,每种车速往返试验各两次,两次试验之间的时间间隔(包括使车速达到预定的稳定车速所需的助跑时间)应尽可能地缩短,以保持稳定的热状况,往返共 4 次试验结果的油耗量差值不应超过 ±5%,取 4 次试验结果的平均值为等速行驶的耗油量。

各平均实测车速 v 及其相应的等速油耗量的平均值 $\overline{Q}$ 为

$$\overline{Q} = \Delta/500 = 0.2\Delta(1/100) \tag{3.18}$$

式中　　t——时间，s；

　　　　Δ——油耗量，mL。

$$v = 3.6 \times 500/t \tag{3.19}$$

算出 $\overline{Q}$ 后应校正为标准状态下的 $\overline{Q}_c$。标准状态指：大气温度 20 ℃、大气压力 100 kPa、汽油密度 0.742 g/mL、柴油密度 0.830 g/mL。

各种车速下油耗测试值对其平均值的相对误差不应超过 ±2.5%。

以车速为横轴，燃油消耗量为纵轴，绘制等速燃料消耗散点图，根据散点图绘制等速燃料消耗量的特性图即 $\overline{Q}_c$-v 曲线，如图 3.3 所示为某些车型 $\overline{Q}_c$-v 曲线。绘制时应使曲线与各散点的燃油消耗量差值的平均和为最小。

由于等速燃料经济性试验缺乏有关动力性要求的检验指标，容易造成试验汽车的动力性要求与燃料经济性匹配不合理的现象；另外，它也不能反映汽车实际行驶中频繁出现的加速、减速等非稳定行驶工况，所以等速行驶燃料经济性并不能全面考核汽车燃油经济性，只能作为一种相对比较性的指标。

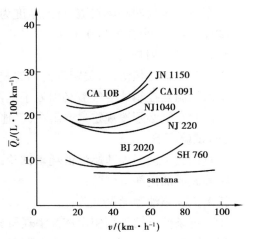

图 3.3　部分车型的等速百千米油耗特性曲线

3.4.3　燃油经济性的室内试验

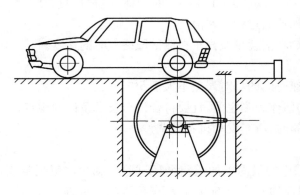

图 3.4　转鼓试验台

为了模拟实际汽车运行状况以进行汽车排放污染物与燃油消耗的测量，各国都制定了多工况试验标准。多工况燃油消耗试验基本上都在室内底盘测功机上进行，如图3.4所示测试汽车固定于转鼓试验台上，从动轮置于固定台面，驱动轮置于转鼓上。启动发动机挂挡后，汽车便驱动转鼓（及与其相连接的旋转质量与电力测功器）旋转。

用转鼓试验台测试之前，测试汽车应先到路面上进行滑行试验，以确定其行驶阻力，即滚动阻力和空气阻力。将滑行试验结果及汽车质量参数输入转鼓试验后，静止的汽车驱动转鼓时将会遇到与道路上行驶完全一样的阻力，包括整车的滚动阻力、空气阻力与加速阻力，因此，固定在转鼓试验台上的汽车可以在室内进行多工况燃油消耗试验与排放试验。

根据"汽车燃料消耗量试验办法"，各类汽车进行多工况燃油消耗量试验时的试验循环如下：

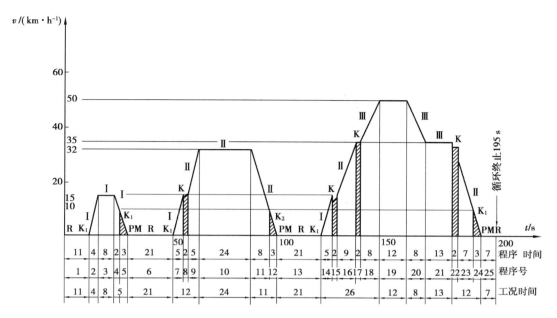

图 3.5　轿车试验循环

K—离合器分离;K₁,K₂—变速器挂 1 挡或 2 挡,离合器拖开;

Ⅰ,Ⅱ,Ⅲ—变速器 1 挡、2 挡、3 挡;PM—空挡;R—怠速;图中阴影表示换挡

(1)轿车

轿车试验循环按图 3.5 进行。轿车试验循环一般也称为乘用车十五工况循环试验,其相应的参数见表 3.4。距离测量准确度应为 0.3%,时间测量的准确度为 0.2 s,燃料测量精度 ±2%,燃料测量装置的进出口压力和温度变化不得超出 10% 和 ±5 ℃,环境温度应为 5 ~ 35 ℃,大气压力应为 91 ~ 104 kPa。

表 3.4　乘用车十五工况循环试验参数

工况	运转次序	加速度/$(m \cdot s^{-2})$	速度/$(km \cdot h^{-1})$	每次时间 运转/s	每次时间 工况/s	累计时间/s	手动变速器使用挡位
1	1 怠速	—	—	11	11	11	PM[①]6 s + K₁[②]5 s
2	2 加速	1.04	0→15	4	4	15	Ⅰ
3	3 等速	—	15	8	8	23	Ⅰ
4	4 等速	−0.69	15→10	2	15	25	Ⅰ
	5 减速,离合器脱开	−0.92	10→0	3		28	K₁[②]
5	6 怠速	—	—	21	21	49	PM[①]16 s + K₁[②]5 s
6	7 加速	0.83	0→15	12	12	54	Ⅰ
	8 换挡					56	Ⅱ
	9 加速	0.94	15→32			61	Ⅱ
7	10 等速	—	32	24	24	85	Ⅱ

55

续表

工 况	运转次序	加速度/ $(m \cdot s^{-2})$	速度/ $(km \cdot h^{-1})$	每次时间 运转/s	每次时间 工况/s	累计 时间/s	手动变速器 使用挡位
8	11 减速	−0.75	32→10	8	11	93	Ⅱ
8	12 减速离合器脱开	−0.92	10→0	3		96	$K_2^{②}$
9	13 怠速	—	—	21	21	117	PM[①]16 s + $K_1^{②}$5 s
10	14 怠速	0.83	0→15			122	Ⅰ
10	15 换挡					124	—
10	16 加速	0.62	15→35	26	26	133	Ⅱ
10	17 换挡					135	—
10	18 加速	0.62	35→50			143	Ⅲ
11	19 等速		50	12	12	155	Ⅲ
12	20 等速	0.52	50→35	8	8	163	Ⅲ
13	21 等速	—	35	13	13	176	Ⅲ
14	22 换挡	—	—			178	
14	23 减速	−0.86	32→10	12	12	185	Ⅱ
14	24 减速离合器脱开	−0.92	10→0			188	$K_2^{②}$
15	25 怠速	—	—	7	7	195	PM[①]7 s

注:①PM 变速器在空挡,离合器结合;

　　②K_1(K_2)变速器挂Ⅰ挡(Ⅱ挡),离合器脱开。

(2)微型汽车

微型汽车试验循环按图 3.6 进行。

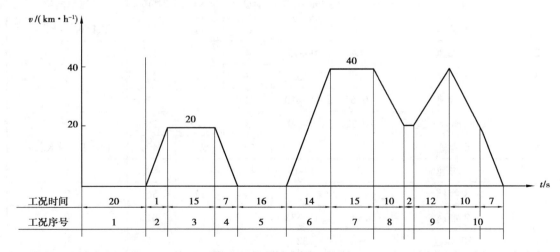

图 3.6　微型汽车试验循环

（3）载货汽车

①总质量小于 3 500 kg 的载货汽车（不包括微型载货汽车），按轿车规定的试验循环进行，如图 3.5 所示，其参数见表 3.4。

②总质量为 3 500 ~ 14 000 kg 时，试验循环如图 3.7 所示，其参数见表 3.5。

③总质量大于 14 000 kg 时，试验参数见表 3.6，其循环如图 3.8 所示。

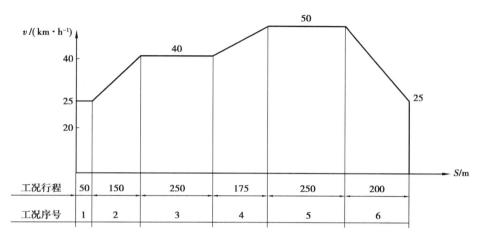

图 3.7　载货汽车试验循环（1）

表 3.5　载货汽车试验循环（1）参数

工况序号	运转状态/ （km·h⁻¹）	行程/m	累计行程/m	时间/s	加速度/ （m·s⁻²）	变速器挡位
1	25	50	50	7.2	—	最高挡
2	25 ~ 40	150	200	16.7	0.25	最高挡
3	40	250	450	22.5	—	最高挡
4	40 ~ 50	175	625	14.0	0.20	最高挡
5	50	250	875	18.0	—	最高挡
6	50 ~ 25	200	1 075	19.3	-0.36	最高挡

注：①试验车在第 6 工况的终速度的偏差为 ±3 km/h；

②对于最高挡的最小稳定车速大于 25 km/h 的车，使用挡位允许从高挡降低一挡进行，当车辆进入等速行驶路段和减速段时再换入最高挡进行试验。

表 3.6　载货汽车试验循环（2）参数

工况序号	运转状态/ （km·h⁻¹）	行程/m	累计行程/m	时间/s	加速度/ （m·s⁻²）	变速器挡位
1	25	50	50	7.2	—	最高挡
2	25 ~ 40	200	250	21.9	0.19	最高挡
3	40	240	490	21.6	—	最高挡
4	40 ~ 50	240	730	19.2	0.14	最高挡
5	50	240	970	17.3	—	最高挡
6	50 ~ 25	200	1 170	19.3	-0.36	最高挡

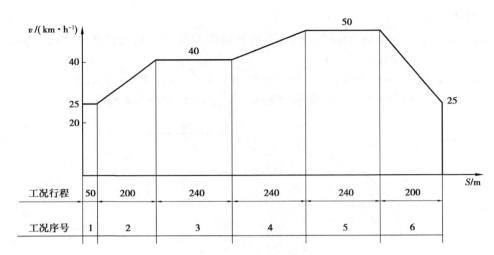

图3.8 载货汽车试验循环(2)

其中图3.7和图3.8通称为载货汽车"六工况燃料测试循环"。试验过程是,用仪器记录行程-车速-时间曲线,检查试验参数。在每个试验单元中,车辆终速度偏差应小于±3.0 km/h,其他工况速度偏差±1.5 km/h,要求控制六工况的总行驶误差小于±1.5 s。完成一个单元试验后,尽可能迅速地调头,从相反方向重复试验。累计进行4个单元试验,将此六工况循环的累计耗油量折算成算术平均百千米耗油量测定值。

(4)客车

城市客车(包括铰接式客车)的试验循环如图3.9所示,其他客车的试验循环如图3.7所示。

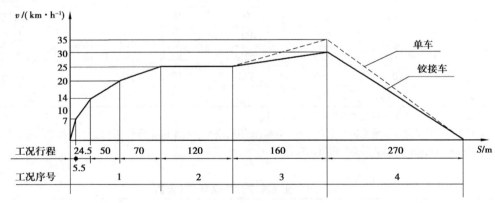

图3.9 城市客车试验循环

城市客车四工况循环的试验流程与载货汽车"六工况燃料测试循环"是相同的,最终将此四工况循环的累计耗油量折算成算术平均百千米耗油量测定值。表3.7为四工况循环试验参数。

汽车在进行多工况试验时,加速、匀速和用车辆的制动器减速时,在每个试验工况,除单独规定外,车速允许偏差为±2 km/h;在工况改变过程中,允许车速的偏差大于规定值,但在任何条件下超过车速偏差的时间不大于1 s,即时间偏差为±1 s。

表 3.7　城市客车四工况循环试验参数

工况序号	运转状态/(km·h⁻¹)	行程/m	累积行程/m	时间/min	变速器挡位及换挡车速/(km·h⁻¹)	
					挡位	换挡车速
1	0~25 换挡加速	5.5	5.5	5.6	Ⅱ~Ⅲ	6~8
		24.5	30	8.8	Ⅲ~Ⅳ	13~15
		50	80	11.8	Ⅳ~Ⅴ	19~21
		70	150	11.4	Ⅴ	
2	25	120	270	17.2	Ⅴ	
3	(30)25~40	160	430	(20.9)17.7	Ⅴ	
4	减速行驶	270	700		空挡	

注:①对于 5 挡以上变速器采用Ⅱ挡起步,按表中规定循环试验;对于 4 挡变速器Ⅰ挡起步,将Ⅳ挡代替表中Ⅴ挡,其他依次代替,则按表中规定试验循环进行;

②括号内数字适用于铰接式客车及双层客车。

每辆车的多工况燃油消耗量试验应进行 4 次,取 4 次试验结果的算术平均值为多工况燃料消耗量试验的测定值。

3.5　汽车节油

降低燃油消耗与汽车的动力性、排放状况、结构设计、车身选型、新技术和新材料以及使用条件等各方面均有密切的关系。可以说,探讨如何降低燃油消耗的途径在一定程度上反映了汽车设计制造水平和汽车运用管理的先进程度。无论是汽车的设计制造人员还是汽车的维修使用人员,都应不遗余力地去挖掘降低燃油消耗的潜力,把寻求改善汽车燃油经济性的实用方法作为长期的目标。

(1)优化汽车设计,实现节油

发动机、传动系、汽车质量、汽车外形、轮胎等汽车结构是影响燃油经济性的主要因素,对这些结构和部件进行优化,可以大大地降低耗油量。

1)优化发动机结构

内燃机技术的发展在很大程度上与燃烧技术的发展密切相关。燃烧室结构是影响燃烧过程的主要因素,它涉及活塞顶和缸盖的形状,火花塞的位置,进、排气门的尺寸和数量,以及进气口的设计等一系列问题。设计者对燃烧室形状、燃烧室布置以及喷射系统进行了优化设计,具体目标是:

①在全部工况下都能实现快速、稳定、连续的燃烧;

②在油门全开时有高的容积效率;

③由燃烧室壁传走的热量损失少;

④排放污染物少;

⑤抗爆燃性能好。

2)优化供油系统设计

现代内燃机向着提高功率、改善燃油经济性和符合环境保护法规的方向发展,供油系统可以通过以下几个方式来提高燃油效率。

①采用增压技术,这样不仅能提高发动机功率,还能降低燃油消耗和减少有害排放物。

②改善燃油经济性。为达到这一目的,车用柴油机越来越多地采用直喷燃烧系统,并要求较高的喷油压力和喷油率。

③精确控制喷油过程参数。随着电控技术在供油系统中的广泛应用,实现了内燃机在每个工况点上对喷油过程参数(喷油定时、喷油率、持续时间)的控制,从而达到了最低油耗,控制了排放污染和噪声污染,使供油系统达到最佳化。

3)优化传动系统设计

汽车的机械损失主要包括运动部件摩擦损失和驱动功率损失,这两大类损失约占总机械损失的90%以上,发动机附件所耗功率占发动机总功率的12%左右,其中冷却风扇消耗的功率为5%~10%。目前,某些汽车上装用一种带有离合器的风扇,它随水温的变化而改变工况。该措施可降低燃油消耗6%左右。此外,还可以降低运动副的摩擦系数和提高传动效率,即主要通过减少活塞组、曲轴与连杆、配气机构、传动系统、各驱动装置的机械损失来实现。另外,使用时在润滑油中添加各种减摩剂,也可使各运动副摩擦系数降低。目前使用的减摩剂主要有二硫化钼、石墨和有机钼、有机硼、GRT、YGC节能减摩剂等,还有一些摩擦改进剂,如磷酸酯、硫磷酸钼、油酸环氧脂等。

4)采用新材料,促进节油

由于汽车质量的大小影响滚动阻力、爬坡阻力与加速阻力,因此汽车质量与其燃油消耗有着极为密切的关系。一般说来,当汽车每减轻1 kg时,每升汽油可多行驶0.011 km,如果该车行驶10万km,则减轻1 kg可节省11 L汽油,若减轻500 kg,则可节省燃油5 500 L。有数据资料表明:如果汽车减轻质量10%,则可降低油耗8%~9%,汽车行驶所耗能量为原能耗78%。由此可见,汽车轻量化与节省燃油的关系是十分密切的。

(2)改善汽车诊断与检测技术,实现节油

现代技术特别是微电子技术极大地促进了汽车诊断与检测技术的发展,实践证明,如能及时地借助诊断设备对汽车状态进行诊断,使汽车技术状况保持良好,对于节约能源、环境保护和交通安全具有重要意义。

资料表明,如能定期诊断汽车废气,并及时对汽车排放加以限制,可使被查汽车油耗降低5%左右;相反,点火系统如在有故障的情况下工作,则油耗最大可超过标准的80%左右。

(3)合理选用节油技术

1)按功效选用

根据节油技术的功效选择适当的节油技术,如在节省柴油方面,若发动机工作以重负荷为主,可选用重负荷工况区段节油效果好的节油技术,如乳化柴油、惯性增压等。若发动机工作以中轻负荷为主,则可选用整个工况区段都具有节油效果的节油技术,如磁化柴油等。

如果从提高发动机功率角度选择。可选用惯性增压、磁化柴油、进气喷水等。如果从环保要求选择,可选用磁化柴油、乳化柴油等。

2)按季节选用

高温、干燥的季节,可选用能够强化冷却的一些节油技术,如进气喷水、乳化柴油等,而在低温、潮湿的季节,则不宜采用上述技术。

风冷发动机、废气涡轮增压柴油机往往热负荷高,发动机容易过热,影响工作效率和可靠性,可选用有强化冷却作用的节油技术。

鉴于汽车对排放污染要求较高,其发动机可选用减少排放污染,效果突出的节油技术,由于汽车对防火安全要求较高,可选用具有一定安全防火作用的节油技术(乳化柴油等)。

3)按地域选用

不同的地域特点,导致不同的甚至相反的节油技术选择。这主要表现在南方的炎热和北方的寒冷上。南方温度高,一些兼有强化冷却作用的节油技术效果较好;而北方寒冷,则宜选用具备预温加热的燃油系统。这不仅可以收到节油的良好效果,还可解决发动机的高温散热不良或低温启动困难的问题。

(4)正确地调整和保养汽车实现节油

对汽车的调整和保养,会影响发动机的性能与汽车的行驶阻力,所以对油耗有相当大的影响。发动机及其附件有故障或失调,以及发动机过热、过冷都会影响发动机的功率,使油耗增大。此外,前轮定位的正确与否、轮胎气压是否符合规定、制动间隙与轮毂轴承松紧度以及传动系各箱体内润滑油质量好坏等均会影响燃油消耗率。一般驾驶员常用滑行距离来检查汽车底盘的技术状况,经正确调整与保养、技术状况良好的汽车,行驶阻力小,滑行距离大大增加。

(5)提高驾驶员的技术水平促进节油

提高驾驶员的技术水平也是降低汽车燃油消耗量的重要途径之一,驾驶员要遵守汽车使用保养手册的规定。如冷却液的温度对油耗有着重大影响:水温过低时要比最佳水温油耗多10% ~14%,当水温高于最佳水温时,油耗也将增大5% ~10%。美国一家公司所做的一项试验表明,汽车燃油大约有30%消耗在最初行驶的 8 km 或更少的行程之内。据俄罗斯有关部门统计,不同熟练程度的驾驶员驾驶同一辆汽车,其油耗差可达20% ~25%。

(6)使用添加剂,调整燃油品质,实现节油

最近,国内外已研制出应用纳米技术的汽油微乳化剂,使用时只需将该微乳化剂以适当比例加入汽油即可。试验表明,此措施可降低油耗10% ~20%,增加25%的动力性,污染物排放也大有下降。

知识拓展

七个省油驾驶小窍门

无论从经济效益还是环保角度考虑,都应提倡节省燃油。实践证实,油耗增加很大程度上是与驾驶者的驾驶技术、使用环境、修理保养质量等有直接联系。同样的一辆车,由不同的驾驶员驾驶,由于驾驶技术不同,耗油量的差别可相差8% ~15%。

(1)柔和起步

挂低挡起步,缓缓地踩下油门踏板,缓慢加速。让汽车达到一定挡位速度时,学会听着发动机的声音来逐步把挡位从低换到高。这样可以减少发动机的升温时间,增加燃油的利用率。假如启动时加大油门来提速,这样不但伤车也会大大增加耗油量。

(2)使用经济车速

一般轿车的经济时速为 60 ~ 80 km。当汽车运行在经济时速时是最省油的。无论车速过高或过低对节油都不利。车速低时,活塞的运动速度低,燃烧不完全。车速高时,进气的速度增加导致进气阻力增加,这些都使油耗增加。

(3)轻抬油门

轻抬油门能省油。假如猛抬油门,则会使发动机转速忽然降低而起到牵阻作用,抵消一部分行驶惯性,并使汽车产生"颤抖",而使耗油量增加。

(4)换挡及时

换挡要快而及时。换挡的时间越短,汽车的动力性就发挥得越好,就越能节省燃料。假如换挡不及时,或者手脚配合不好而空踩油门,那必然大大增加油耗。

(5)减少制动

制动实质上是一种能量转化的过程,制动意味着能量的消耗。所以在通过交叉路口、下坡,都应提前抬起油门。

(6)保持跟车距离

和前车保持足够的跟车距离,这样既可以从容减速,又可以减少制动次数,以达到省油的目的。

(7)夏季也需要预热

即使是在夏季,早晨出门时也需要对发动机进行短暂的预热。原地预热只需要两三分钟,司机可利用这个时间,下车看看车牌、观察一下胎压。然后以低于 40 km/h 的速度行驶 2 km 左右,使发动机慢慢升温,尽量避免急加速和急刹车。

习　题

1. 什么是汽车的燃油经济性?评价指标是什么?评价试验方法有哪些?

2. 何谓等速行驶燃料经济特性?如何利用它分析比较汽车的经济性?

3. 用最高挡行驶为什么会比次高挡省油?

4. 分析发动机的负荷率对汽车燃料经济性的影响,汽车在使用时如何提高发动机的负荷率?

第 **4** 章
汽车行驶安全性

学习目标

【能力目标】

1. 能解释制动性的评价指标；

2. 能理解前、后制动器制动力具有固定比值的汽车在各种路面上的制动过程；

3. 能对制动跑偏和制动侧滑进行正确的受力分析和运动分析；

4. 能解释在修筑公路时常将弯道处筑有一定的坡度；

5. 能理解掌握车辆坐标系的有关术语；

6. 能解释汽车在冰雪路面上高速转弯时为什么容易发生横向滑动。

【知识目标】

1. 掌握制动性的评价指标；

2. 掌握制动时汽车的受力情况以及地面制动力、制动器制动力与地面附着力之间的关系；

3. 掌握汽车制动距离的概念和计算方法；

4. 掌握汽车行驶的纵向和横向稳定性条件；

5. 了解影响侧偏特性的因素；

6. 掌握轮胎回正力矩与侧偏特性的关系；

7. 掌握汽车的稳态转向特性及其影响因素。

4.1 汽车制动性

汽车具有优良的动力性和行驶安全性,是提高汽车平均速度,减少公路交通事故的必要前提。行驶安全性包括主动安全性和被动安全性。

主动安全性是指汽车本身防止或减少公路交通事故的能力。它主要与汽车的制动性、操纵稳定性、驾驶的舒适性、汽车的质量与尺寸、视野与灯光等因素有关。此外,汽车的动力性越好,超车加速时间越短,可以缩短整个超车过程中两车并行的时间,对行车安全有利。

被动安全性是指发生车祸后,汽车保护乘员的能力。安全带、气囊等可以显著地减轻事故过程乘员的伤害程度。

为了保障汽车行驶安全和使汽车的动力性得以充分发挥,汽车必须具有优良的制动性能。汽车行驶时,能在短距离内迅速停车且维持行驶方向稳定性;在下长坡时,能维持一定车速;在坡道上能长时间保持停驻的能力称为汽车的制动性。

汽车的制动性是汽车的主要性能之一,其直接关系到交通安全。重大交通事故往往与制动距离太长、紧急制动时发生侧滑等有关,故汽车的制动性是汽车安全行驶的重要保障。只有保证汽车安全的前提下才能充分发挥汽车的其他使用性能。

4.1.1　汽车制动性的评价指标

汽车制动性主要从制动效能、制动效能的恒定性和制动时汽车的方向稳定性3个方面来评价。

(1)制动效能

制动效能是指在良好路面上,汽车以一定初速度制动到停车的制动距离或制动时汽车的减速度。它是制动性最基本的评价指标。它是用制动减速度、制动距离、制动力和制动时间等指标来评定。

(2)制动效能的恒定性

制动效能的恒定性是指抵抗制动效能的热衰退和水衰退的能力。汽车高速行驶或下长坡连续制动时制动效能保持的程度,称为抗热衰退性能。汽车的制动过程实际上是把汽车行驶的动能通过制动器吸收转换为热能的过程。制动器自身温度升高以后,制动力下降。制动减速度减小,制动距离增大的现象称为制动器的热衰退。所以制动器温度升高后,能否保持在冷状态时的制动效能已成为设计制动器时考虑的一个重要课题。此外,汽车涉水行驶后,还存在制动器水衰退问题。

(3)制动时汽车的方向稳定性

制动时的方向稳定性,常用制动时汽车按给定路径行驶的能力来评价,即是否会发生制动跑偏、侧滑或失去转向的能力。若制动时发生跑偏、侧滑或失去转向能力,则汽车将偏离原来的行驶路径。

4.1.2　制动时车轮的受力分析

汽车受到与行驶方向相反的外力时,才能从一定的车速制动到较小的车速直至停车。这个外力只能由地面和空气提供。但空气阻力相对较小,所以实际上外力是由地面提供的,称之为地面制动力。当汽车质量一定时,地面制动力越大,制动减速度越大,制动距离越小。所以地面制动力对汽车制动性具有决定性影响。

(1)地面制动力

图4.1为汽车在良好路面上制动时车轮的受力状况,图中忽略了滚动阻力偶矩和减速时的惯性力、惯性力偶矩。$T_u(\text{N·m})$,为制动器的摩擦力矩;$F_{xu}(\text{N})$,为地面制动力;$F_m(\text{N})$,为车轮垂直载荷;$F_p(\text{N})$,为车轴对车轮

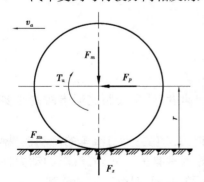

图4.1　车轮在制动时的受力

的推力；$F_z(\mathrm{N})$，为地面法向反力。

从力矩平衡得

$$F_{xu} = \frac{T_u}{r} \tag{4.1}$$

式中　r——车轮半径，m。

地面制动力的大小不仅取决于制动器内制动摩擦片与制动鼓或制动盘间的摩擦力，而且受轮胎与地面间的摩擦力——附着力的制约。

（2）制动器制动力

制动器制动力是为克服制动器摩擦力矩而在车轮周缘所施加的切向力，用 F_μ 来表示，它等于将汽车架离地面，踩住制动踏板，在轮胎周缘沿切向方向推动车轮直至它转动所需要的力，显然

$$F_\mu = \frac{T_u}{r} \tag{4.2}$$

由此可知，制动器制动力由制动系的设计参数所决定，即取决于制动器的形式、结构尺寸、制动器摩擦副的摩擦系数，以及车轮半径，并与制动踏板力，即制动系的液压或空气压力成正比。

（3）地面制动力、制动器制动力与附着力之间的关系

汽车制动时，若只考虑车轮的运动状态为滚动和抱死拖滑两种状态，此时地面制动力、制动器制动力及地面附着之间的关系如图4.2所示。

当制动踏板力较小时，制动器摩擦力矩不大，地面制动力足以克服制动器摩擦力矩而使车轮滚动。此时，车轮滚动时的地面制动力就等于制动器制动力，且随着踏板力的增加呈正比增加，但制动器踏板力或制动系压力上升到某值（如图4.2所示中为油压 P_0），地面制动力 F_{xu} 在达到附着力 F_φ 的值时，就不再增加了，此时车轮即抱死不转而出现拖滑现象。当制动系油压 $P > P_0$ 时，制动器制动力 F_μ 由于制动器摩擦力矩的增大而仍按直线关系继续上升。

由此可见，汽车的地面制动力，首先取决于制动器制动力，但同时又受到地面附着条件的限制。

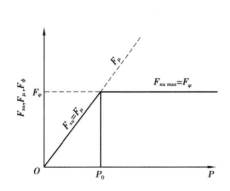

图4.2　地面制动力、制动器制动力与地面附着力的关系

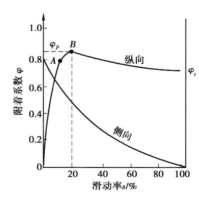

图4.3　φ-s 曲线

所以，只有汽车具有足够的制动器制动力，同时地面又能提供高的附着力时，才能获得足够的地面制动力。

（4）硬路面上的附着系数与滑动率

汽车的制动过程实际上并不只是包含滚动和抱死拖滑两种状态，而是从车轮滚动到边滚边滑再到抱死拖滑的一个渐变的过程。一般用滑动率来说明这个过程中滑动成分的多少，用符号 s 表示，其表达式为

$$s = \frac{v_o - r_0 w_o}{v_o} \times 100\% \tag{4.3}$$

式中　r_0——自由滑动的车轮动态半径，m；

　　　v_o——车轮中心的速度，m/s；

　　　w_o——车轮的角速度，rad/s。

在纯滚动时，$v_o = r_0 w_o$，滑动率 $s = 0$；在纯拖滑时，$w_o = 0$，$s = 100\%$；边滚边滑时，$0 < s < 100\%$。因此，滑动率的数值说明了车轮运动中滑动成分所占的比例，滑动率大，则滑动成分多。滑动率不同时，附着系数是不一样的。图4.3为试验所得的车轮附着系数曲线，即 $\varphi\text{-}s$ 曲线。

曲线在 OA 段近似于直线，φ 随 s 的增加而迅速增加。过 A 点后 φ 上升缓慢，至 B 点达最大值，称为峰值附着系数 φ_p，一般出现在滑动率 s 为 $15\% \sim 20\%$ 时。滑动率继续增加，此时附着系数 φ 有所下降。滑动率 $s = 100\%$ 时的附着系数称为滑动附着系数 φ_s。在干燥路面上 φ_p 与 φ_s 的差别较小，而在潮湿路面上两者差别较大。

由图4.3可知，滑动率越小，侧向附着系数越大，即保持转向和防止侧滑的能力越大。所以如能使汽车制动时的滑动率 s 保持在 $10\% \sim 20\%$，便可获得较大的纵向、侧向附着系数。自动防抱装置（ABS）能很好地实现这个要求，从而显著改善了汽车的制动性。

图4.4和图4.5分别表示不同路面上和不同行驶车速时滑动率与附着系数的关系。

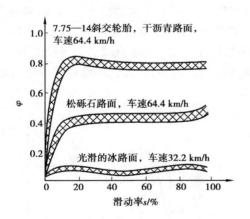

图4.4　各种路面上的 $\varphi\text{-}s$ 曲线

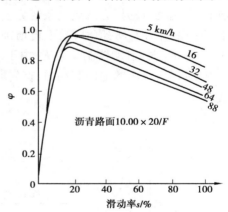

图4.5　车速对附着系数曲线的影响

4.1.3　汽车制动效能及其恒定性

（1）制动距离与制动减速度

制动距离是指从驾驶员开始踩上制动踏板起到汽车完全停止这段时间内，汽车驶过的距离。一般是在一定初始车速 v_0 时（空挡）在冷试验条件下测得的。

制动减速度反映了地面制动力的大小，因此，它与制动器制动力及附着力有关。

在不同路面上,地面制动力为

$$F_{xu} \leqslant \varphi G \tag{4.4}$$

故汽车能达到的减速度为 $j_{max}(\mathrm{m/s^2})$ 为

$$j_{max} = \frac{\varphi G}{m} = \varphi g \tag{4.5}$$

(2)制动过程分析以及制动距离的计算

一次制动过程分成几个阶段,如图 4.6 所示:

①驾驶员反应时间 t_0　指从驾驶员识别障碍到把脚力 F 加到制动踏板上所经历的时间。其中包括驾驶员发现、识别障碍并作出决定,把脚从加速踏板换到制动踏板上,消除制动踏板的间隙等所需要的时间,如图 4.6(a)所示。这段时间一般为 $0.3 \sim 1.0\ \mathrm{s}$。

②踏板力增长时间 t_1　指脚力 F 由零上升到最大值所需要的时间,如图 4.6(a)所示。

③协调时间 t_{21}　从施加踏板力到产生制动力,从而产生负加速度$(-a)$的时间。其中包括消除各铰链和轴承间间隙的时间,以及制动摩擦片完全贴靠在制动鼓或制动盘上需要的时间,如图 4.6(b)所示。

④负加速度增长时间 t_{22}　在此期间,负加速度增加到它的最大值,如图 4.6(b)所示。

⑤持续制动时间 t_3　假定脚力为一常数,负加速度 $-a_{max}(j_{max}>0)$ 不变,如图 4.6(b)所示。

如果忽略驱动部件的制动作用,则在 $t_0 \sim t_{21}$ 时间里,车速将等于初速度 v_0 不变,如图 4.6(c)所示,这段时间内,车辆行驶的距离相对来说较长,如图

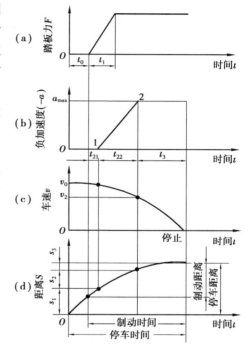

图 4.6　制动过程示意图

4.6(d)所示。对给出的负加速度瞬态过程进行积分,即得速度和距离的瞬态过程。

由图 4.6(d)可见,制动距离由下列部分组成:

① t_{21} 时间内驶过的距离 s_1

$$s_1 = v_0 t_{21} \tag{4.6}$$

② t_{22} 时间内驶过的距离 s_2,t_{22} 时间内,汽车做的是变减速度运动,任一时刻减速度为

$$a = \frac{a_{max}}{t_{22}}t \quad (t\ \text{从图 4.6 中的“1”点开始计})$$

速度为

$$v = v_0 + \int \frac{a_{max}}{t_{22}}t\mathrm{d}t = v_0 + \frac{a_{max}}{2t_{22}}t^2 \tag{4.7}$$

所以

$$s_2 = \int_0^{t_{22}} v\mathrm{d}t = v_0 t_{22} + \frac{a_{max}}{6}t_{22}^3 \tag{4.8}$$

③t_3 时间内驶过的距离 s_3，这段时间里汽车做的是匀减速运动，v_2 是这段时间始端速度，也就是前一段时间的末端速度，由式(4.7)得

$$v = v_0 + \frac{a_{\max}}{2}t_{22}$$

则

$$S_3 = -\frac{\left(v_0 + \frac{a_{\max}}{2}t_{22}\right)^2}{2a_{\max}} = -\frac{v_0^2}{2a_{\max}} - \frac{a_{\max}}{8}t_{22}^2 - \frac{v_0 t_{22}}{2} \tag{4.9}$$

由式(4.6)、式(4.8)、式(4.9)，得制动距离

$$s = s_1 + s_2 + s_3 = v_0\left(t_{21} + \frac{t_{22}}{2}\right) - \frac{v_0^2}{2a_{\max}} + \frac{a_{\max}}{24}t_{22}^2 \tag{4.10}$$

一般情况下，t_{22} 较小，故可略去其平方项 $\frac{a_{\max}}{24}t_{22}^2$，若车速以单位 km/h 表示，时间以单位 s 表示，则制动距离 s(m) 为

$$s = \frac{v_0}{3.6}\left(t_{21} + \frac{t_{22}}{2}\right) - \frac{v_0^2}{25.92a_{\max}} \tag{4.11}$$

从式(4.11)可以看出，决定汽车制动距离的主要因素是：制动器起作用的时间、最大制动减速度即附着力(或制动器最大制动力)、制动的起始车速。附着力(或制动器制动力)越大，起始车速越低，制动距离越短，这是显而易见的。

(3)制动效能的恒定性

以上讨论仅限于在冷制动情况下(制动器起始温度低于 100 ℃)的制动效能。汽车下长坡制动及汽车高速制动的情况下，制动器的工作温度常在 300 ℃ 以上，有时竟高达 600~700 ℃。制动器温度上升后，摩擦系数将显著下降，这使汽车的制动效能会显著降低，这种现象称为制动效能的热衰退现象。热衰退是目前制动器不可避免的现象，只是程度上的差别而已。

制动器抗热衰退性能，常用一系列连续制动后，制动效能与冷制动时相比较下降的程度来表示。根据国际标准草案 ISO/DIS 6597 的推荐，要求以一定车速连续制动 15 次，每次制动强度为 3 m/s²，制动后的效能应不低于规定的冷试验制动效能(5.8 m/s²)的 60%(在制动踏板力相同的条件下)。

制动器的热衰退和制动器摩擦副材料以及制动器结构有关。一般制动器是以铸铁作制动鼓，石棉摩擦材料作摩擦片组成的。在制动鼓的合金成分、金相组织、硬度、工艺等要求合格的条件下，摩擦片对摩擦性能起决定作用。

在一般情况下制动时，石棉摩擦片与制动鼓的摩擦系数为 0.3~0.4，此时摩擦系数是稳定的。在连续强烈制动及高速制动的情况下，摩擦片温度过高，其内含的有机物发生分解，产生了一些气体和液体，它们在两接触面间形成有润滑作用的薄膜，使摩擦系数下降，从而出现热衰退现象。

制动器的抗热衰退性能还与制动器结构形式密切相关。不同结构形式的制动器，在高强度制动时，摩擦系数的下降对制动效能的影响是不一样的。常用制动器效能因数与摩擦系数的关系曲线来说明各种制动器的效能及其稳定程度。制动器效能因数 K_{ef} 是单位制动泵推力 F 所产生的制动摩擦力 F_μ，即 $K_{ef} = \frac{F_\mu}{F}$。

图 4.7 为具有典型尺寸的各种形式制动器制动效能因数与摩擦系数的关系曲线。由图可知,双向自动增力蹄式及双增力蹄式制动器,摩擦系数变大时,制动效能按非线性关系迅速增加,故摩擦系数的微小变化能引起制动效能的大幅度改变,即制动器工作的稳定性差。双减力蹄式制动器因为有减力作用,制动效能因数低,但制动效能因数随摩擦系数变化而改变的量很小,即稳定性较好。增减力蹄式介于两者之间。盘式制动器的制动效能没有鼓式的大,但其稳定性最好。高强度制动时摩擦系数虽因热衰退而有所下降,但对制动效能的影响却不大。因此,近年来盘式制动器广泛应用于高速轿车、重型矿用车。

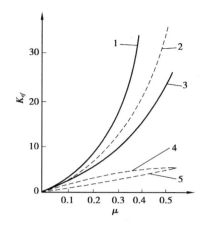

图 4.7 制动效能因数曲线
1—双向自动增力蹄式制动器;
2—双增力蹄式制动器;
3—增减力蹄式制动器;
4—双减力蹄式制动器;
5—盘式制动器

汽车涉水后,制动器被水浸湿,制动效能也会降低,这种现象被称为制动效能的水衰退现象。为缓解这种现象,汽车涉水后,应踩几次制动踏板,使制动蹄与制动鼓间因摩擦而产生热量,使制动器迅速干燥,从而恢复制动效能。

4.1.4　制动时汽车行驶方向稳定性

汽车制动方向稳定性,是指汽车在制动过程中维持直线行驶或按预定弯道行驶的能力。汽车制动方向不稳定现象主要为制动跑偏、侧滑、前轮失去转向能力。制动方向不稳定是造成交通事故的重要原因。据统计,冰雪道路交通事故 70% 以上与侧滑有关,而其中 50% 是由制动侧滑引发的。

(1)制动跑偏

制动跑偏,是指汽车在制动过程中自动向左或向右偏驶的现象。汽车制动跑偏有两个主要原因:

①汽车左、右车轮,特别是前轴左、右车轮(转向轮)制动器制动力不相等。这是因为制造、调整误差造成的,汽车究竟向左或向右跑偏,根据具体情况而定。

②制动时悬架导向杆系与转向拉杆在运动学上不协调。这是汽车设计所造成的,制动时汽车总是向左(或向右)偏驶。因此,设计汽车时应注意不要使悬架导向杆系与转向拉杆互相干涉。

图 4.8 所示为汽车转向轮左、右车轮制动力不相等引起跑偏的受力分析示意图。

若左前轮制动器的制动力大于右前轮,则地面制动力 $F_{x1L} > F_{x1R}$。这时,前、后轴分别受到地面侧向反作用力 F_{y1} 和 F_{y2},且存在 F_{x1L} 对转向节主销的力矩大于 F_{x1R} 绕主销的力矩。转向系内部存在的间隙以及零部件的变形,使转向轮产生向左偏转的角度,造成汽车轻微左弯的跑偏。另外,主销的后倾也使 F_{y1} 对转向轮的偏转力矩增加了左转的角度。

悬架导向杆系与转向杆系的运动干涉也会使汽车制动跑偏。图 4.9 给出了某汽车转向轮转向杆系和悬架杆系干涉的示意图。汽车制动时,前轴逆时针转过 θ 角,转向节上臂球销与纵拉杆相连接,此时,只能克服球销的配合间隙以及杆件的微小变形而移动,致使转向轮围绕转向节主销向右偏转;另外,汽车制动时,地面法向反作用力 F_z 增加,使前轴中心分别围绕纵拉杆的球销 O_2 和钢板弹簧前吊耳销 O_1 旋转,由于两者距轴心的距离不同形成运动干涉,也使车轮向右偏转;这些效应均使车轮有向右偏驶的倾向。为了避免这种现象,可采用增加悬架刚度、转向节上球销下移接近轴心以及球销 O_2 和前吊耳销 O_1 的距离尽可能缩短等结构措施。

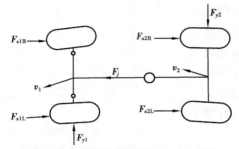
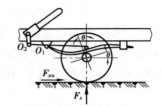

图 4.8　汽车制动跑偏受力示意图　　　　　图 4.9　悬架杆系与转向杆系干涉

(2)制动侧滑

制动侧滑,是指制动时汽车的某轴或多轴发生横向移动的现象。最危险的情况是在高速制动时,后轴发生侧滑,这时汽车常发生不规则的急剧回转运动,使之部分或完全失去操纵。

侧滑产生的原因是,在制动过程中,地面制动力达到附着极限后,继续增加制动力,车轮将处于抱死拖滑状态,此时,侧向附着系数为零,即该轮抵抗侧向干扰的能力为零,这时,即使车轮受到任何一点侧向力,都会引起沿侧向力方向的滑动。

紧急制动过程中,常出现一根轴的侧滑。实践证明,后轴侧滑具有很大的危险性,可以使汽车掉头;前轴侧滑对汽车行驶方向改变不大,但是已不能用转向盘来控制汽车的行驶方向。

下面从受力情况分析汽车前轮抱死拖滑和后轮抱死拖滑两种运动情况。

图 4.10(a)是当前轮抱死、后轮自由滚动时,前轴如受侧向力作用将发生侧滑,因此前轴中点 A 的前进速度 v_A 与汽车纵轴线的夹角为 α。若保持转向盘固定不动,因前轮侧偏转向产生的离心惯性力 F_j 与偏离角 α 的方向相反,F_j 起到减小或阻止前轴侧滑的作用,即汽车处于稳定状态。

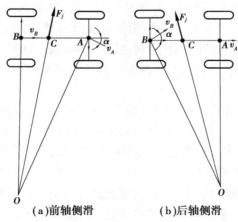

(a)前轴侧滑　　　　　(b)后轴侧滑

图 4.10　汽车侧滑时的运动状况

图 4.10(b)是前轴滚动、后轴制动到抱死拖滑,如有侧向力作用,后轴将发生侧滑。后轴中点 B 的前进速度 v_B 与汽车纵轴线的夹角为 α。若保持转向盘固定不动,因后轮侧偏产生的离心惯性力 F_j 与偏离角 α 的方向相同,F_j 起到加剧后轴侧滑的作用,即汽车处于不稳定状态。由此周而复始,导致侧滑回转,直至翻车。

(3)转向能力的丧失

转向能力的丧失是指弯道制动时,汽车不再按原来的弯道行驶而是沿弯道切线方向驶出,以及直线行驶时转动方向盘汽车仍按直线方向行驶的现象。只有前轮抱死或前轮先抱死时,因侧向力系数为零,不能产生任何地面侧向反作用力,汽车就会丧失转向能力。因此,从保证汽车方向稳定性出发,首先不能出现只有后轴车轮抱死或后轴车轮比前轴车轮先抱死的情况,以防止后轴侧滑发生危险。其次,尽量少出现只有前轴车轮抱死或前、后车轮都抱死的情况,以维持汽车的转向能力。最理想的情况是防止任何车轮抱死,前后车轮都处于滚动状态,这样就可以确保汽车制动时的方向稳定性。

4.1.5　前后制动器制动力分配比例

前、后制动器制动力分配关系将影响汽车的制动方向稳定性和附着条件的利用,是汽车制动系设计时必须考虑的问题。

一般汽车根据前后制动器制动力分配的比例、载荷情况及道路附着系数和坡度等因素,当制动器制动力足够时,制动过程中可能出现以下 3 种情况:

①前轮先抱死拖滑,然后后轮抱死拖滑;

②后轮先抱死拖滑,然后前轮抱死拖滑;

③前、后轮同时抱死拖滑。

由上节分析可知,第一种情况是稳定工况,虽然不会发生侧滑,但汽车在弯道上行驶时,会失去转向能力;第二种情况是不稳定工况,在一定速度下,后轮较前轮先抱死一定时间,会造成汽车后轴侧滑;第三种情况可以避免后轴侧滑,并保证前轮只有在最大制动强度下,才使汽车失去转向能力,这种工况道路附着条件利用较好。所以,前、后制动器制动力分配的比例,将影响汽车制动时的方向稳定。

(1)制动时,前、后轮的地面法向反作用力

图 4.11 是汽车在水平路面上制动时的受力情况。图中忽略汽车的滚动阻力偶矩和旋转质量减速时的惯性阻力偶矩,因为制动时车速较低,空气阻力 F_w 可忽略不计。

对汽车后轮接地点取力矩,根据力矩平衡得

$$F_{z1}L = GL_2 + F_j h_g \qquad (4.12)$$

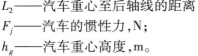

图 4.11　制动时汽车受力情况

式中　F_{z1}——地面对前轮的法向反作用力,N;

　　　L——汽车轴距,m;

　　　G——汽车总重力,N;

　　　L_2——汽车重心至后轴线的距离,m;

　　　F_j——汽车的惯性力,N;

　　　h_g——汽车重心高度,m。

因为

$$F_{xu} = F_{xu1} + F_{xu2}$$

且

$$F_{xu} = F_j$$

故

$$F_{z1} = \frac{GL_2 + F_{xu}h_g}{L} \tag{4.13}$$

同理

$$F_{z2} = \frac{GL_1 - F_{xu}h_g}{L} \tag{4.14}$$

式中　F_{xu}——地面总制动力,N;

　　　F_{xu1}——前轮地面制动力,N;

　　　F_{xu2}——后轮地面制动力,N;

　　　L_1——重心至前轴线的距离,m;

　　　F_{z2}——地面对后轮的法向反作用力,N。

因为

$$F_j = \frac{G}{g}\frac{\mathrm{d}v}{\mathrm{d}t}$$

且

$$F_{xu} = F_j$$

将其代入式(4.13)、式(4.14)得

$$F_{z1} = \frac{G}{L}\left(L_2 + \frac{h_g}{g}\frac{\mathrm{d}v}{\mathrm{d}t}\right) \tag{4.15}$$

$$F_{z2} = \frac{G}{L}\left(L_1 - \frac{h_g}{g}\frac{\mathrm{d}v}{\mathrm{d}t}\right) \tag{4.16}$$

假设汽车前、后轮同时抱死,则汽车制动减速度 $j = \dfrac{\mathrm{d}v}{\mathrm{d}t}$ 为

$$\frac{\mathrm{d}v}{\mathrm{d}t} = g\varphi \tag{4.17}$$

式中　φ——附着系数。

将式(4.17)代入式(4.15)、式(4.16),有

$$\begin{cases} F_{z1} = \dfrac{G}{L}(L_2 + h_g\varphi) \\[2mm] F_{z2} = \dfrac{G}{L}(L_1 - h_g\varphi) \end{cases} \tag{4.18}$$

由式(4.18)可知,制动时汽车前轮的地面法向反作用力 F_{z1} 随制动强度和质心高度增加而增大;后轮的地面法向反作用力 F_{z2} 随制动强度和质心高度增加而减小。大轴距汽车前后轴的载荷变化量小于短轴距汽车载荷变化量。

(2)前、后制动器制动力的理想分配曲线

如果在不同道路附着条件下制动均能保证前、后制动器同时抱死,则此时的前、后制动器制动力 $F_{\mu1}$ 和 $F_{\mu2}$ 的关系曲线,被称为前、后制动器制动力的理想分配曲线。

在任意附着系数值的路面上,前、后车轮同时抱死的条件是:前、后车轮制动器制动力之和等于附着力,并且前、后车轮制动器制动力分别等于各自的附着力,即

$$\begin{cases} F_{\mu1} + F_{\mu2} = \varphi G \\ F_{\mu1} = \varphi F_{z1} \\ F_{\mu2} = \varphi F_{z2} \end{cases} \tag{4.19}$$

或

$$\begin{cases} F_{\mu 1} + F_{\mu 2} = \varphi G \\ \dfrac{F_{\mu 1}}{F_{\mu 2}} = \dfrac{F_{z1}}{F_{z2}} \end{cases} \tag{4.20}$$

将式(4.18)代入式(4.20),有

$$\begin{cases} F_{\mu 1} + F_{\mu 2} = \varphi G \\ \dfrac{F_{\mu 1}}{F_{\mu 2}} = \dfrac{L_2 + \varphi h_g}{L_1 - \varphi h_g} \end{cases} \tag{4.21}$$

联立方程组(4.21),并消除变量 φ 后,将方程表示为 $F_{\mu 2} = f(F_{\mu 1})$ 的形式,即得到前、后制动器制动力的理想分配关系式

$$F_{\mu 2} = \frac{1}{2}\left[\frac{G}{h_g}\sqrt{L_2^2 + \frac{4h_g L}{G}F_{\mu 1}} - \left(\frac{GL_2}{h_g} + 2F_{\mu 1} \right) \right] \tag{4.22}$$

将式(4.22)画成曲线,即为前、后车轮同时抱死时,前、后制动器制动力的关系曲线——理想的前、后制动器制动力分配曲线,简称"Ⅰ曲线"。

如已知汽车轴距 L、质心高度 h_g、汽车总重力 G、质心至后轴的距离 L_2,就可用式(4.22)绘制前、后制动器制动力的理想分配关系曲线,即Ⅰ曲线。

根据方程组(4.21)的两个方程也可直接绘制Ⅰ曲线。

假设一组 φ 值($\varphi = 0.1, 0.2, 0.3, \cdots, 1.0$),每个 φ 值代入方程组(4.21)中的 $F_{\mu 1} + F_{\mu 2} = \varphi G$ 中,就可以得到一组与坐标轴成45°的平行线。每根直线上的任意一点的纵坐标与横坐标读数之和——总制动力为一常数,因此,总制动力产生的减速度也是常数。故此线组称为"等制动力线组"或"等减速度线组"。直线与纵坐标(或横坐标)的交点,即为在该附着系数路面上,汽车的最大制动器制动力。

假设一组 φ 值($\varphi = 0.1, 0.2, 0.3, \cdots, 1.0$),每个 φ 值代入方程组(4.21)中的 $\dfrac{F_{\mu 1}}{F_{\mu 2}} = \dfrac{L_2 + \varphi h_g}{L_1 - \varphi h_g}$ 中,得到一组通过坐标原点但是斜率不同的射线。

分别在上述两组直线中,找出对应于某一 φ 值的两条直线。这两条直线的交点,便是满足方程组(4.21)中两式的 $F_{\mu 1}$ 和 $F_{\mu 2}$ 值。把这两组直线对应于不同 φ 值的交点 $A, B, C, \cdots$ 连接起来,便得出理想的前、后制动器制动力分配曲线,如图4.12所示。

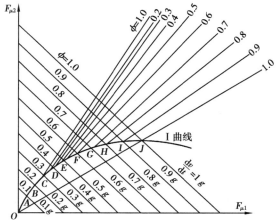

图4.12　Ⅰ曲线示意图

(3)具有固定比值的前、后制动器制动力与同步附着系数

两轴汽车的前、后制动器制动力的比值一般为固定常数。常用前制动器制动力与汽车总制动器制动力之比来表明分配比例,即制动器制动力分配系数 β,它可表示为

$$\beta = \frac{F_{\mu 1}}{F_{\mu}} \tag{4.23}$$

因为 $F_{\mu} = F_{\mu 1} + F_{\mu 2}$，所以

$$\frac{F_{\mu 1}}{F_{\mu 2}} = \frac{\beta}{1 - \beta} \tag{4.24}$$

或表示为 $F_{\mu 2} = f(F_{\mu 1})$，即

$$F_{\mu 2} = \frac{1 - \beta}{\beta} F_{\mu 1} \tag{4.25}$$

$F_{\mu 2} = f(F_{\mu 1})$ 为一直线,此直线通过坐标原点,且其斜率为

$$\tan \theta = \frac{1 - \beta}{\beta} \tag{4.26}$$

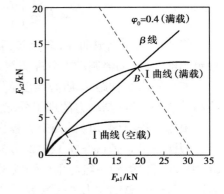

这条直线实际上是前、后制动器制动力实际分配线,简称"β 线"。

具有固定的 β 线与 Ⅰ 线的交点处的附着系数 φ_0,称为同步附着系数。同步附着系数表示具有固定的 β 线的汽车,只有在同步附着系数的路面上制动时,才能使前后车轮同时抱死,如图 4.13 所示。

图 4.13　曲线 Ⅰ 线与 β 线

设汽车在同步附着系数为 φ_0 的路面上制动,此时前、后轮同时抱死拖滑,则由式(4.21)和式(4.24),得

$$\frac{F_{\mu 1}}{F_{\mu 2}} = \frac{L_2 + \varphi_0 h_g}{L_1 - \varphi_0 h_g} = \frac{\beta}{1 - \beta}$$

整理后,得出

$$\varphi_0 = \frac{L\beta - L_2}{h_g} \tag{4.27}$$

或

$$\beta = \frac{\varphi_0 h_g + L_2}{L} \tag{4.28}$$

可见,确定了制动器制动力分配系数 β,就能确定同步附着系数 φ_0;反过来如给出同步附着系数 φ_0,就能得到制动器制动力在前、后轴上的分配。

(4)具有固定 β 值的汽车在各种路面上制动过程分析

利用 β 线和 Ⅰ 线可分析具有固定 β 值汽车在不同路面上的制动情况。为了便于分析,常采用 f 线组和 r 线组。

f 线组表示后轮不抱死,在各种 φ 值路面上前轮抱死时,汽车前、后轮地面制动力的分配关系;r 线组表示前轮不抱死,在各种 φ 值路面上后轮抱死时,汽车前、后轮地面制动力的分配关系。

当前轮抱死时,则

$$F_{xu1} = \varphi F_{z1} = \varphi \left(\frac{GL_2}{L} + \frac{F_{xu} h_g}{L} \right) \tag{4.29}$$

由于 $F_{xu} = F_{xu1} + F_{xu2}$,并且 $F_{xu} = \varphi G$,则有

$$F_{xu1} = \varphi \left(\frac{GL_2}{L} + \frac{F_{xu1} + F_{xu2}}{L} h_g \right) \tag{4.30}$$

将式(4.30)表示成 $F_{xu2} = f(F_{xu1})$ 的函数形式,则得出汽车在不同路面上只有前轮抱死时的前、后地面制动力的关系式

$$F_{xu2} = \frac{L - \varphi h_g}{\varphi h_g} F_{xu1} - \frac{GL_2}{h_g} \quad (4.31)$$

将不同 φ 值($\varphi = 0.1, 0.2, 0.3, \cdots$)代入式(4.31),就得到 f 线组,如图 4.14 所示。由式(4.31)可知,f 线组与纵坐标的交点为 $-\frac{GL_2}{h_g}$,而与 φ 的取值无关。实际上,F_{xu2} 负值在制动状态中是无意义的。

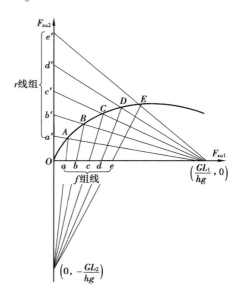

图 4.14　f 线组与 r 线组

当 $F_{xu2} = 0$ 时,$F_{xu1} = \frac{\varphi GL_2}{L - \varphi h_g}$。取不同 φ 值($\varphi = 0.1, 0.2, 0.3, \cdots$)时,可求得相应的 F_{xu1} 值,即线组与横坐标的交点,图 4.14 中的 $a, b, c, \cdots$ 即为 f 线组与横坐标的交点。根据汽车结构参数的具体数值,可确定总地面制动力 $F_{xu} = F_{xu1} + F_{xu2} = F_{xu1}$。因 $\frac{L_2}{L - \varphi h_g} < 1$,所以 $F_{xu} < \varphi G$,即后轮未抱死。随着 F_{xu2} 和 F_{xu1} 的增加,F_{xu} 也增加,最后 f 线组与 I 曲线相交,如前所述,I 曲线也是前、后车轮都抱死后的 $F_{\mu1}$ 与 $F_{\mu2}$ 的关系曲线。因此,交点处的 $F_{xu1} + F_{xu2} = F_{\mu1} + F_{\mu2} = \varphi G$,后轮也抱死。由此可见,I 曲线以上的 f 线段已无意义。

当后轮抱死时,则

$$F_{xu2} = \varphi F_{z2} = \varphi \left(\frac{GL_1}{L} - \frac{F_{xu} h_g}{L} \right) \quad (4.32)$$

将 $F_{xu} = F_{xu1} + F_{xu2}$ 代入,有

$$F_{xu2} = \varphi \left(\frac{GL_1}{L} - \frac{F_{xu1} + F_{xu2}}{L} h_g \right) \quad (4.33)$$

将式(4.33)表示成 $F_{xu1} = f(F_{xu2})$ 的函数形式,则得出汽车在不同路面上只有后轮抱死时的前、后地面制动力的关系式

$$F_{xu1} = -\frac{L + \varphi h_g}{\varphi h_g} F_{xu2} + \frac{GL_1}{h_g} \quad (4.34)$$

将不同 φ 值($\varphi = 0.1, 0.2, 0.3, \cdots$)代入式(4.34),就得到 r 线组,如图 4.14 所示。由式(4.34)可知,r 线组与横坐标的交点为 $\frac{GL_1}{h_g}$,而与 φ 的取值无关。

当 $F_{xu1} = 0$ 时,$F_{xu2} = \frac{\varphi GL_1}{L + \varphi h_g}$。依次取 $\varphi = 0.1, 0.2, 0.3, \cdots$,可求得相应的 F_{xu2} 值,即线组与纵坐标的交点,如图 4.14 中的 $a', b', c', \cdots$。

根据汽车结构参数的具体数值,可确定总地面制动力 $F_{xu} = F_{xu1} + F_{xu2} = F_{xu2} < \varphi G$。$F_{xu} < \varphi G$ 即前轮未抱死。随着 F_{xu1} 的增加和 F_{xu2} 的减少,F_{xu} 增加,最后 r 线组与 I 曲线相交,

$F_{xu1} + F_{xu2} = F_{\mu1} + F_{\mu2} = \varphi G$，前轮也抱死。由此可见，I 曲线以下的 r 线段已无意义。

显然，对于同一 φ 值，f 线和 r 线的交点既符合 $F_{xu1} = \varphi F_{z1}$，也符合 $F_{xu2} = \varphi F_{z2}$。取不同的 φ 值，就可得到一组 f 线和 r 线的交点 $A,B,C,\cdots$，则这些交点的连线就形成了上述的 I 曲线。

利用 β 线、I 曲线、f 和 r 线组可以分析汽车在不同 φ 值路面上的制动过程。设一货车的同步附着系数为 $\varphi_0 = 0.39$，其 f 线、r 线、β 线和 I 线如图 4.15 所示。图中与直角坐标系中的纵坐标和横坐标成 45° 的斜线簇是"等地面制动力线组"或"等制动减速度线组"。在这些斜线上，$F_{xu} = F_{xu1} + F_{xu2} = \varphi G$，或者前、后轮同时抱死时的 $F_{\mu1} + F_{\mu2} = \varphi G$，每条斜线上的点均有同样大小的总地面制动力 F_{xu}。

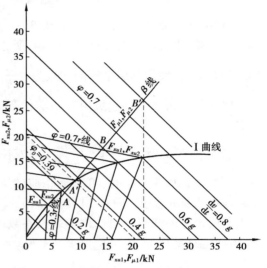

图 4.15　不同 φ 值路面上的制动过程分析

①当 $\varphi < \varphi_0$ 时，设 $\varphi = 0.3$，汽车制动开始后前、后制动器制动力 $F_{\mu1}$，$F_{\mu2}$ 按 β 线上升。因前、后车轮均未抱死，故地面制动力 F_{xu1} 和 F_{xu2} 也按 β 线上升。到 A 点时，β 线与 $\varphi = 0.3$ 的 f 线相交，前轮开始抱死。此时的地面制动力 F_{xu1}，F_{xu2} 已符合后轮未抱死而前轮先抱死的条件，若继续增加踏板力，F_{xu1}，F_{xu2} 将沿 f 线变化，前轮的地面制动力 F_{xu1} 不再等于 $F_{\mu1}$，但继续增加制动强度，前轮法向反作用力增加，故 F_{xu1} 沿 f 线稍有增加。因后轮尚未抱死，随着踏板力的增大，$F_{\mu1}$，$F_{\mu2}$ 沿 β 线上升时，F_{xu2} 仍等于 $F_{\mu2}$ 而继续上升。当 $F_{\mu1}$，$F_{\mu2}$ 至 A′ 点时，f 线与 I 曲线相交，此时后轮达到抱死所需的地面制动力 F_{xu2}，此时前、后车轮均抱死，汽车获得减速度 0.3g。

由此可见，若 β 线位于 I 曲线下方，制动时总是前轮先抱死。前轮抱死是一种稳定工况，但汽车丧失转向能力。

②当 $\varphi > \varphi_0$ 时，设 $\varphi = 0.7$，制动开始后前、后车轮均未抱死，前、后轮地面制动力和制动器制动力均按 β 线增长。到 B 点时，β 线与 $\varphi = 0.7$ 的 r 线相交，地面制动力 F_{xu1}，F_{xu2} 符合后轮先抱死的条件，后轮开始抱死。从 B 点以后，再增加踏板力，F_{xu1}，F_{xu2} 将沿 $\varphi = 0.7$ 的 r 线变化。但继续增加制动强度时，后轮的法向反作用力有所减少，使后轮地面制动力沿 r 线稍有下降。因前轮尚未抱死，当 $F_{\mu1}$，$F_{\mu2}$ 沿 β 线继续增长时，F_{xu1} 仍等于 $F_{\mu1}$ 而继续上升。当 $F_{\mu1}$，$F_{\mu2}$ 到 B′ 点时，r 线与 I 曲线相交，F_{xu1} 达到前轮抱死的地面制动力，前、后轮均抱死，汽车获得减速度 0.7g。

由此可见，若 β 线位于 I 曲线上方，制动时总是后轮先抱死，汽车容易发生后轴侧滑而失去方向稳定性。

③当 $\varphi = \varphi_0$ 时，制动时 $F_{\mu1}$，$F_{\mu2}$ 始终沿 β 线增长，并保持 $F_{xu1} = F_{\mu1}$ 和 $F_{xu2} = F_{\mu2}$。继续增加踏板力直到 β 线与 $\varphi_0 = 0.39$ 的 r 线和 f 线相交，此时汽车前、后轮满足同时抱死，汽车减速度 0.39g。这也是一种稳定工况，但汽车失去转向能力。

(5)同步附着系数的选择

由以上讨论可知，汽车的制动情况取决于同步附着系数的数值，或者说取决于 β 线与 I

曲线的配合。因此,同步附着系数是设计汽车制动系的一个重要参数,对汽车制动减速度、制动时的方向稳定性等有着重要的影响。

汽车的总重力及重心位置给定后,即可作出 β 曲线。β 线是由制动器制动力在前、后轴上的分配确定的。所以调整 β 值,可以得到 β 线与 I 曲线的恰当配合,保证合适的同步附着系数。

β 线的斜率为 $\tan\theta=(1-\beta)/\beta$,$\beta$ 值越大,β 线的斜率越小,则同步附着系数 φ_0 越大。同步附着系数一般是根据车型和使用条件来选择的。为了防止后轮先抱死而发生危险的后轴侧滑,目前以宁可让前轮先抱死而不让后轮先抱死的观点占优势,所以设计汽车时选择的同步附着系数越来越高。

对货车而言,由于车速较低,制动时后轴侧滑的危险性较小,但在较滑的路面上制动时,汽车可能丧失转向能力,因此同步附着系数可能很低。但是由于道路条件的改善和汽车行驶速度的提高,货车同步附着系数呈现提高的趋势。不少文献推荐货车满载时的 φ_0 值取 0.6。

轿车的行驶车速高,目前一般轿车的最高车速为 140～200 km/h,高速时后轴侧滑是十分危险的,因此一般采用较高的同步附着系数。轻型越野汽车常选择较高的同步附着系数。这样,即使在很低的附着系数路面上制动,也不会发生后轴侧滑。但是在多数路面上制动时,前轮先抱死可能失去转向能力。

使用条件也影响 φ_0 的选择。在多雨的山区,坡路弯道多,下急弯坡制动时,如果汽车失去转向能力,是十分危险的。因此,经常在山区使用的车辆,同步附着系数应取低值。有些运输单位,为了安全行车,宁愿调小前轮制动器制动力。前轮制动器制动力调小后,带来的另一个好处是消除了由于左、右前轮制动器制动力不等而引起的制动跑偏。

4.2　汽车操纵稳定性

汽车的操纵稳定性包括相互联系的两个部分,一是操纵性,二是稳定性。操纵性是指根据道路、地形和交通情况的限制,汽车能够正确地遵循驾驶员通过操纵机构所给定的方向行驶的能力;稳定性是指汽车在行驶过程中具有抵抗力图改变其行驶方向的各种干扰、并保持稳定行驶的能力。操纵性和稳定性有紧密的关系。操纵性差,导致汽车侧滑、倾覆,汽车的稳定性就破坏了。如稳定性差,则会失去操纵性,因此,通常统称为汽车的操纵稳定性。

汽车的操纵稳定性不仅影响汽车驾驶的操纵方便程度,而且也是决定汽车高速行驶安全的一个重要性能,还与运输生产率和驾驶者的劳动强度有关。随着汽车保有量的增加和车速的增高,汽车的操纵稳定性显得越来越重要,被人们称为"高速行车的生命线"。

轮胎的侧偏特性是研究汽车操纵稳定性的出发点,因此先讨论轮胎的侧偏特性。

4.2.1　轮胎的侧偏特性

轮胎侧偏特性是轮胎的重要力学特性,是研究汽车操纵稳定性的基础。为了讨论轮胎的机械特性,需要建立轮胎坐标系,如图 4.16 所示垂直于车轮旋转轴线的轮胎中分平面,称为车轮平面。坐标系原点 O 为车轮平面和地平面的交线与车轮旋转轴线在地平面上投影线的交点。车轮平面与地平面的交线取为 x 轴,规定向前为正。z 轴与地平面垂直,规定指向上方为正。y 轴在地平面上,规定面向车轮前进方向时指向左方为正。

图 4.16 中还画出了地面作用于轮胎的力与力矩,即地面切向反作用力 F_x、地面侧向反作用力 F_y、地面法向反作用力 F_z、地面反作用力产生绕轴的回正力矩 T_z 以及侧偏角 α 与外倾角 γ。侧偏角 α 是轮胎接地印迹中心(即坐标系原点)位移方向与轴的夹角,图示方向为正,外倾角 γ 是垂直平面与车轮平面的夹角,图示方向为正。

汽车行驶过程中,因路面侧向倾斜、侧向风或曲线行驶时离心力等的作用,车轮中心沿 y 轴方向将产生侧向力 F_y,在地面上产生相应的地面侧向反作用力 F_y,F_y 也称为侧偏力。若车轮是刚性的,则可能发生两种情况:

①当地面侧向反作用力 F_y 未超过车轮与地面间的附着极限时($F_y < \varphi_1 F_z$),车轮与地面间没有滑动,车轮仍沿其本身平面的方向行驶(图 4.17(a))。

②当地面侧向反作用力 F_y 达到车轮与地面间的附着极限时($F_y > \varphi_1 F_z$),车轮发生侧向滑动,若滑动速度为 ΔV,车轮便沿合成速度的方向行驶,偏离了车轮平面方向(图 4.17(b))。

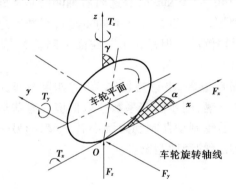

图 4.16　轮胎坐标系

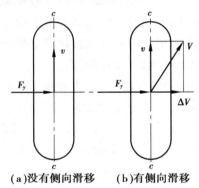

(a)没有侧向滑移　(b)有侧向滑移

图 4.17　侧向力作用下刚性车轮的滚动

对于弹性车轮,由于有侧向弹性,即使 F_y 没有达到附着极限,车轮行驶方向亦将偏离车轮平面的方向,这就是轮胎的侧偏现象。下面讨论具有侧向弹性车轮,在垂直载荷为 W 的条件下,受到侧向力 F_y 作用后的两种情况:

①车轮静止不滚动　车轮静止不动时由于车轮有侧向弹性,轮胎发生侧向变形,轮胎与地面接触印迹长轴线 $\overline{aa}$ 与车轮平面 $\overline{cc}$ 不重合,但仍保持平行,如图 4.18(a)所示。

②车轮滚动　车轮滚动时接触印迹的长轴线 $\overline{aa}$,不只是和车轮平面错开一定距离 Δh,而且不再与车轮平面 $\overline{cc}$ 平行,$\overline{aa}$ 与 $\overline{cc}$ 的夹角被称为侧偏角 α。此时,车轮沿着 $\overline{aa}$ 线方向滚动,如图 4.18(b)所示。在车轮胎面中心线上标出 $A_1,A_2,A_3,\cdots$ 各点,随着车轮向前滚动,各点将依次落于地面上相应的 $A_1',A_2',A_3',\cdots$ 各点上。由于轮胎发生了侧向变形,$A_1',A_2',A_3',\cdots$ 的连线并不垂直于车轮旋转轴线,即与车轮平面 cc 的延长线有夹角 α。当轮胎与地面没有侧向滑动时,$A_1',A_2',A_3',\cdots$ 的连线就是接地印迹的中心线,当然也是车轮滚动时在地面上留下的痕迹,即车轮并没有按照车轮平面 $\overline{cc}$ 的方向向前滚动,而是沿着侧偏角 α 的方向滚动。

显然,侧偏角 α 值与侧向力 F_y 的大小有关;即侧偏角 α 值与侧偏力 F_y 的大小有关。图 4.19 为弹性车轮侧偏角 α 与侧偏力 F_y 的关系曲线,此关系曲线称为弹性轮胎的侧偏特性。

由图 4.19 可知,随着侧偏力的增大,侧偏角也增大,当侧偏力增至某一数值后,由于轮胎

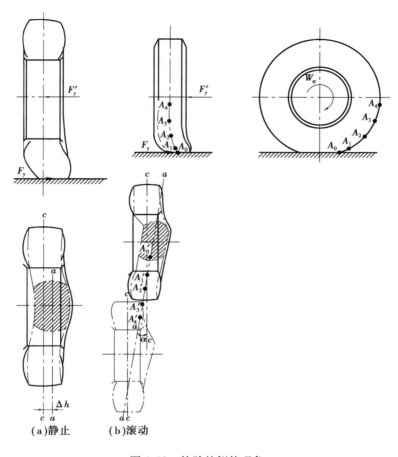

图4.18 轮胎的侧偏现象

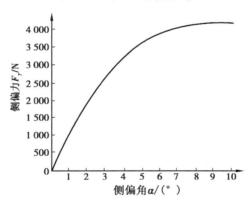

图4.19 侧偏角与侧偏力的关系曲线

与支承面开始局部滑移,侧偏角增加渐快,而当侧偏力等于附着力时,车轮发生侧滑。曲线表明,侧偏角 α 不超过5°时,F_y 与 α 呈线性关系。汽车正常行驶时,侧向加速度不超过 $0.4g$,侧偏角不超过4°~5°,可以认为侧偏角与侧偏力呈线性关系。F_y-α 曲线在 $\alpha = 0°$ 处的斜率,称为侧偏刚度 k,单位为 N/rad 或 N/(°)。由轮胎坐标系有关符号规定可知,负的侧偏力产生正的侧偏角。因此,侧偏刚度为负值,F_y 与 α 的关系式为

$$F_y = k\alpha \tag{4.35}$$

小型轿车轮胎 k 值在 $-28\,000 \sim -80\,000$ N/rad 范围内。侧偏刚度是决定汽车操纵稳定性的重要轮胎参数。轮胎应有高的侧偏刚度值(指绝对值),以保证汽车良好的操纵稳定性。

轮胎的结构和工作条件对轮胎侧偏特性有很大影响。很明显,轮胎垂直载荷越大,附着力就越大,轮胎局部侧滑的倾向就越小,最大侧偏力 $F_{ymax} = F_z\varphi$ 增大,侧偏刚度随载荷增加而增加,如图 4.20(a)所示。但垂直载荷过大时,轮胎产生剧烈径向变形,侧偏刚度反而有所下降,如图 4.20(b)所示。

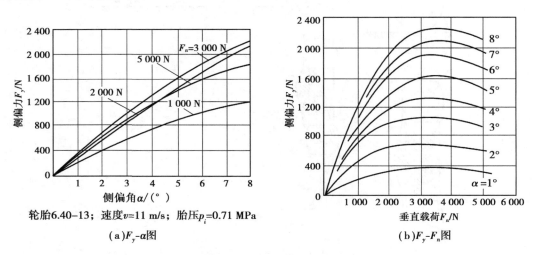

图 4.20　垂直载荷对侧偏特性的影响

轮胎的形式和结构参数对轮胎侧偏特性有显著影响。尺寸较大的轮胎,侧偏刚度一般较大。尺寸相同的子午线轮胎和斜交轮胎相比,子午线轮胎具有较大的侧偏刚度。同一型号、同一尺寸的轮胎,帘布层越多、帘线与车轮平面的夹角越小、气压越高,侧偏刚度越大。另外,轮辋的形式对侧偏刚度亦有影响。装有宽轮辋的轮胎,侧偏刚度较大。

4.2.2　汽车的转向特性

驾驶员操纵转向盘时,要通过眼睛、手和身体等感知汽车的转向情况,并经过大脑进行比较和判断,并修正转向盘的操纵,这是通过驾驶员把系统的输出,反馈到输入而构成一个人工闭路系统。如不计驾驶员的反馈作用,则称为开路系统,其特点是系统的输出对输入控制没有影响。由于驾驶员的反馈作用十分复杂,故一般只把汽车作为一个开路系统进行分析,研究转向盘输入时汽车的运动即"车辆响应"。

将汽车作为开路系统进行分析时(图 4.21),改变汽车运动状态的输入量,主要来自 3 个方面:

①驾驶员通过力(力矩)操纵或位置(转角)操纵转向盘,使前轮转向;

②空气动力作用(如横向风);

③路面不平对汽车的作用。

汽车在大多数行驶状况下,其侧向加速度不超过 $(0.3 \sim 0.4)g$,可以将它看作一个线性动力学系统来分析。线性系统一个重要的标志是可以运用叠加原理,可以将一个复杂的输出量分解为简单的输入量,或者有多个输入量时,可按单个输入量求解,然后加以叠加。

由输入引起的汽车运动状况,可分为不随时间变化的稳态与随时间变化的瞬态两种,相应的车辆响应为稳态响应与瞬态响应。例如给等速直线行驶的汽车以前轮角阶跃输入,即急速转动前轮,然后维持前轮转角不变,一般汽车经过短暂时间后,将进入等速圆周行驶,一定车轮转角下的等速圆周行驶状态便是一种稳态。而等速直线行驶与等速圆周行驶间的过渡过程便是瞬态。

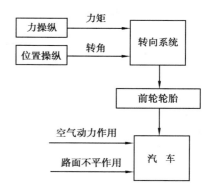

图 4.21　作为开路系统的汽车简图

汽车的"等速圆周行驶"稳态响应,是评价汽车操纵稳定性的重要特性之一,称为汽车的"稳态转向特性"。汽车的稳态转向特性分成 3 种类型:不足转向、中性转向和过多转向。在圆周行驶时,驾驶员使方向盘保持一个固定的转角,令汽车以不同固定车速行驶,若行驶车速高时,汽车的转向半径 R 增大,这种汽车具有不足转向的特性。若汽车的转向半径 R 不变,这种汽车具有中性转向的特性。若转向半径越来越小,则具有过多转向的特性。只有具有适度不足转向的汽车,才有良好的操纵稳定性。

汽车不能具有过多转向特性,具有中性转向特性的汽车也不好,因为汽车本身或外界使用条件的某些变化,中性转向特性的汽车通常会转变为过多转向特性而失去稳定。

(1)二自由度汽车模型及运动微分方程

为了分析汽车操纵稳定性的基本特性,通常将其简化为线性二自由度的汽车模型。分析中忽略转向系统的影响,直接以前轮转角作为输入,忽略悬架的作用,认为汽车车厢只作平行于地面的平面运动,即汽车沿 z 轴的位移,绕 y 轴的俯仰角与绕 x 轴的侧倾角均为零。另外假设汽车前进速度不变,即沿 x 轴的汽车(绝对)速度不变,汽车只有沿 y 轴的侧向运动与绕 z 轴的横摆运动这样两个自由度。

这里仅限于讨论汽车侧向加速度限定在 $0.4g$ 以下的一般情况,此时轮胎侧偏特性处于线性范围;同时还假设了驱动力不大,不考虑地面切向力对轮胎侧偏特性的影响;忽略空气动力的作用;忽略左、右车轮轮胎由于载荷的变化而引起轮胎特性的变化以及轮胎回正力矩的作用。并认为汽车左右对称,前后轴上的每对车轮分别用具有其两倍侧偏刚度的单个轮胎来表示。这样,实际汽车便简化成一个两轮车模型(图 4.22),它是一个由前后两个具有侧向弹性

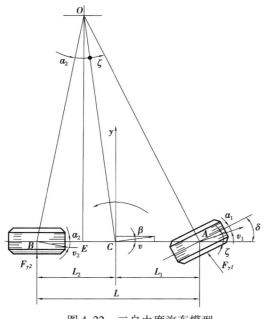

图 4.22　二自由度汽车模型

的弹簧(轮胎)支承于地面、具有侧向及横摆的二自由度汽车模型。分析时取汽车上的动坐标系原点与汽车重心重合。

显然,汽车质量分布参数如转动惯量等,对固结于汽车的这一动坐标系而言为常数,这正

是采用车辆坐标系的方便之处。因此,只要将汽车的绝对加速度与绝对角加速度及外力与外力矩沿车辆坐标系的轴线分解,就可以列出沿这些坐标轴的运动微分方程。

首先确定汽车质心(绝对)加速度在车辆坐标系上的分量。

参看图 4.23,Ox 与 Oy 为车辆坐标系的纵轴与横轴。质心速度 V 于 t 时刻在 Ox 轴上的分量为 u,在 Oy 轴上的分量为 v。由于汽车转向行驶时伴有平移和转动,在 $t + \Delta t$ 时刻,车辆坐标系中质心速度的大小与方向均发生变化,而车辆坐标系的纵轴与横轴的方向亦发生变化。所以,沿 Oy 轴速度的变化分量 Δv_y 为:$(v + \Delta v)\cos \Delta\theta + (u + \Delta u)\sin \Delta\theta - v$,由于 $\Delta\theta$ 很小,$\cos \Delta\theta \approx 1$,$\sin \Delta\theta \approx 0$,忽略二阶微量,则有

$$\Delta v_y = \Delta v + u\Delta\theta \tag{4.36}$$

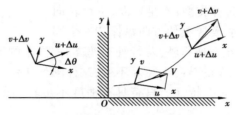

图 4.23 用车辆坐标系分析汽车的运动

对式(4.36)除以 Δt 并取极限,就可求出汽车质心绝对加速度在车辆坐标系 Oy 轴的分量为

$$a_y = \lim_{\Delta t \to 0}\left(\frac{\Delta v}{\Delta t} + u\frac{\Delta\theta}{\Delta t}\right) = \frac{\mathrm{d}v}{\mathrm{d}t} + u\frac{\mathrm{d}\theta}{\mathrm{d}t} = \dot{v} + uw_r \tag{4.37}$$

同理,沿 Ox 轴速度分量的变化为

$$a_x = \dot{u} - vw_r \tag{4.38}$$

由图 4.22 可知,二自由度汽车受到的外力沿 y 轴方向的合力与绕质心的力矩和为

$$\begin{cases} F_{y1}\cos \delta + F_{y2} = m(\dot{v} + uw_r) \\ L_1 F_{y1}\cos \delta - L_2 F_{y2} = I_z \dot{w}_r \end{cases} \tag{4.39}$$

式中 m——汽车质量,kg;

F_{y1},F_{y2}——地面对前、后轮的侧向反作用力,即侧偏力,N;

δ——前轮转角,(°);

I_z——汽车绕 z 轴的转动惯量,kg·m²。

考虑到 δ 不大,式(4.39)可以写成

$$\begin{cases} F_{y1} + F_{y2} = m(\dot{v} + uw_r) \\ L_1 F_{y1} - L_2 F_{y2} = I_z \dot{w}_r \end{cases} \tag{4.40}$$

侧偏力的大小取决于侧偏角,侧偏角与汽车运动参数有关。如图 4.22 汽车前、后轴中点的速度分别为 v_1,v_2,侧偏角为 α_1,α_2,质心侧偏角为 β,$\beta = v/u$;ξ 是 v_1 与 x 轴的夹角,其值为

$$\xi = \frac{v + aw_r}{u} = \beta + \frac{aw_r}{u}$$

根据坐标系的规定,前、后轮侧偏角为

$$\begin{cases} \alpha_1 = -(\delta - \xi) = \beta + \dfrac{aw_r}{u} - \delta \\ \alpha_2 = \dfrac{v - bw_r}{u} = \beta - \dfrac{bw_r}{u} \end{cases} \tag{4.41}$$

由此,可列出侧向外力及外力矩与汽车运动参数的关系式

$$\begin{cases} (k_1 + k_2)\beta + \dfrac{1}{u}(L_1 k_1 - L_2 k_2)w_r - k_1\delta = m(\dot{v} + uw_r) \\ (L_1 k_1 - L_2 k_2)\beta + \dfrac{1}{u}(L_1^2 k_1 - L_2^2 k_2)w_r - L_1 k_1\delta = I_z\dot{w}_r \end{cases} \tag{4.42}$$

方程组(4.42)虽简单,却包含最重要的汽车质量与轮胎侧偏刚度两方面的参数。所以,它能够反映汽车曲线运动最基本的特征。

(2)汽车的稳态转向特性

令稳态时单位前轮转角所引起的横摆角速度为"稳态横摆角速度增益",稳态横摆角速度增益用符号"$\left.\dfrac{w_r}{\delta}\right)_s$"表示。稳态时横摆角速度 w_r 为定值,此时 $w_r = \text{const}$,$\dot{v} = 0$,$\dot{w}_r = 0$,以此代入式(4.42)得

$$\begin{cases} (k_1 + k_2)\dfrac{v}{u} + \dfrac{1}{u}(L_1 k_1 - L_2 k_2)w_r - k_1\delta = muw_r \\ (L_1 k_1 - L_2 k_2)\dfrac{v}{u} + \dfrac{1}{u}(L_1^2 k_1 - L_2^2 k_2)w_r - L_1 k_1\delta = 0 \end{cases} \tag{4.43}$$

将方程组(4.43)联立并消去 v,便可求得稳态横摆角速度增益为

$$\left.\frac{w_r}{\delta}\right)_s = \cfrac{\dfrac{u}{L}}{1 + \dfrac{m}{L^2}\left(\dfrac{L_1}{k_2} - \dfrac{L_2}{k_1}\right)u^2} = \cfrac{\dfrac{u}{L}}{1 + Ku^2} \tag{4.44}$$

式中,$K = \dfrac{m}{L^2}\left(\dfrac{L_1}{k_2} - \dfrac{L_2}{k_1}\right)$,称为稳定性因数,$s^2/m^2$。它也是表征汽车稳态响应的一个重要参数。

从式(4.44)可看出,不同的汽车重心位置与不同前后轮侧偏刚度匹配时,稳定性因数可以等于零、大于零或小于零。当 $K = 0$ 时,$\left.\dfrac{w_r}{\delta}\right)_s = \dfrac{v}{L}$。即稳态横摆角速度增益与车速 u 呈线性关系,如图 4.24 所示。具有这种特性的汽车,称为中性转向汽车。这个关系就是汽车轮胎无侧偏角时的转向关系。

当 $K > 0$ 时,式(4.44)中分母大于 1,横摆角速度增益比中性转向时小,即前轮转过相同的角度,$\left.\dfrac{w_r}{\delta}\right)_s$ 不再与车速呈线性关系,首先 $\left.\dfrac{w_r}{\delta}\right)_s$ 随着 u 增加而增加,达到最大值 $u_{ch} = \sqrt{\dfrac{1}{K}}$ 后,随速度 u 增加而下降,即是向下弯曲的曲线,具有这种特性的汽车称为不足转向汽车。K 值越大,$\left.\dfrac{w_r}{\delta}\right)_s$-$u_a$ 曲线越低,不足转向量越大。

当 $K < 0$ 时,式(4.44)分母小于 1,横摆角速度增益比中性转向时大,随着车速的增加,$\left.\dfrac{w_r}{\delta}\right)_s$-$u_a$ 曲线向上弯曲。具有这种特性的汽车,称为过多转向汽车。K 值越小,过多转向量越大。显然,当车速为 $u_{cr} = \sqrt{-\dfrac{1}{K}}$ 时,$\left.\dfrac{w_r}{\delta}\right)_s \to \infty$。$u_{cr}$ 称为临界车速,是表征过度转向量的一个参数。临界车速越低,过度转向量越大。

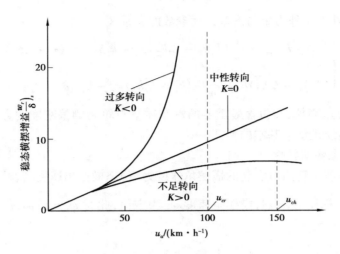

图 4.24 汽车的稳态横摆增益曲线

过度转向汽车达到临界车速时将失去稳定性。因为 $\left.\dfrac{w_r}{\delta}\right)_s$ 趋于无穷大时,只要极其微小的前轮转角便会产生极大的横摆角速度。这意味着汽车的转向半径 R 极小,汽车易发生急转而侧滑或翻车。由于过度转向汽车有失去稳定性的危险,故汽车都应具有适度的不足转向特性。

除了稳定性因数 K 外,为了试验分析计算的方便,常引用别的参数来表征汽车的稳态转向特性。

1)前、后轮侧偏角绝对值之差 $(\alpha_1 - \alpha_2)$

为了测定汽车的稳态响应,常输入固定的转向盘转角,令汽车以不同等速度作圆周行驶,测出其前、后轮侧偏角的绝对值 α_1 , α_2。并以 $\alpha_1 - \alpha_2$ 绝对值与侧向加速度 a_y(绝对值)的关系曲线来评价汽车的稳态响应。

由上述可知,汽车稳定性因数 K 为

$$K = \frac{m}{L^2}\left(\frac{L_1}{k_2} - \frac{L_2}{k_1}\right)$$

将该式右边的分子和分母同乘以侧向加速度 a_y,有

$$K = \frac{ma_y}{L^2 a_y}\left(\frac{L_1}{k_2} - \frac{L_2}{k_1}\right) = \frac{1}{La_y}\left(\frac{ma_y L_1}{Lk_2} - \frac{ma_y L_2}{Lk_1}\right) = \frac{1}{La_y}\left(\frac{F_{Y2}}{k_2} - \frac{F_{Y1}}{k_1}\right) \tag{4.45}$$

所以,当 $\alpha_1 , \alpha_2 , a_y$ 取绝对值时,$(\alpha_1 - \alpha_2)$、a_y 的关系为

$$K = \frac{1}{La_y}(\alpha_1 - \alpha_2) \tag{4.46}$$

由式(4.46)表明,$\alpha_1 - \alpha_2$ 与 K 呈线性关系,其斜率为 $\dfrac{1}{La_y}$。若 $\alpha_1 - \alpha_2 > 0$,则 $K > 0$,为不足转向;当 $\alpha_1 - \alpha_2 = 0$ 时,则 $K = 0$,为中性转向;当 $\alpha_1 - \alpha_2 < 0$ 时,则 $K < 0$,为过度转向。

2)转向半径比 (R/R_0)

在前轮转角 δ 一定的条件下,侧向加速度为零时,车轮无侧偏角,汽车转向半径假定为 R_0,有一定侧向加速度时的转向半径为 R,则可用 R/R_0 来表征汽车的稳态转向特性。

如图 4.22 所示,当 α_1 和 α_2 都为零时,所得汽车转向半径 R_0 为

$$R_0 = \frac{L}{\delta}$$

由式(4.44),可求得

$$\frac{u}{w_r} = \frac{(1 + Ku^2)L}{\delta}$$

因 $R_0 = \frac{L}{\delta}$,$R = \frac{u}{\omega_r}$,则有

$$\frac{R}{R_0} = 1 + Ku^2 \qquad\qquad (4.47)$$

当 $K = 0$ 时,$R_0 = R$,即中性转向汽车的转向半径不随车速发生变化。当 $K > 0$ 时,$\frac{R}{R_0} > 1$,汽车为不足转向,转向半径总大于 R_0,且转向半径 R 将随车速 u 增加而增大;当 $K < 0$ 时,$\frac{R}{R_0} < 1$,汽车为过度转向,转向半径总小于 R_0,且转向半径 R 将随车速 u 的增加而减小。

总之,汽车稳态转向特性,取决于稳定性系数 K 的数值。把汽车简化为两个自由度模型进行分析时,K 值取决于重心位置、轴距及前、后轮侧偏刚度的匹配。当重心向前移动或减小前后轴轮胎侧偏刚度比时,会增加汽车的不足转向量。

4.2.3 汽车的纵向和横向稳定性

(1)汽车行驶的纵向稳定性

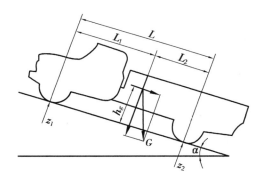

图 4.25 汽车上坡受力图

汽车在直线坡道上行驶时,当公路的纵坡倾角达到一定程度,就有可能使汽车发生纵向倾覆或纵向倒溜滑移,这两种情况均使汽车的行驶稳定性遭到破坏。

为简化计算,假定汽车上陡坡时以低速等速行驶,其受力图如图 4.25 所示。汽车在硬路面上以较低的速度上坡,则空气阻力 F_w 可以忽略不计,由于剩余驱动力用于等速爬坡,即汽车的加速阻力 $F_j = 0$,加速阻力矩 $F_w = 0$,车轮的滚动阻力矩 M_f 的数值相对来说比较小,可不计入。

分别对前轮着地点及后轮着地点取力矩,经整理后可得

$$\begin{cases} z_1 - \dfrac{L_2 G \cos\alpha - h_g G \sin\alpha}{L} = 0 \\[2mm] z_2 - \dfrac{L_2 G \cos\alpha + h_g G \sin\alpha}{L} = 0 \end{cases} \qquad (4.48)$$

当前轮的径向反作用力 $z_1 = 0$ 时,即汽车上陡坡时发生绕后轴翻车的情况,由式(4.48)可得

$$L_2 G \cos\alpha - h_g G \sin\alpha = 0$$

将上式整理,可得不发生翻车的最大坡度角由下式确定,即

$$\tan \alpha_{max} = \frac{L_2}{h_g} \qquad (4.49)$$

当道路的坡度角 $\alpha \geqslant \alpha_{max}$ 时,汽车即失去操纵性并可能绕后轴翻倒。汽车质心至后轴的距离 L_2 越大,质心高度 h_g 越小,则汽车越不容易发生绕后轴翻倒,汽车的纵向稳定性越好。

在上述稳定性分析中,尚未考虑驱动轮滑转的可能性。后轮驱动的汽车,以较低速度等速上坡时,驱动轮不发生滑转的临界状态为

$$G \sin \alpha_{max} = z\varphi \qquad (4.50)$$

式中 α_{max}——汽车后轮不发生滑转所能克服的最大道路坡度角。

驱动轮滑转与附着系数、汽车重心的位置及汽车的驱动形式有关。

将式(4.49)代入式(4.50)中,整理得

$$\tan \alpha_{\varphi max} = \frac{L_1 \varphi}{L - \varphi h_g} \qquad (4.51)$$

即,$\alpha_{\varphi max} < \alpha_{max}$,则当汽车遇有坡度角为 $\alpha_{\varphi max}$ 的坡道时,驱动轮因受附着条件的限制而滑转,地面不能提供足够的驱动力以克服坡度阻力,因而无法上坡,也就避免了汽车的纵向翻倒。所以,汽车滑转先于翻倒的条件为

$$\frac{L_1 \varphi}{L - \varphi h_g} < \frac{L_2}{h_g}$$

将上式整理得

$$\frac{L_2}{h_g} > \varphi \qquad (4.52)$$

上式即为后轮驱动型汽车的纵向稳定性条件。

对于前轮驱动型汽车,其纵向稳定性条件为:$L > 0$

对于全轮驱动型汽车,其纵向稳定性条件为:$\frac{L_2}{h_g} > \varphi$。

由于现代汽车的质心位置较低,因此上述条件均能满足而有余。但是对于越野汽车,其轴距 L 较小,质心较高(h_g 较大),轮胎又具有纵向防滑花纹因而附着系数较大,故其丧失纵向稳定性的危险增加。因此,对于经常行驶于坎坷不平路面的越野汽车,应尽可能降低其质心位置,而前轮驱动型汽车的纵向稳定最好。

(2)汽车行驶的横向稳定性

汽车行驶时,常受侧向力的作用,侧向力有重力的侧向分力、离心力、侧向风力和不平道路的侧向冲击等。汽车在侧向力的作用下,如车轮的侧向反作用力达到附着力时,汽车将沿侧向力的作用方向滑移。侧向力同时引起左、右车轮法向作用力的改变,当一侧车轮的法向反作用力变为零时,将发生侧向翻车。

汽车转弯时,坐在车中的人会感到向弯道外侧偏倒,从物理学可知,这是由离心力引起的。离心力对在弯道上行驶的汽车来说影响很大,它可能使汽车向外侧滑移而倾覆。图4.26所示为汽车在横向坡路上作等速弯道行驶时的受力图。如汽车转弯半径为 R,行驶速度为 v,则:$F = \frac{Gv^2}{gR}$,随着行驶车速的提高,在离心力 F 作用下,汽车可能以左侧车轮为支点向外侧翻。当右侧车轮法向反力 $F_{zr} = 0$ 时,开始侧翻。因此,汽车绕左侧车轮侧翻的条件为

$$F \cos \beta h_g \geqslant F \sin \beta \frac{B}{2} + G \cos \beta \frac{B}{2} + G \sin \beta h_g$$
$$(4.53)$$

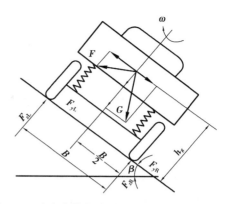

将 $F = \dfrac{Gv^2}{gR}$ 代入式(4.53),可求出在横向坡道上不发生向外侧翻的极限车速为

$$v_{\max} = \sqrt{\frac{gR(B + 2h_g \tan \beta)}{2h_g - B \tan \beta}} \qquad (4.54)$$

由式(4.54)可见,当横向坡度值 $\tan \beta = \dfrac{2h_g}{B}$ 时,

图4.26　汽车在横向坡道上转向时的受力图

式中分母为零, $v_{\max} = \infty$,说明汽车在此坡度弯道行驶时,任意速度也不会使汽车绕外侧车轮侧翻。因此在公路建设上常将弯道外筑有一定的坡度,以提高汽车的横向稳定性。

若在水平路面上($\beta = 0$),汽车转弯行驶不发生侧翻的极限车速为

$$v_{\max} = \sqrt{\frac{gRB}{2h_g}} \qquad (4.55)$$

比较式(4.54)和式(4.55),显然式(4.54)中的 $v_{\max}$ 较式(4.55)中的大。

当离心力 F 大于侧向附着力时,会发生侧滑,因此,汽车在横向坡道上行驶发生侧滑的临界条件为

$$F \cos \beta - G \sin \beta = (F \sin \beta + G \cos \beta)\varphi$$

式中　φ ——附着系数。

整理后得,汽车在侧滑前允许的最大速度为

$$v_{\varphi \max} = \sqrt{\frac{gR(\varphi + \tan \beta)}{1 - \varphi \tan \beta}} \qquad (4.56)$$

当 $\tan \beta = \dfrac{1}{\varphi}$, $v_{\varphi \max} = \infty$,则以任何车速行驶也不发生侧滑。在水平路面上($\beta = 0$),汽车侧滑前所允许最大速度为

$$v_{\varphi \max} = \sqrt{gR\varphi} \qquad (4.57)$$

为了行驶安全,应使侧滑发生在侧翻之前,即 $v_{\varphi \max} < v_{\max}$,将式(4.55)和式(4.57)联立解得

$$\varphi < \frac{B}{2h_g} \qquad (4.58)$$

式中,比值 $\dfrac{B}{2h_g}$ 称为侧向稳定性系数。

一般汽车行驶于干燥的沥青路面上,这时 φ 值较大,为0.7~0.8,仍然能满足上述稳定性的条件。由于轮距 B 受车宽小于或等于2.5 m的限制,要避免侧翻应力求降低质心高度,一般车辆都能满足要求。只有在装载货物质心太高且偏向车厢的一侧,或者转向时车速过高,转动转向盘过急,侧向风太大时,就容易产生侧翻。为了保证行车安全,汽车转弯应降低车速,以减少侧翻及侧滑的机会。

用普通货车底盘改装的货车,如冷藏车等,改装后的质心高度增加,使侧翻的危险性加大。

4.3　汽车的被动安全

被动安全性指发生事故时,汽车保护乘员的能力。可分为汽车内部被动安全性(减轻车内乘员受伤和货物受损)及外部被动安全性(减轻对事故所涉及的其他人员和车辆的损害)。

4.3.1　内部被动安全性

当汽车发生碰撞时汽车与汽车或汽车与障碍物之间的碰撞称为第一次碰撞。第一次碰撞导致了汽车速度的急剧变化。由于惯性作用,车上的乘员向前运动,于是发生了车内乘员与车内构件之间的第二次碰撞,事故中造成乘员伤害的主要原因就是第二次碰撞。

为了减轻和避免驾驶员及乘员在第二次碰撞中受伤害,乘员保护系统的设计目标是在碰撞中利用约束系统(包括座椅、安全带、安全气囊等)避免或减缓乘员与车内构件碰撞造成的伤害。因而,人们常从汽车被动安全部件,如车身结构、安全带、气囊、吸能式转向柱、座椅、头枕及内饰件等方面考虑,从减轻乘员伤害的各个部件着手,以得到最佳的乘员保护效果。

(1)安全带

美国公路交通安全局(NHTSA)的一份研究报告显示,在美国,安全带平均每年可挽救13 000人的生命。同时,NHTSA 还估计,如果系好安全带,每年有 7 000 遇难者可幸免于难。虽然某些情况下安全带也会造成严重伤害或死亡,但几乎所有安全专家都认为系好安全带可显著增加乘员在事故中的生存机会。据 NHTSA 估计,安全带可将前排乘客的死亡风险降低50% 。

安全带对乘员保护的原理是当碰撞事故发生时,安全带,将乘员约束在座椅上,使乘员头部、胸部不至于向前撞到转向盘、仪表板及挡风玻璃上,使乘员免受车内二次碰撞的危险;同时使乘员不被抛离座椅。在正面碰撞、追尾碰撞及翻车事故中普通安全带对乘员保护效果很好,尤其是对乘员头部、胸部的保护。

正确系好安全带后,它可以将大部分停止作用力施加到胸腔和骨盆,这些身体部位相对来说比较强壮。由于安全带在身体上跨越的部分较宽,因而作用力不会集中在一个较小区域,所以不会造成过大伤害。此外,安全带所用的材料比仪表板或风挡玻璃柔软得多。它可以略微拉伸,这意味着停止过程不会过于突然。但是,安全带不应拉伸过长,否则可能会使您撞向方向盘或侧窗。安全带只允许乘员略微前移。

典型的安全带由一个围在骨盆处的安全腰带和一个跨过胸部的肩带组成,如图 4.27 所示。这两段安全带紧紧固定在汽车框架上,以便将乘客保持在座椅上。

汽车的安全带能够拉伸和收回:当安全带拉紧时,乘员的身体可以轻松地前倾,但是在撞击中,安全带会突然收紧并将乘员紧紧固定好。

图 4.27　典型的安全带形式

在典型的安全带系统中,安全带与一个卷收器相连。卷收器中的核心元件是卷轴,它与安全带的一端相连。在卷收器内部,弹簧为卷轴提供旋转作用力(或扭矩),以便卷起任何松弛的安全带。当拉出安全带时,卷轴将逆时针旋转,并使相连的弹簧也沿相同方向旋转,此时,旋转的卷轴就使弹簧发生了变形,松开安全带,弹簧将收紧,并顺时针旋转卷轴,直至安全带张紧。

卷收器有一个锁定机构,可在汽车发生碰撞时停止卷轴的旋转。目前,常用的锁定系统有两种:①由汽车运动触发的系统;②由安全带运动触发的系统。第一种系统在汽车迅速减速(例如,当汽车撞上某物体)时锁定卷轴。图4.28 是这种设计的示意图。

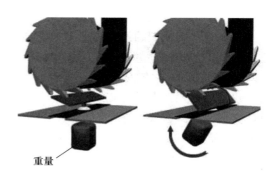

重量

图4.28 运动触发的锁定系统示意图

这种机构中的核心元件是一个加重摆锤。由于出现了事故,汽车突然停止时,在惯性力的作用下,加重摆锤将会向前摆动;此时,摆锤另一端的棘爪便卡住固定在卷轴上的一个带齿棘轮,因而齿轮便无法逆时针旋转,从而使与之相连的卷轴也无法旋转。当撞击后再次松开安全带时,齿轮会顺时针旋转,并与棘爪分开。

第二种系统在猛拉安全带时锁定卷轴。多数设计利用卷轴旋转的速度作为激活动力。图4.29 所示为一种常见配置方式。

离合器杆

凸轮

棘轮

棘爪

滑动销

图4.29 安全带运动触发的锁定系统示意图

这种设计的核心元件是一个离心式离合器—— 一种安装在旋转卷轴上的加重摆杆。当卷轴缓慢旋转时,摆杆并不摆动,连接在离合杆上的弹簧使它保持在原来的位置。但当猛拉安全带时,卷轴将快速旋转,在离心力的驱使下摆杆的加重端向外摆动。伸长的摆杆会推动卷收器壳上的凸轮,凸轮通过滑动销与一个枢转棘爪相连。当凸轮移到左侧时,滑动销会沿棘爪的槽口移动。这会将棘爪拖入与卷轴相连的旋转棘轮。棘爪锁入轮齿中,禁止逆时针旋转。

在某些新型安全带系统中,还会使用预紧器来收紧安全带。

预紧器的设计理念是在发生碰撞时收紧安全带的任何松弛部分。卷收器的传统锁定机构使安全带无法进一步拉伸,而预紧器的作用则是拉回安全带,这种拉回力可将乘客移到座位中的最佳撞击位置。预紧器通常与传统锁定机构一起使用,而不是代替它们。

(2)安全气囊

气囊的英文名称为 Air bag,是辅助约束系统(SRS)中起缓冲作用的一种装置。SRS 是英文 Supplemental Restraint System 的缩写,它是汽车安全带的辅助装置,只有在使用安全带的前提下 SRS 才能充分发挥保护乘员的作用。

汽车安全气囊的设计思路是:在汽车发生碰撞后,乘员与车内构件碰撞前,迅速地在二者之间打开一个充满气体的气垫,使乘员扑到气垫上,通过气囊上的排气节流阻力吸收乘员的动能,缓冲前排人员向前的冲力,以缓和冲击并吸收碰撞能量,达到减轻乘员伤害程度的目的。

气囊对乘员保护的效果一般不如安全带,但它与安全带配合使用可大大降低事故中乘员的伤害指数,尤其是可大大减轻驾驶员面部的伤害。据交通事故调查统计,气囊可使事故死亡率降低约18%,它与安全带配合使用可使事故死亡率下降47%左右,而单独使用安全带可使驾驶员事故死亡率下降42%左右。可见,安全带对乘员保护的效果要好于气囊单独使用。但是安全带的佩戴率一直不能令人满意,欧洲由于受保险公司的制约安全带佩戴率可达98%,美国安全带佩戴率为67%左右,而日本的安全带佩戴率约为20%。气囊作为辅助约束系统,在较高车速碰撞时气囊才起作用。气囊的作用主要是保护乘员头部和面部。由于侧面碰撞事故所占比例仅次于正面碰撞事故,20世纪90年代后期对侧面碰撞进行保护的侧面气囊也得到推广。

典型的气囊系统包括两个组成部分:探测碰撞点火装置(或称传感器),气体发生器的气囊(或称气袋)。当传感器开关启动后,控制线路即开始处于工作状态,并借着侦测回路来判断是否真有碰撞发生。如果信号是同时来自两个传感器的话,才会使安全气囊开始作用。由于汽车的发电机及蓄电池通常都处于车头易受损的部位,因此,安全气囊的控制系统皆具有自备的电源以确保作用的发挥。在判定施放安全气囊的条件正确之后,控制回路便会将电流送至点火器,借着瞬时快速加热,将内含的氮化钠推进剂点燃。

安全气囊一般由传感器(sensor)、电控单元(ECU)、气体发生器(inflator)、气囊(bag)、续流器(clockspring)等组成,通常气体发生器和气囊等一起构成气囊模块(airbag module)。传感器感受汽车碰撞强度,并将感受到的信号传送到控制器,控制器接收传感器的信号并进行处理,当它判定有必要打开气囊时,立即发出点火信号以触发气体发生器,气体发生器接收到点火信号后,迅速点火并产生大量气体给气囊充气。

图4.30为Ford公司Tempo/Topaz汽车安全气囊的组成与布置图,这个系统有5个传感器,分为两组,一组是碰撞传感器,由3个机械电子传感器构成,另一组是安全传感器,由两个机械电子传感器构成,3个碰撞传感器分别放在保险杆的两侧和散热器的顶上,两个安全传感器中的一个放在散热器的顶上,另一个放在仪表板下。

气囊一般至少具有两套独立的供电装置,除采用汽车上的蓄电池外,还要有备用电源,以确保气囊系统供电万无一失。对气囊电源的要求是汽车电源失效后,备用电源至少应能正常工作150 ms以上,以确保碰撞过程中气囊的电源不失效。

(3)汽车座椅

1)汽车座椅的分类

汽车座椅可按形状、功能、乘坐人数、饰面材料等进行分类。

①按形状分 分开式座椅(又分为半分开式座椅和斗式座椅)、长座椅;

②按功能分 固定式座椅、可卸式座椅、调节式座椅、儿童安全座椅、赛(跑)车座椅;

③按人数分 单人座椅、多人座椅;

④按饰面材料分 真皮座椅、仿真皮座椅、人造革座椅、布料座椅、短毛绒织物座椅。

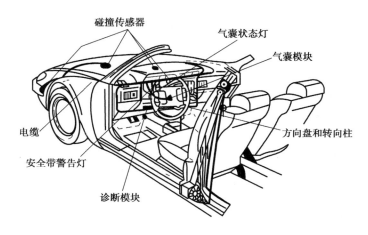

图 4.30　Ford 安全气囊

2）汽车座椅结构

汽车座椅主要由以下几个部分组成：骨架、坐垫、靠背及其调节装置。

座椅骨架是汽车座椅形状的基础结构。座椅弹簧或缓冲材料以及蒙皮等元件直接或间接地固定在骨架上。座椅骨架上有时要装座椅调节装置和靠背倾斜角调节装置等机构，所以此时它的形状必须考虑装配支座的位置。座椅骨架可分为坐垫骨架和靠背骨架，根据用途可采用各种形状的结构。座椅骨架的材料一般采用软钢板、软钢管、软钢丝或硬钢丝等，有时也采用铝板、树脂板和木材等。

座椅坐垫通常由座椅弹簧、缓冲垫和蒙皮组成。

座椅弹簧是座椅的弹性元件，通常由弹簧钢丝或硬钢丝加工而成。座椅弹簧的特性决定了座椅的静、动态弹性特性。

缓冲部分是汽车座椅弹簧和蒙皮之间的柔软物质，缓冲垫不仅起到防止弹簧对乘员的接触部分产生坚硬的不舒适感，同时还具有坐垫弹性元件的作用。另外，缓冲垫能够分散弹簧和人体之间的压力，使座椅表面具有柔软的触感，补充座椅弹簧的弹性作用的同时，还有使振动衰减的阻尼作用。缓冲垫按性能可分为底层缓冲垫、中层缓冲垫、上层缓冲垫和顶层缓冲垫及其他缓冲垫。

蒙皮是套在座椅总成表面的一层材料，它起到保护膜的作用，同时在座椅表面也应体现出具有特征的外观和良好的触感。

座椅调节装置装在座椅坐垫骨架和地板之间，可以通过手动或其他方式相对于地板作前后和上下位置调节，并使座椅锁止在所调节的位置。随着微型电机在座椅上的大量应用，座椅不仅可前后及上下、靠背前倾后仰、头枕前后翻转等多向调节，甚至靠背中还安装了可前凸后缩的电动腰撑，令座椅更容易贴合不同体态和坐姿的乘员。设计制造座椅调节器，必须考虑安装关系和锁止装置牢固可靠，以确保发生撞击事故时的安全性。

汽车座椅的头枕又称为靠枕，它是为提高汽车乘坐舒适性和安全性而设置的一种辅助装置。据统计，在追尾事故中颈部受伤者占近 30%。而且，颈部是神经密集的部位，一旦受伤，往往需要卧床休息一周甚至几个月时间才能恢复，还容易留下后遗症。在瑞典，每 10 起涉及人员伤亡的交通事故中，颈椎伤害占 7 起，其中女性颈椎最容易受伤。可见现对于轿车低靠背座椅，不管前排或者后排，头枕的舒适性及安全性是非常重要的。

汽车头枕分为固定式和活动式两种。在高靠背座椅中,头枕与靠背做成一体,头枕不可拆卸,这种高靠背座椅主要用于客车上。在低靠背座椅中,头枕与靠背是可分离的,头枕是一个单独的物体,用单插销或双插销形式插入座椅靠背的插座,固定在靠背上,这种低靠背座椅多用于乘用车上。

低靠背座椅的头枕分为可调节式和固定式两种,可调节式又分为手动调节和电动调节,用以调节头枕的上下高度和前后角度。现在乘用车的座椅头枕多是可调节式,调节头枕可以使得头枕与乘员颈背形状更加贴合,贴合越好安全性越高。一些高级轿车的前排头枕都可以电动四向调节(上下前后)。经济型车的座椅头枕一般是手动调节或是固定的,手动调节多数只有上下方向调节。从保护乘员的安全出发,头枕应当选择可调节的,以适应不同身高乘员的需求。

3)汽车座椅的要求

汽车座椅本身的形状、尺寸和变形特性满足要求还不够,必须考虑座椅在车内空间的布置,这同样影响乘员的静压感,对行车安全性也会产生影响。为了使乘员获得良好的体压分布,对汽车座椅的结构设计提出了相应的要求,主要有:

①座椅的高度和前后位置都可调节。

②坐垫表面应保证乘员坐得踏实。

③坐垫前角使乘员大腿弯处受力小、仅能支撑住大腿即可。

④座椅靠背应能承受 1 500 N 以上的制动踏板力的反力。

⑤脊椎向前弯曲的姿势容易使肌肉过度疲劳,而脊椎后弯曲的姿势则有拉伤韧带的危险。所以,最好是设计出一种即使长时间采用前弯姿势也不会使乘员疲劳的座椅。

⑥座椅靠背前后倾角应可调整,使乘员下体角度(指大腿和腹部之间的角度)可调,适当增大此角度,乘员腹部到大腿的血管不会受到压迫,代谢物质可畅通无阻地由血液带走。

⑦坐垫倾斜角应能调节,以满足汽车在不同路面行驶时乘员的坐姿要求,使身体的重心容易通过腰关节的转动轴(此时肌肉受力最小)。

⑧座椅坐垫和靠背最好和弹簧连成一体,受冲击时使振动迅速衰减。如果弹性元件好,乘员和座椅靠背的相对振动小,可在靠背上设置头枕。

⑨制动踏板和离合器踏板到座椅的距离应使踏板踏到底时移动距离和角度两只脚都相等。加速踏板如果安装得过远,容易使坐骨神经拉伸,引起坐骨神经痛。

从安全角度讲,为了在撞车时不因座椅破损而产生伤害事故,座椅的设计必须要考虑座椅骨架、靠背、滑轨、调节器和安全带固定装置等的强度,以及它们相互间的安装强度。另外还要考虑座椅对减少侧面撞车时的车体变形、确保乘员生存空间的作用。

4)安全座椅

汽车座椅不仅给人提供座位,使人轻松舒适的旅行,同时又是重要的安全部件,给人提供安全保护。一方面,不舒适的座椅极易导致驾驶员疲劳、注意力分散,进而诱发危险;另一方面,当车辆发生碰撞时,座椅是否坚固及能否降低/避免乘员二次碰撞,也直接关系到乘员的安全。目前,已经规模使用的安全座椅主要有:

①颈部防护座椅 为了保护尾部冲撞事故中乘员的颈部健康,相关企业开发了颈部防护座椅,并根据前后排座椅的不同结构,分别采用了以靠背瞬间后倾斜技术和在头枕及靠背中内置连通双气囊的装置,通过减少尾部冲撞瞬间乘员躯干和头颈相对速差,来避免或减轻乘

员的颈部损伤。此外,法国已开发的主动头枕座椅,在靠背和头枕之间加装了一套连杆机构,借助乘员身体的惯性后坐,通过连杆机构将头枕前推,进而大大缩短乘员头部与头枕之间的距离,为乘员头颈提供良好的支撑,起到减轻或避免颈部损伤的功效。

②防潜滑安全座椅　汽车发生前向碰撞时,驾乘人员会因惯性前冲而从座椅中下滑,进而使腿、膝等部位冲向仪表板下方坚硬物体表面而受损,并且还可能进一步受到因冲撞缩进驾驶舱内的发动机等异物挤压,导致更严重的伤害。佛吉亚开发的防潜滑安全座椅,在座垫前侧的骨架与坐垫之间安装了一套类似安全气囊的快速充气系统,在发生碰撞的瞬间,气袋快速充气膨胀,将坐垫向上顶起,使得驾乘人员因大腿上抬而避免了下滑,消除了因潜滑而导致的二次碰撞/挤压损伤。

③集成安全带座椅　通常前排座椅三点式安全带的上支点固定在 B 柱上,虽然铰接紧固,但是也由此带来了另外一个安全隐患。即,对于不同身材的乘员,会因座椅前后位置的不同,导致安全带在其身体上的跨幅差异很大,极端的情况可能是:身材过小的乘员,上方安全带位于脖子下方,当碰撞发生时,安全带正好卡住脖子,产生极端危险的"绞刑""割头";身材过高的乘员,上方安全带位于腹部,当碰撞发生时,安全带不足以拉紧躯干,乘员头部前冲与方向盘/仪表板发生"头破血流"的二次碰撞。所以,部分高档汽车已经开始采用将安全带完全独立地安装在座椅上。这种集成安全带的座椅能够为身材各异的乘员提供可靠的三点式安全防护。

(4) 吸能式转向柱

各国对防止转向柱对驾驶员的伤害都有法规要求,规定了当汽车发生正面碰撞时,转向柱的向后水平位移量和碰撞力的要求。为了满足这些法规的要求,吸能式转向柱得到广泛应用。转向轴和转向柱管吸能装置的基本工作原理是:当转向轴受到巨大冲击而产生轴向位移时,通过转向柱管或支架产生塑性变形、转向轴产生错位等方式,吸收冲击能量。

当汽车发生正撞时,碰撞能量使汽车的前部发生塑性变形,位于汽车前部的转向柱及转向轴在碰撞力的作用下要向后即驾驶员胸部方向运动,该运动能量应通过转向柱以机械的方式予以吸收,防止或减少其直接作用于驾驶员身上,造成人身伤害。另一方面,在汽车发生正碰时,驾驶员受惯性的影响有冲向转向盘的运动,驾驶员本身的运动能量一部分由约束装置如安全带、气囊等加以吸收,另一部分传递给转向盘和转向柱系统。这部分能量也要通过转向盘及转向柱系统予以吸收,以防止超出人体承受能力的碰撞力伤害驾驶员。

吸能式转向柱应具有以下性能:在汽车正常行驶时,转向柱及其中的转向轴有足够的强度和刚度以保证正常的转向力传递及安装于转向柱上的其他功能件(如变速杆、组合开关等)正常工作;当汽车发生正碰时,转向柱系统能够从车身结构中以机械的方式脱离;当汽车发生正撞时,转向柱及其中的转向轴可以被压缩,并且转向柱系统中应具有吸能元件以吸收碰撞能量。目前,常见的吸能式转向柱有以下几种:

1)套筒式吸能转向柱

套筒式吸能转向柱(图 4.31)的工作原理:当汽车发生正面碰撞时,碰撞力先使连接盒中的注塑销剪断,使转向柱系统从车身上脱开。在发生正面碰撞 3 ~ 5 ms 后,转向轴内注塑销被剪断,转向轴被压缩;同时,转向柱上、下套筒被压缩,上、下套筒中的钢球在碰撞力的作用下使上、下套筒壁表面被挤压变形,起到吸收碰撞能量的作用。

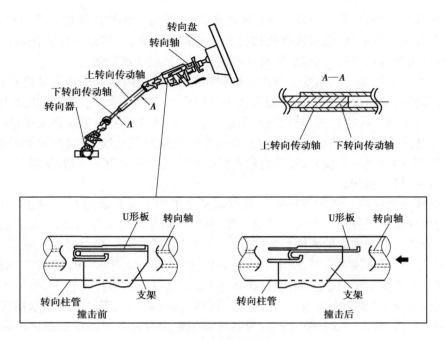

图 4.31　套筒式吸能转向柱

2）波纹式转向柱

波纹管（图 4.32）或网状式转向轴除了可以正常地传递转向扭矩外，当汽车发生正撞时，通过波纹管的弯曲和压缩来消除碰撞力使转向器齿轮轴产生向后的位移，达到隔绝首次碰撞影响的目的。

图 4.32　波纹式转向柱

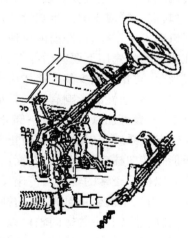

图 4.33　伸缩式转向柱

3）伸缩式转向柱

伸缩式转向中间轴上、下两个联轴节之间是花键轴、套式转向轴，或者是"D"型管轴式转向轴。当汽车发生正撞时，通过花键轴套相对滑动来消除碰撞力产生的转向器齿轮轴向后的位移，达到隔绝首次碰撞影响的目的。

当汽车发生正撞，碰撞力达到某一规定值时，可脱开或断开转向中间轴（见图 4.33）的联轴节,使转向中间轴从转向器或上转向轴中脱离,消除转向器齿轮轴的向后位移量,达到隔绝首次碰撞影响的目的。

4)网格状吸能式转向柱

网格状吸能式转向柱(见图4.34)除了吸能方式与套筒式吸能式转向柱不同外,其可压缩转向柱及从车身中脱离结构与套筒式吸能转向柱基本相同。当汽车正撞时,转向柱上的网状部分在碰撞力的作用下被压缩变形,达到吸收碰撞能量的目的。

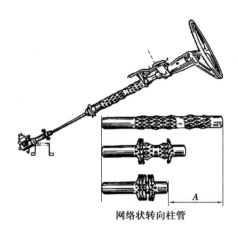

网络状转向柱管

图4.34　网格状吸能式转向柱

4.3.2　外部被动安全性

(1)轿车与行人的碰撞

在轿车与行人碰撞过程中,首先行人腿部撞到保险杠上,然后骨盆与发动机罩前端接触,最后头部撞到发动机罩或挡风玻璃上,这时行人被加速到车速,这就是所谓的"一次碰撞"。车速越高,头部撞击点越靠近挡风玻璃。

由于汽车制动致使行人与汽车分离,行人以与碰撞速度相近的速度撞到路上,这是"二次碰撞"。在有的事故中还发生行人被汽车碾压。这是"三次碰撞"。

决定行人伤害严重程度的主要因素是一次碰撞的部位和汽车与人体碰撞的部件形状、刚度。

设计合理的保险杠应该不仅要考虑内部被动安全性,而且也要顾及外部被动安全性。为此,要求一切在公路上行驶的车辆前后均应安装保险杠。从减轻事故中受伤程度看,行人与保险杠的碰撞部位在膝盖以下为好,希望保险杠降低。但保险杠过低,会加大头部在发动机罩或挡风玻璃上的撞击速度。所以保险杠高度取为330～350 mm是合适的,可以保证大部分行人的碰撞部位发生在膝盖以下。保险杠应该没有尖角和突出部,并且适当软化。欧洲一些国家标准规定轿车保险杠高度为330 ± 13 mm,而美国则规定车内前后排座位各乘一人(按70 kg计)时,保险杠离地432 ± 25 mm;许多国家对此尚无规定。所以,目前各国生产的轿车(甚至同一档次的轿车)保险杠的高度差别很大。

从安全角度看,发动机罩前端圆角半径应大些,机罩高度低,挡风玻璃倾角小。在头部撞击区要求妥善软化,并且取消突出部,如雨刷在停止状态时应位于发动机罩下,不设雨沿等。

(2)载货汽车的外部被动安全性

载货汽车与轿车相比,其质量、刚度和尺寸都要大得多,在与轿车迎面相撞时,轿车损坏比载货汽车严重得多。特别是两者尺寸相差悬殊时,轿车往往"楔入"载货汽车下面,轿车的前部折叠区不能发挥作用,而导致乘坐区受到破坏。

由于一般货车后部不装保险杠,跟随行驶的轿车在事故中楔入的可能性大大增加。因此对于尾部离地高度大于0.7 m的车辆应装后保险杠,其安装高度为0.38～0.51 m。现在正在研制装于载货汽车尾部的缓冲装置,以减小尾追的轿车相撞时的损坏。

行人与载货汽车相撞时造成的伤亡也远比轿车严重。这是因为在碰撞中,无论是长头还是平头驾驶室载货汽车,都不可能存在轿车事故中的行人身体在发动机罩上的翻转过程,而是在很短时间内行人被加速到货车速度,易于造成人的伤亡。驾驶室上突出的后视镜、驾驶员踏板以及保险杠也容易使行人头部、骨盆和大腿受伤。

4.3.3 被动安全性试验

汽车被动安全性试验应尽量再现典型的公路撞车事故的现象。试验中需要测量车辆的变形、减速度及负荷。必要时将假人设置在车内,测定有关部位的负荷及变形情况。

(1) 实车碰撞法

实车碰撞的试验有正面碰撞、侧面碰撞、追尾碰撞等,其中正面碰撞试验又分为正面100%重叠刚性壁障碰撞试验和正面40%重叠可变形壁障碰撞试验。

1) 正面100%重叠刚性壁障碰撞试验

试验车辆100%重叠正面冲击固定刚性壁障。碰撞速度为50 km/h,如图4.35所示。

2) 正面40%重叠可变形壁障碰撞试验

试验车辆40%重叠正面冲击固定可变形吸能壁障。碰撞速度为56 km/h,偏置碰撞车辆与可变形壁障碰撞重叠宽度应在40%车宽±20 mm的范围内,如图4.36所示。

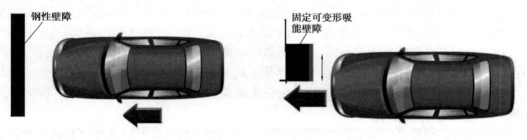

图4.35　正面刚性壁障碰撞　　　　　　　图4.36　正面40%重叠碰撞

3) 侧面碰撞

侧向碰撞试验采用移动变形障壁,如图4.37所示。试验车静止,移动障壁向前运动,运动方向与试验车中轴线垂直,速度50 km/h。图示为碰撞右侧的情况,碰撞左侧与此类似,移动障壁的碰撞材料为铝制蜂窝状材料。

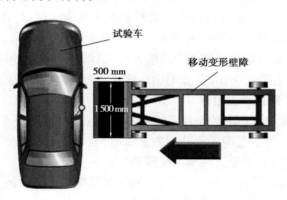

图4.37　侧面碰撞示意图

(2) 模型撞车法

在新车设计阶段可以采用模型撞车法,一般用1:2模型。这种试验方法费用较低,准备时间短,且便于多方案比较。如果仅对某些部件进行变形研究,可采用1:1的复合试验车即在现在生产的车辆上作一定改动装上研究的部件所构成的试验车作撞车试验。这种方法常用于理论研究和局部改进。

(3)部件试验

常用静态加载法对车门、车顶、驾驶室后围、座椅和安全带进行强度和刚度试验。用冲击试验测定保险杠的性能,测定仪表板、方向盘等部件发生事故时对人体的伤害程度。

知识拓展

汽车安全新技术

(1)汽车主动安全新技术

1)Eye Car 技术

Eye Car 技术可使每位驾驶员的眼睛处于同样的相对高度上,保证提供一个对路面和周围车道的无阻碍视线和最好的能见度。这一技术还能提供一个特定的驾驶环境。

Eye Car 通过使用电动座椅自动将不同身材驾驶员的眼睛调到同一高度来解决能见度的问题。同时,可对转向盘、制动与加速踏板、地板和中央控制台进行调整,以构成各自适应的驾驶环境。同时对前立柱进行了重新设计,将它从驾驶员的视线中移开。因为汽车驾驶员所收到的最关键的信息一般有 90% 以上是从车外通过眼睛观察获得的,所以这一改进对于汽车的安全性具有重要的意义。

2)Cam Car 技术

Cam Car 技术旨在帮助提高驾驶员的感知能力。其技术特点如下:

①安装在汽车两侧的前向摄像系统使驾驶员能够绕过大型车辆提前看到隐蔽处的汽车或行人。在典型的行驶情景中,驾驶员在拥挤的车流中左转弯时可以更容易地查看对面的车辆。

②侧置后视摄像机提供了更广阔的侧面视野。摄像机的覆盖面比传统的后视镜要广,特别是对于相邻的车道。

③安装在车后、扇面形布置的 4 个微型摄像机可以获得车后的全景视野。图像经电子合成,具有变焦和 160° 广角能力。

④"夜眼"(NightEye)摄像机可在低照度条件下,在汽车处于倒挡时工作,即使在近乎黑暗的情况下也能提供车后近距离内的细小影像。

(2)汽车被动安全新技术

1)未来安全气囊

①可充气式幕系统。这是一项全新的安全设计,其基本原理是为保护车内乘员的头部,当碰撞发生时其会进行充气,充气后的形状呈幕状。

②管状充气结构头部空气囊。此套系统为补足目前侧边防护系统,仍停留于保护人的胸部、腹部、臂部,对于头部的保护较不足。它配合车身刚体结构、车门防护刚梁、侧边空气囊,可构成较完整的侧边安全防护网,这也将是未来的安全防护趋势。

③头部支撑系统。头部支撑系统统称为头枕。车辆中座椅所配合的头枕,其实不只是为

了舒适,更重要的是为了安全。车辆如果遇到紧急状况刹车时,车身会有强烈的前后摆动,由于惯性原理,乘员身躯必然跟着摆动,尤其是颈部。如果没有头枕的支撑、缓冲时,颈部受伤所引起的伤害是非常惊人的。

④外部安全气囊。

2)自适应约束技术系统(ARTS)

全新的自适应约束技术系统(ARTS)利用一系列传感器来监测驾驶员座椅位置、安全带使用情况、前排乘员乘坐质量和位置以及发生碰撞时的碰撞程度和碰撞力的方向等信息,再根据具体的碰撞特点对每个前排乘员气囊的展开进行调节。该系统可进一步减少由于气囊展开不当对乘员造成的伤害,特别是对于身材较小的前排乘员。

3)汽车吸能方向管柱

汽车吸能方向管柱通过在汽车发生碰撞时重新分配传到方向盘上的冲击力,将冲击力路径迅速分流,使得传递到方向盘上的载荷最小。转向管柱由空心管和转向轴承构成。传统转向管柱的空心管和转向轴承是整体式的,转向轴上端和方向盘连接,下端与方向器连接。而吸能方向管柱的特点是将整体式转向管柱一分为二,分为上转向管柱和下转向管柱两部分;里面的转向轴也分为两截,它们之间用外向节机构连接。一旦发生碰撞,方向机构产生位移,外向节下端特制的转向轴会折叠,上转向管柱移入下转向管柱内,实现"缩进",从而扩大空间,减低伤害。

(3)胎压力监视系统

在汽车的高速行驶过程中,轮胎故障是所有驾驶者最为担心和最难预防的,也是突发性交通事故发生的重要原因。据统计,在我国高速公路上发生的交通事故中70%是由于爆胎引起的,而在美国这一比例则高达80%。怎样防止爆胎已成为安全驾驶的一个重要课题。据国家橡胶轮胎质量监督中心的专家分析,保持标准的车胎气压行驶和及时发现车胎漏气是防止爆胎的关键。而TPMS(Tire Pressure Monitoring System)汽车胎压监视系统毫无疑问将是理想的工具。该系统主要用在汽车行驶时实时地对轮胎气压进行自动监测,对轮胎漏气和低气压进行报警,以保障行车安全。驾驶者从监视器上就可以清楚知道每个轮胎的气压值,当轮胎的气压低于设定的气压下限时,监视器将自动报警。驾驶者可以根据显示数据及时地对轮胎进行加气或放气,发现渗漏及时处理,减少意外的发生。

习　题

1. 什么是汽车的制动性能? 简要说明制动性能的评价指标是什么?
2. 什么是制动器制动力、地面制动力和附着力? 三者有什么联系和区别?
3. 什么是车轮的滑动率?
4. 汽车制动过程的时间可分为几段? 什么是汽车的制动距离? 它与哪些因素有关?
5. 什么是汽车制动效能的恒定性? 影响汽车制动器热衰退性的主要因素有哪些?
6. 什么是汽车制动时的跑偏和侧滑? 造成跑偏或侧滑的原因是什么?
7. 什么是汽车的操纵性和稳定性? 它包含哪些内容?

8. 什么是汽车的稳态和瞬态响应？

9. 在什么情况下会产生汽车的侧翻？使用中应如何避免？

10. 汽车的稳态转向特性有几种？一般汽车应具有哪些性质的转向特性？为什么？

第 5 章
汽车行驶平顺性与通过性

学习目标

【能力目标】

1. 能解释汽车通过性的概念；
2. 能掌握汽车通过性的评价指标；
3. 能解释汽车行驶平顺性的概念；
4. 能理解人体对振动反应的感觉界限。

【知识目标】

1. 掌握汽车通过性的评价指标及表征通过性的几何参数的含义；
2. 了解汽车通过性的影响因素；
3. 掌握计算各类型汽车越过台阶和壕沟能力的方法；
4. 掌握汽车行驶平顺性的评价指标和人体对振动反应的感觉界限；
5. 了解汽车平顺性的影响因素。

5.1 汽车的平顺性

汽车的行驶平顺性是指保持汽车在行驶过程中乘员所处环境的振动在一定舒适度范围内的性能。因此,平顺性主要根据乘员的舒适性来评价。对于载货汽车,还包括保持货物完好的性能。行驶平顺性既是决定汽车舒适性最主要的方面,也是评价汽车性能的主要指标,又称为乘坐舒适性。

5.1.1 汽车行驶平顺性的评价指标

机械振动对人体的影响,既取决于振动频率与强度、振动作用方向与暴露时间,也取决于人的心理、生理状态。因此,人体对振动作用的反应是一个十分复杂的过程,人体对振动的反应的评价主要靠感觉判断,以主观感觉为最终依据。

(1)平顺性评价指标

在综合大量资料基础上,国际标准化组织(ISO)在综合大量有关人体全身振动的研究工作的基础上,制定出了国际标准 ISO 2631《人体承受全身振动的评价指南》,这样在人承受全身振动的评价方面便有了国际通用的标准。我国参照 ISO 2631 制定了国家标准《汽车平顺性随机输入行驶试验方法》和《客车平顺性评价指标及极限》。

ISO 2631 标准用加速度的均方根值给出了在 $1 \sim 80$ Hz 振动频率范围内人体对振动反应的 3 个不同的感觉界限,即:舒适-降低界限 T_{CD}、疲劳-工效降低界限 T_{FD} 和暴露极限。

"舒适-降低界限"与保持舒适有关,在此极限内,人体对所暴露的振动环境主观感觉良好,并能顺利完成吃、读、写等动作。

"疲劳-工效降低界限"与保持工作效率有关。当驾驶员承受振动在此极限内时,能保持正常驾驶。

"暴露极限"常作为人体可以承受振动量的上限。当人体承受的振动强度在这个极限之内,将保持健康或安全。

3 个界限只是振动加速度容许值不同。"暴露极限"值为"疲劳-工效降低界限"的 2 倍(增加 6 dB);"舒适-降低界限"为"疲劳-工效降低界限"的 $1/3.15$(降低 10 dB);而各个界限容许加速度值随频率的变化趋势完全相同。

图 5.1 为垂直和水平方向振动对人体影响的"疲劳-工效降低界限"。由图可见,随着暴露时间(指长年累月每天重复在振动环境中)的持续时间,对于偶尔乘车的人,加速度的容许值可以高很多。

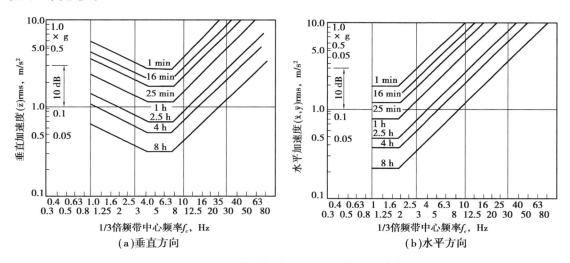

图 5.1　ISO 2631 人体对振动反应的"疲劳-工效降低界限"

由图 5.1 的曲线簇还可以看出人体最敏感的频率范围。对于垂直振动,频率为 $4 \sim 8$ Hz;对于水平振动,频率为 $1 \sim 2$ Hz。在 2.8 Hz 以下,同样的暴露时间,水平振动加速度容许值低于垂直振动。

为了用"疲劳-工效降低界限"评价汽车平顺性,首先要对经过汽车座椅传至人体的振动进行频谱分析,得到 1/3 倍频带的加速度均方值谱。ISO 2631 推荐的两种评价方法是 1/3 倍频带分别评价法和总加速度加权均方值评价法。

(2)1/3 倍频带分别评价法

直接分别评价法是先把"疲劳-工效降低界限"及由计算或频谱分析仪处理得到的 1/3 倍频带的加速度均方值画在同一张频谱图上,然后检查各频带的加速度均方差是否都保持在界限值之下。

1/3 倍频带上限频率 f_u 与下限频率 f_l 的比值为

$$\frac{f_u}{f_l} = 2^{\frac{1}{3}} \tag{5.1}$$

中心频率为

$$f_c = \sqrt{\frac{f_t}{f_l}} = 2^{\frac{1}{6}}f_l \tag{5.2}$$

上限频率、下限频率与中心频率的关系为

$$\begin{cases} f_u = 1.12f_c \\ f_l = 0.89f_c \end{cases} \tag{5.3}$$

则频带宽为

$$\Delta f = f_u - f_l \tag{5.4}$$

将振动传至人体加速度 $p(f)$ 的功率谱密度 $G_p(f)$，所对应的 1/3 倍频带中心频率 f_{ci} 在频带宽 Δf_i 区间积分，得到各个 1/3 倍频带的加速度均方值分量 σ_{pi}，即

$$\sigma_{pi} = \sqrt{\int_{0.89f_c}^{1.12f_c} G_p(f)\,\mathrm{d}f} \tag{5.5}$$

带宽加速度均方根值分量 σ_{pi} 的大小，不能真正反映人体感觉振动强度的大小。为此，引入人体对不同频率振动敏感程度的频率加权函数。将人体最敏感频率范围以外的各 1/3 倍频带加速度均方根值分量 σ_{pi} 进行频率加权，折算为等效于 4~8 Hz（垂直振动）、1~2 Hz（水平振动）的数值 σ_{wi}。即按人体感觉的振动强度相等的原则，折算为最敏感的频率范围。用 σ_{wi} 和最敏感频率范围的允许加速度均方根值比较，确定按"疲劳-工效降低界限"或"舒适-降低界限"允许的暴露时间 T_{FD} 和 T_{CD}。加权加速度均方根值 σ_{wi} 的计算式为

$$\sigma_{wi} = W(f_{ci})\sigma_{pi} \tag{5.6}$$

式中　f_{ci}——第 i 频带的中心频率，Hz；

　　　$W(f_{ci})$——频率加权函数。

垂直方向　　　　$W_H(f_{ci}) = \begin{cases} 0.5\sqrt{f_{ci}} & (1 < f_{ci} < 4) \\ 1 & (4 < f_{ci} \leqslant 8) \\ \dfrac{8}{f_{ci}} & (8 < f_{ci}) \end{cases} \tag{5.7}$

水平方向　　　　$W_D(f_{ci}) = \begin{cases} 1 & (1 < f_{ci} < 2) \\ \dfrac{2}{f_{ci}} & (2 < f_{ci}) \end{cases} \tag{5.8}$

加权加速度均方根值分量 σ_{wi} 反映了人体对各 1/3 倍频带振动强度的感觉。1/3 倍频带分别评价法的评价指标就是 σ_{wi} 中的最大值 $(\sigma_{wi})_{max}$。

此法认为，当有多个频带的振动能量作用于人体时，各频带的作用无明显联系，对人体的影响主要是由单个影响最突出的频带所造成。因此，要改善行驶平顺性，主要避免振动能量过于集中，尤其是在人体最敏感的频率范围内，不应该有突出的尖峰。

（3）总加权值评价法

这个方法也应用了频率加权函数，首先将人体最敏感频率范围以外的各 1/3 倍频带加速

度均方根值分量 σ_{pi} 进行频率加权,折算为等效于 4~8 Hz(垂直振动)1~2 Hz(水平振动)的数值 σ_{wi},然后计算于 1~80 Hz 中 20 个 1/3 倍频带加权加速度均方根值分量 σ_{wi} 的平方和的平方根——总加权加速度均方根值 σ_{Pw},并用它来进行评价。

$$\sigma_{Pw} = \sqrt{\sum_1^{20}(\sigma_{wi})^2} \qquad (5.9)$$

在"窄带"随机振动情况下,能量分布都集中在单一 1/3 倍频带内,总加权加速度均方根值 σ_{Pw},显然就是前面 1/3 倍频带分别评价方法所考虑的对人体影响最突出的那个频带的加速度均方根值。只是此值已折算到人体最敏感的频带范围,所以可将 σ_{Pw} 值与"疲劳-工效降低界限"上人体最敏感频带范围的容许值比较来进行评价。

汽车座椅传递给人体的振动主要是 10 Hz 以下的"宽带"随机振动,此时按照式(5.9)计算出来的单值指标 σ_{Pw} 包含了近 10 个频带的折算能量,若 10 个频带的折算能量相等,$\sigma_{Pw} = \sqrt{10}\sigma_{wi} = 3.16\sigma_{wi}$,因此,许用的 σ_{Pw} 值将相应比图 5.1 上人体最敏感频率范围的容许值大 3.16 倍。但实际上这 10 个频带的折算值不都相等,根据实测统计,σ_{Pw} 大约是 $(\sigma_{wi})_{max}$ 的 2 倍,因此,用总加权值进行评价时,允许的界限值也要相应调整,即比 ISO 2631 给的允许值大 2 倍,否则会偏于保守。

5.1.2 影响汽车行驶平顺性的结构因素

汽车是一个复杂的振动系统,为了便于分析,需要对由多质量组成的汽车振动系统进行简化,图 5.2 是经过简化的振动系统模型。汽车的悬挂质量 M_2 由车身、车架及其上的总成所构成。该质量通过质心的横轴 y 的转动惯量为 I_y,悬挂质量通过减振器和悬架弹簧与车轴、车轮相连。车轮、车轴构成的非悬挂质量为 M_1,车轮再经过具有一定弹性和阻尼的轮胎支承于路面上。这一振动模型,车身质量在讨论平顺性时主要考虑垂直、俯仰、侧倾 3 个自由度,4 个车轮质量有 4 个自由度,共 7 个自由度。

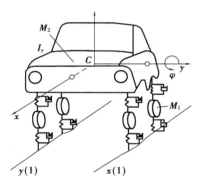

图 5.2 四轮汽车的简化模型

在研究振动时,常将汽车用当量系统代替,在一般情况下,可视为由彼此联系的悬挂质量与非悬挂质量组成。

下面将通过 5 个方面,即悬挂系统、轮胎、悬挂质量与非悬挂质量、座椅,来讨论其对平顺性的影响。

(1)悬挂结构

悬挂结构主要指弹性元件、导向装置与减振装置,其中弹性元件与悬架系统中阻尼影响较大。

1)弹性元件

如果将汽车车身看成一个在弹性悬架上作单自由度振动的质量时,其固有频率(Hz)为

$$f_0 = \frac{1}{2\pi}\sqrt{\frac{gK}{G}} \qquad (5.10)$$

式中　K——悬架刚度,N/mm;

　　　G——悬挂重力,N;

g——重力加速度,m/s^2。

令 $f_s = \dfrac{G}{K}$,悬挂重力 G 作用下的悬架的静挠度(mm),则

$$f_0 = \frac{1}{2\pi}\sqrt{\frac{g}{f_s}} \tag{5.11}$$

由式(5.10)和式(5.11)可知,减少悬架刚度 K,可降低车身的固有频率 f_0,加大汽车悬架的静挠度 f_s。目前,汽车悬架的静挠度 f_s 的变化范围见表5.1。

表 5.1 汽车悬架静挠度的变化范围

车　型	轿　车	货　车	大客车	越野车
悬架静挠度/mm	100~300	50~110	70~150	60~130

汽车前、后悬架静挠度的匹配对行驶平顺性有很大影响,若前、后悬架的静挠度以及振动频率都比较接近,共振的机会减少。为了减少车身纵向角振动,通常后悬架的静挠度 f_{s2} 要比前悬架 f_{s1} 的小。据统计,一般取 $f_{s2} = (0.7~0.9)f_{s1}$。对于短轴距的微型汽车,为了改善其乘坐舒适性,把后悬架设计得软一些,也就是使 $f_{s2} > f_{s1}$。

为了防止汽车在不平路面上行驶时经常冲击缓冲块而使汽车的平顺性变差,悬架还必须有足够的动挠度 f_d,动挠度是指悬架平衡位置到悬架与车架相碰时的变形。前、后悬架的动挠度常根据其相应的静挠度选取,其数值主要取决于车型和经常使用的路面状况,动挠度值与静挠度之间的关系可按下列范围选取:

轿车　　　　　　　　　　　$f_d = (0.5~0.7)f_s$
载货汽车、大客车　　　　　$f_d = (0.7~1)f_s$

越野车的 f_d 可按货车范围取上限,以减少车轮悬空和悬架击穿现象。

减少悬架刚度 K,即增大静挠度 f_s,可提高汽车行驶平顺性。但刚度降低会增加非悬挂质量的高频振动位移。而大幅度的车轮振动有时会使车轮离开地面,前轮定位角也将发生显著变化,在紧急制动时会产生严重的汽车"点头"现象。转弯时,由于悬架侧倾刚度的降低,会使车身产生较大的侧倾角。另外动挠度的增加受到悬架布置空间的限制。

为了使悬架既有大的静挠度又不影响其他性能指标,可采取一些相应措施,如采用悬架刚度可变的非线性悬架。由于非线性悬架的刚度随动行程增大,就可以在同样的动行程中,得到比线性悬架更多的动容量(指悬架从静载荷时的位置起,变形到与车架部分接触时的最大变形)。悬架的动容量越大,对缓冲块撞击的可能性就越小。现代货车在后悬架上采用钢板弹簧加副簧即为此种最简易的办法。为使载荷增减时,静挠度保持不变,较为理想的是在悬架系统中设置自动调节车身高度的装置。

采用变刚度特性曲线的悬架,对于载荷变化较大的货车而言,会明显地改善行驶平顺性。例如,某货车在满载时,后悬架的载荷约为空车的4倍多,假定悬架刚度不变,若满载时的静挠度等于100 mm时,则空车时的静挠度将不到25 mm,不难算出,满载时的振动频率为1.6 Hz,而空车时的频率则为3.2 Hz。显然,空车时的振动频率过高,平顺性很差。如果采用变刚度悬架,使空车时的刚度比满载时的低,就会降低空车的振动频率而改善汽车行驶的平顺性。

2）悬架系统的阻尼

为了衰减车身自由振动和抑制车身、车轮的共振,以减小车身的垂直振动加速度和车轮的振幅,悬架系统中应具有适当的阻尼。

在悬架系统中,引起振动衰减的阻尼来源很多。例如,在有相对运动的摩擦副中,轮胎变形时橡胶分子间产生摩擦,或在系统中设减振器,钢板弹簧簧片之间的干摩擦等。对于各种悬架结构,以钢板弹簧悬架系统的干摩擦最大,钢板弹簧叶片数目越多,摩擦越大。所以,有的汽车采用钢板弹簧悬架时,可以不装减振器,但阻尼力的数值很不稳定,钢板生锈后阻力过大,不易控制。而采用其他内摩擦很小的弹性元件(如单片钢板弹簧、螺旋弹簧、扭杆弹簧等)的悬架,必须使用减振器,以吸收振动能量,使振动迅速得到衰减。

减振器的阻力常用相对阻尼系数 ξ 来评价,为使减振器阻尼效果好,又不传递大的冲击力,常把压缩行程的阻力和伸张行程的阻力设定为不同的数值。在弹性元件压缩时,为减少减振器传递的路面冲击力,选择较小的相对阻尼系数 ξ_c。而在伸张行程时,为使振动迅速衰减,选择较大的相对阻尼系数 ξ_e,一般减振器的 ξ_c 与 ξ_e 之间有下列关系:

$$\xi_c = (0.2 \sim 0.5)\xi_e$$

当 $\xi_c = 0$ 时即压缩行程时无阻尼,只在伸张行程有阻尼作用,具有这种阻尼特性的减振器称为单向作用减振器;在压缩、伸张行程均有阻尼作用的称为双向作用减振器。

对于不同悬架结构形式及不同使用条件,满足平顺性要求的阻尼大小有所不同。在设计时往往先取压缩和伸张行程的相对阻尼系数平均值。

对于无内摩擦的弹性元件(如螺旋弹簧)悬架,$\xi_c = 0.25 \sim 0.35$。对于有内摩擦的钢板弹簧悬架,相对阻尼系数较小。如解放牌载货汽车前悬架的相对阻尼系数 $\xi = 0.13$;其中 $\xi_e = 0.174$,$\xi_c = 0.086$。后悬架的 ξ 可取稍大值。对于越野汽车或行驶路面条件较差的汽车取值较大,一般 $\xi_e > 0.3$。为避免悬架碰到车架,ξ_c 也应加大,可取 0.54。

减振器可提高汽车行驶平顺性,还可增加悬架的角刚度,改善车轮与道路的接触条件,防止车轮离开路面,因而可改善汽车的稳定性,提高汽车的行驶安全性。改进减振器的性能,对提高汽车在不平道路上的行驶速度有很大的作用。

（2）轮胎

轮胎由于本身的弹性,在很大程度上吸收了因路面不平所产生的振动,因此它和悬架系统共同保证了汽车的平顺性。

轮胎对行驶平顺性的影响取决于轮胎径向刚度,轮胎的展平能力以及轮胎内摩擦所引起的阻尼作用。当汽车行驶于不平道路时,由于轮胎的弹性作用,轮胎位移曲线较道路断面轮廓要圆滑平整,其长度比道路坎坷不平处的真正长度要大,而曲线的高度则比道路不平的真正高度要小,这就是所谓的轮胎展平能力。它使汽车在高频共振时的振动减小。由于轮胎内摩擦所引起的阻尼作用,对于小轿车轮胎的相对阻尼系数 ξ 可达 $0.05 \sim 0.106$。

从提高汽车行驶平顺性的角度出发,轮胎的径向刚度应尽可能小。但轮胎刚度过低,会增加车轮的侧偏,影响稳定性,同时还使滚动阻力增加并降低轮胎使用寿命。

近年来,随着车速的提高,希望轮胎的缓冲性能越来越好。目前,提高轮胎缓冲性能的方法如下:

①增大轮胎断面、轮辋宽度和空气容量,并相应降低轮胎气压。

②改变轮胎结构形式,如采用子午线轮胎。它因轮胎径向弹性大,可以缓和不平路面的

冲击,并吸收大部分冲击能量,使汽车平顺性得到改善。

③提高帘线和橡胶的弹性,要用较柔软的胎冠。

车轮旋转质量的不平衡,对汽车的行驶平顺性和稳定性都有影响。为了避免因转向轮不平衡而引起振动,必须对每一车轮进行静平衡和动平衡测试。越是车速高的轿车,对平衡的要求就越高。

(3)悬挂质量

车身振动主要是以自振频率进行的振动,即车身偏离平衡位置时所积蓄的能量产生的振动。为了研究汽车在纵向垂直平面内的自由振动,将汽车的悬挂质量 m_2 分解为由无质量的刚性杆互相连接的前轴上的质量 m_{2f}、后轴上的质量 m_{2r} 以及质心 C 上的质量 m_{2c} 的 3 个集中质量(图 5.3)。它们的大小由下述 3 个条件决定。

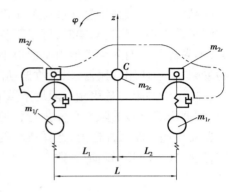

图 5.3 双轴汽车简化的平面模型

①总质量保持不变

$$m_2 = m_{2f} + m_{2r} + m_{2c} \tag{5.12}$$

②质心位置不变

$$m_{2f}L_1 - m_{2r}L_2 = 0 \tag{5.13}$$

③转动惯量 I_y 的值保持不变

$$I_y = m_2 R_y^2 = m_{2f}L_1^2 + m_{2r}L_2^2 \tag{5.14}$$

式中 R_y——绕横轴 y 的回转半径,m。

由上面的 3 个计算式可以得到

$$\begin{cases} m_{2f} = m_2 \dfrac{R_y^2}{L_1 L} \\[2mm] m_{2r} = m_2 \dfrac{R_y^2}{L_2 L} \\[2mm] m_{2f} = m_2 \left(1 - \dfrac{R_y^2}{L_1 L_2}\right) \end{cases} \tag{5.15}$$

$\dfrac{R_y^2}{L_1 L_2}$ 称为悬挂质量分配系数。由式(5.15)可知,当 $\dfrac{R_y^2}{L_1 L_2} = 1$ 时,质量 $m_{2c} = 0$。而通过分析可知在 $\dfrac{R_y^2}{L_1 L_2} = 1$ 的情况下,前、后轴上方车身部分的集中质量 m_{2f},m_{2r} 的垂直方向运动是相互独立的。这样在 $\dfrac{R_y^2}{L_1 L_2} = 1$ 的情况下,当前轮遇到路面不平而引起振动时,质量 m_{2f} 运动而质量 m_{2r} 不运动,反之亦然。

为维持这个条件,应保持 R_y 相应数值,如把质量分配到汽车的两端(发动机前移、行李箱后移等),或者改变悬挂质量质心位置来达到。使用中应注意装载均匀。据统计,大部分汽车 $\dfrac{R_y^2}{L_1 L_2} = 0.8 \sim 1.2$,即接近 1。

减少公共汽车和载货汽车的悬挂质量。车身的低频振动会使加速度增加,从而大大降低行驶平顺性。在此情况下,为了保持良好的行驶平顺性,应采用等挠度悬架,使悬架刚度随悬挂质量的减小而减小。

座位的布置对行驶平顺性也有很大影响。实际感受和试验表明:座位接近车身的中部,其振动最小。座位位置常由它与汽车质心间的距离来确定,用座位到汽车质心距离与汽车质心到前(后)轴的距离之比来评价座位的舒适性。该比值越小,车身振动对乘客的影响越小。

对载货汽车和公共汽车,座位在高度上的布置也很重要。为了减小水平纵向振动的振幅,座位的高度与汽车质量中心间的距离应尽量减小。

弹簧座椅刚度的选择要适当,防止因乘客在座位上的振动频率与车身的振动频率重合而发生共振。对于具有较硬悬架的汽车,可采用较软的坐垫。对于具有较软悬架的汽车,可采用较硬的坐垫。

(4)非悬挂质量

减小非悬挂质量可降低车身的振动频率,增大车轮的振动频率。这样使低频共振与高频共振区域的振动减小,而将高频共振移向更高的行驶速度,对行驶平顺性有利。

其次减小非悬挂质量,还将引起高频振动的相对阻尼系数增加,因而减振器所吸收的能量减少,工作条件可以获得改善。非悬挂质量可因悬架导向装置形式而改变,采用独立悬架,可使非悬挂质量减小。

常用非悬挂质量与悬挂质量之比 m_1/m_2 来评价非悬挂质量对行驶平顺性的影响。比值越小,行驶平顺性越好。对于现代轿车 m_1/m_2 为 10.5% ~ 14.5%,可以保证良好的行驶平顺性。

(5)座椅

座位的布置对行驶平顺性有很大影响,实际感受和试验表明,座位接近车身的中部汽车轴距中心其振动最小,离此中心越远其平顺性越差。

对载货汽车和公共汽车,座位在高度上的布置也很重要。为减小俯仰振动引起的水平振动振幅,座位在高度方面与汽车质心间的距离不应太大。

座椅的刚度和阻尼对平顺性也有重要影响,要使"人体-座椅"系统的固有频率避开人体敏感的 4 ~ 8 Hz,另外,希望座椅具有一定的阻尼作用,采用高阻尼泡沫的坐垫,其相对阻尼系数已达 0.3 ~ 0.4。

乘坐舒适性在很大程度上还取决于座位的结构、尺寸、布置方式和车身(或载货汽车的驾驶室)的密封性(防尘、防雨、防止废气进入车身)通风保暖、照明、隔声等效能,以及是否设有其他提高乘客舒适的设备(钟表、收音机、烟灰盒、点烟器等)。

国外有些大客车,尤其是长途公共汽车的座位都充分考虑舒适性。如美国的长途客车因乘客乘坐时间长,要求有更好的舒适性,一般都设有半躺座椅或可调的活动座椅,座椅的布置尽可能使乘客面朝前方,并设有阅读专用灯、洗漱室、快餐部和广播设备,以适应长途旅行的需要。

另外,大客车的发动机多采用后置式,以利于隔绝噪声和方便维修。车身越来越多采用承载式结构、空气悬架,以减轻振动和噪声。市内公共汽车因需经常起步、加速和换挡,传动系统多采用液力-机械自动变速器和自动变速器,以实现自动换挡和无级变速,减轻驾驶员的疲劳和改善发动机功率的利用。

总之,影响行驶平顺性的结构参数很多,并且彼此间的关系较复杂,必须对这些参数进行综合分析,以便正确地选择参数,提高汽车行驶的平顺性。

5.2 汽车的通过性

汽车的通过性又称越野性,是指在一定载质量下,汽车能以足够高的平均车速通过各种路面情况较差的道路及无路地带和克服各种障碍的能力。如通过松软地面(松软的土壤、沙漠、雪地、沼泽地)坎坷不平地段和各种障碍(陡坡、侧坡、壕沟、台阶)等。

通过性是汽车的主要使用性能之一,不仅影响汽车的运输生产率,而且有时直接决定汽车能否进行运输工作。对军用、农用以及在矿山、建筑工地、林区等使用的汽车,因为要在路面情况较差的道路或无路条件下行驶,因此,要求这些汽车具有良好的通过性。

汽车的通过性主要取决于它的几何参数和支承牵引参数。因此,将汽车的几何参数和支承与牵引参数作为汽车在各种路面条件下通过性的评价指标。

5.2.1 汽车通过性几何参数

汽车与越野地面的间隙不足,导致汽车被托住而无法通过的现象,称为间隙失效。间隙失效可分为以下几种情况:

① 顶起失效 因车辆中间底部的零部件碰到地面而被顶住的现象。

② 触头失效 因车辆前端触及地面而使汽车不能通过。

③ 托尾失效 因车辆后端触及地面而不能通过。

与间隙失效有关的汽车整车几何参数,称为汽车的通过性几何参数。汽车通过性的几何参数表示汽车在高低不平地区行驶的可能性,它取决于不平道路的外形与汽车下缘轮廓间的相互几何关系。汽车通过性的几何参数主要有:最小离地间隙、接近角、离去角、纵向通过半径和横向通过半径等。

(1)最小离地间隙

最小离地间隙用符号 h_{min} 表示,是指汽车除车轮以外的最低点与地面之间的距离(图5.4)。它表示了汽车能否越过石块、树桩等障碍物的能力。最小离地间隙一般出现在汽车的飞轮壳、前桥、变速器壳、消声器、主减速器等处。汽车前桥的离地间隙一般比飞轮壳的还小,以便利用前桥保护较弱的飞轮壳免受碰撞。后桥内装有直径较大的主传动齿轮,一般离地间隙最小。在设计越野汽车时,应保证有较大的最小离地间隙。

(2)接近角和离去角

从汽车前端突出点向前轮引切线,该切线与路面的夹角 γ_1 称为接近角(图5.4)。从汽车后端突出点向后轮引切线,该切线与路面的夹角 γ_2 称为离去角(图5.4)。它表征了汽车接近或离开障碍物(如小丘、沟洼地等)时,不发生碰撞的能力。γ_1 越大,汽车接近障碍物(如小丘、沟洼地等)时,越不易发生"触头失效"。γ_2 越大,汽车驶离障碍物时,越不容易发生"托尾失效"。

(3)纵向通过半径

在汽车侧视图上作出的与前后车轮及两轴中间轮廓线相切之圆的半径,称为纵向通过半径,用符号 ρ_1 表示(图5.4)。它表示了汽车能够无碰撞地越过小丘、拱桥等纵向凸起障碍物的轮廓尺寸。ρ_1 越小,汽车的通过性越好。

（4）横向通过半径

在汽车的正视图上所作与左右车轮及两轮之间轮廓线相切的圆的半径，称为横向通过半径，用符号 ρ_2 表示（图 5.4）。它表示了汽车通过小丘及凸起路面等横向凸起障碍物的能力，ρ_2 越小，通过性越好。最小离地间隙不足，纵向和横向通过半径过大，都容易引起"顶起失效"。

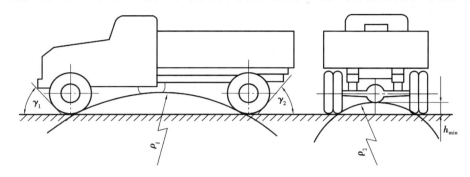

图 5.4　汽车通过性的几何参数

（5）最小转弯半径和内轮差

汽车前轮处于最大转角状态行驶时，汽车前轴离转向中心最远，车轮胎面中心在地面上形成的轨迹圆半径，用符号 R_H 表示（图 5.5）。表征车辆在最小面积内的回转能力和通过窄弯地带或绕过障碍物的能力。

转向轴和末轴的内轮印迹中心在车辆支承平面上的轨迹圆之差，被称为内轮差，用符号 d 表示（图 5.5）。

《机动车运行安全技术条件》（GB 7258—1997）规定：机动车辆的最小转弯直径，以前轮轨迹中心为基线，测量其值不得大于 24 m。当转弯直径为 24 m 时，前转向轴和末轴的内轮差（以两内轮轨迹中心计）不得大于 3.5 m。

汽车的最小离地间隙、纵向通过半径、接近角和离去角等通过性几何参数，主要由汽车的类型和使用条件决定，现代各种汽车的通过性几何参数的数值范围见表 5.2。

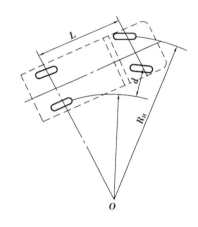

图 5.5　汽车转弯半径示意图

表 5.2　汽车通过性的几何参数

汽车类型	驱动形式	最小离地间隙/mm	接近角/(°)	离去角/(°)	最小转弯直径/m
轿车	4×2	120～200	20～30	15～22	14～26
	4×4	210～370	45～50	35～40	20～30
货车	4×2	250～300	25～60	25～45	16～28
	4×4,6×6	260～350	45～60	35～45	22～42
越野车（乘用）	4×4	210～370	45～50	35～40	20～30
客车	6×4,4×2	220～370	10～40	6～20	28～44

5.2.2 汽车的牵引支承通过性

车辆支承通过性的主要评价指标包括附着质量、附着系数及车辆接地比压。

(1) 附着质量和附着质量系数

附着质量是指轮式车辆驱动轴载质量 m_f,附着质量系数 K_μ 是指车辆附着质量 m_f 与总质量 m_a 之比。

为了满足车辆行驶的附着条件的要求,应有

$$m_f g \mu_g \geqslant m_a g \psi \tag{5.16}$$

式中 ψ——道路阻力系数;

μ_g——滑移系数。

由式(5.16)得

$$K_\mu = \frac{m_f}{m_a} \geqslant \frac{\psi}{\mu_g} \tag{5.17}$$

显然,K_μ 值大有利于汽车在路面情况较差的道路上行驶,丧失通过性的可能性就小。为了保证车辆的支承通过性,应对车辆附着质量有明确的要求。意大利对 4×2 牵引车组成的汽车列车的附着质量系数规定为 0.27,英国规定为 0.263。

(2) 车轮接地比压

车轮接地比压 p 是指车轮对地面的单位压力。车辆在松软地面上行驶的滚动阻力系数和附着系数都与车轮接地比压直接有关。车轮接地比压小,轮辙深度小,车轮的行驶阻力和车轮沉陷失效的概率就小。同样,当汽车行驶在黏性土壤和松软雪地上时,降低车轮接地比压可使得车轮接地面积增加,提高地面承受的剪切力,使车轮不易打滑。

车轮接地比压 p 与轮胎气压 p_n 有关,车轮在硬路面上承受额定载荷时,其关系式为

$$p = k_n p_n \tag{5.18}$$

系数 $k_n = 1.05 \sim 1.20$,其大小取决于轮胎刚度的大小,帘布层多的轮胎 k_n 值较大。

5.2.3 车辆的挂钩牵引力

牵引车的挂钩牵引力等于土壤推力与土壤阻力之差,它表征了土壤强度的储备能力。它可用于车辆加速、上坡、克服道路不平的阻力和牵引与挂钩连接的挂车等装备,它也反映了汽车通过无路地带的能力。

汽车在松软地面上行驶时,汽车驱动轮对地面施加向后的水平力,使地面发生剪切变形,相应的剪切变形所构成的地面水平反作用力,便构成地面对汽车的推力,被称为土壤推力,它常比在一般硬路面上的附着力要小得多。

汽车在松软地面上行驶时也受到土壤阻力的作用。土壤阻力,是指轮胎对土壤的压实作用、推移作用而产生的压实阻力、推土阻力,以及充气轮胎变形引起的弹滞损耗阻力。它要比在硬路面上的滚动阻力大得多。因此,它们经常不能满足汽车行驶附着条件的要求,这是松软地面限制汽车行驶的主要原因。

(1) 土壤强度

土壤强度是某种土壤在特定条件下抵抗外力作用的能力,也可定义为土壤承受变形或应变的能力。因此土壤强度可用应力应变方程式或以其屈服点应力来表示。

当车辆在松软土壤上行驶时,在接地面积 A 范围内,轮胎花纹之间的空间里充满泥土,当

车辆发挥最大驱动力时,土壤的剪切就沿着这一接地面积产生。

对于黏性土壤或雪,最大剪切力仅与土壤或雪的黏聚性及轮胎的接地面积有关,而与轮胎给地面的垂直载荷 F_z 无关,即土壤推力为

$$F_x = AY_C \tag{5.19}$$

式中　A——土壤与驱动轮胎的接触面积,m^2;

　　　Y_C——土壤(或雪)的黏聚系数。

对于摩擦性土壤(干沙、冻结的粒状雪),情况则有些不同。沙粒或冻结的雪粒没有任何黏聚力,它们是松散的。但若将颗粒相互挤压,则在颗粒间就会产生摩擦而使它们难于相对移动。因此,在法向力的作用下,当轮胎花纹或履带履刺间的沙子相对于静止沙体发生剪切时,剪切面间的沙粒间便有摩擦力产生。这时,最大土壤推力为

$$F_x = F_z \tan \phi \tag{5.20}$$

式中　F_z——垂直载荷,N;

　　　ϕ——摩擦角,(°)。

大多数土壤既不是纯黏性的,也不是纯摩擦性的,是这两种性质的粒状物质的混合物,因此,最大土壤推力

$$F_x = AY_C + F_z \tan \phi \tag{5.21}$$

将式(5.21)两边除以面积 A

$$\frac{F_x}{A} = Y_C + \frac{F_z}{A} \tan \phi \tag{5.22}$$

剪切力为 $\tau = \dfrac{F_x}{A}$,剪切面法向压力 $\sigma = \dfrac{F_z}{A}$,则有

$$\tau_{\max} = Y_C + \sigma \tan \phi \tag{5.23}$$

(2)土壤承载能力

土壤承载能力又称土壤坚实度或土壤圆锥指数。土壤承载能力是表征土壤抗破坏、压缩和摩擦阻力的综合指标,它是指在垂直载荷作用下,土壤不同深度的抗压能力。

若将一块表示充气轮胎或履带接地面积的平板用均匀负荷压入地面土壤,则其静止沉陷量 z 和单位面积压力 P 之间的关系为

$$p = \left(\frac{k_y}{b} + k_\phi \right) z^n \tag{5.24}$$

式中　p——土壤承载能力,kPa;

　　　k_ϕ——土壤的"摩擦"变形模量,kN/m^{n+2};

　　　k_y——土壤的"黏聚"变形模量,kN/m^{n+1};

　　　b——承载面积的短边长,即履带的宽度或轮
　　　　　胎接地印迹椭圆的短轴,m;

　　　z——土壤下陷深度,m;

　　　n——土壤的变形指数。

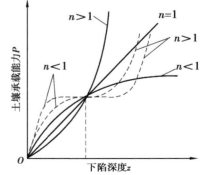

图 5.6　土壤承载能力与下陷深度的关系

由于 k_ϕ,k_y 和 n 是一组土壤特性的常数值,对于某一特定的测盘或履带而言,b 为一定值,则土壤承载能力与下陷深度的关系是幂函数,它的图形如图 5.6 中的实线所示。

(3)车辆在松软地面上的土壤阻力

当车辆在松软地面上行驶时,轮胎或履带对土壤的压实和推移将产生压实阻力和推土阻力,充气轮胎的变形将引起弹滞损耗阻力。

如果地面足够松软,橡胶轮胎的滚动可近似看作刚性轮缘的滚动。如图 5.7 所示,假设松软土壤对滚动的刚性从动轮的反作用力是径向的,其数值就是 $\sigma = p = \left(\dfrac{k_y}{b} + k_\phi \right) z^n$,车轮的受力平衡方程式为

$$\begin{cases} F_{cc} = b\displaystyle\int_0^{\theta_0} \sigma r \sin \theta \mathrm{d}\theta \\ F_z = b\displaystyle\int_0^{\theta_0} \sigma r \cos \theta \mathrm{d}\theta \end{cases} \tag{5.25}$$

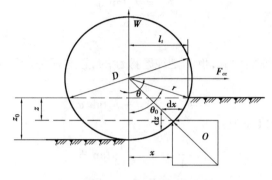

图 5.7　刚性从动轮与松软土壤的相互作用

而 $\sigma r \sin \theta \mathrm{d}\theta = p \mathrm{d}z, \sigma r \cos \theta \mathrm{d}\theta = p \mathrm{d}x$

故

$$\begin{cases} F_{cc} = b\displaystyle\int_0^{z_0} \left(\dfrac{k_y}{b} + k_\phi \right) z^n \mathrm{d}z = \left(\dfrac{z_0^{n+1}}{n+1} \right) (k_y + bk_\phi) \\ F_z = b\displaystyle\int_0^{r \sin \theta_0} p \mathrm{d}x = b\displaystyle\int_0^{r \sin \theta_0} \left(\dfrac{k_y}{b} + k_\phi \right) z^n \mathrm{d}x \end{cases} \tag{5.26}$$

由图 5.7 中的几何关系可得

$$x^2 = \left(\dfrac{D}{2} \right)^2 - \left[\dfrac{D}{2} - (z_0 - z) \right]^2 = D(z_0 - z) - (z_0 - z)^2$$

当沉陷量较小时,$x^2 = D(z_0 - z)$,$\mathrm{d}x = \dfrac{-D\mathrm{d}z}{2x} = -\dfrac{\sqrt{D}\mathrm{d}z}{2\sqrt{(z_0 - z)}}$,代入式(5.26),并令 $(z_0 - z) = i^2$,$\mathrm{d}z = -2i\mathrm{d}i$,得

$$F_{cc} = \dfrac{1}{(3 - n)^{\frac{2n+2}{2n+1}} (n + 1)(k_y + bk_\phi)^{\frac{1}{2n+1}}} \left[\dfrac{3W}{\sqrt{D}} \right]^{\frac{2n+2}{2n+1}} \tag{5.27}$$

由式(5.27)可见,增加车轮直径 D 比增加车轮宽度 b 对减少压实阻力更有效。这个方程式对在任何类型均质土壤中产生中等沉陷量的刚性轮均适用。车轮直径越大、沉陷越小,用此式推算的结果越准确。实践证明,当 $z \leqslant D/6$ 时,即从动轮在被陷住不能动之前,这种推算都是有用的。当 $D < 508$ mm 时,则随着 D 的减少推算精确度就降低。但这样小的车轮在汽车上很少遇到。

式(5.27)用于黏性土壤时较准确,用于存在高滑动沉陷的干沙上则不准确,因推导公式时未考虑滑动问题。对于在控制条件下的刚性从动轮,则计算与试验结果即使对干沙土也极为一致。

(4)松软地面给车辆的土壤推力

根据土壤的剪切特性可以确定土壤推力。由于土壤在提供推力时发生剪切变形,故车辆驱动轮或履带的接地面相对于地面有向后的滑动,称"滑转"。它既影响平均车速,又影响燃料消耗,故应掌握土壤推力与滑转的关系。

履带所获得的土壤推力是由于地面土壤被履刺推动、剪切而产生。最大土壤推力 $F_{\max}$ 取决于最大切应力 $\tau_{\max}$ 与接地面积 A,即

$$F_{\max} = A\tau_{\max} = A(Y_c + \sigma \tan \phi) = AY_c + F_z \tan \phi \tag{5.28}$$

在纯摩擦性土壤(如干沙)中,$Y_c = 0$,这时车辆的最大土壤推力取决于车重,车越重则土壤推力越大,而履带的尺寸对土壤推力无影响;当摩擦角 ϕ 约为 35° 时,最大土壤推力约为车重的 70%。在黏性土壤(如饱和黏土)中,$\phi = 0$,这时最大土壤推力取决于履带接地面积,车重的影响甚微,而履带的尺寸是决定性的。

一般用滑转率 s_r 来表明滑转的程度,滑转率为

$$s_r = \frac{v_1 - v_a}{v_1} = \frac{v_s}{v_t} \tag{5.29}$$

式中　v_a——车辆的实际速度,m/s;

　　　v_1——车辆的理论速度,m/s;

　　　v_s——履带相对地面的滑动速度,其方向与车辆行驶方向相反,m/s;

　　　v_t——驱动轮角速度,m/s。

显然,对应于履带接地面沿长度方向上的各点,其土壤剪切变形 K 等于滑动速度 v_s 与该点接地时间 t 的乘积,即

$$K = v_s t \tag{5.30}$$

设 x 为履带接地面上某点至履带接地面前端的距离,则 $t = x/v_t$,则

$$K = v_s \frac{x}{v_t} = s_r x \tag{5.31}$$

式(5.31)表明了履带下土壤剪切变形由前端向后线性地增加,且正比于滑转率,如图5.8所示。

驱动车轮的运动情况比履带复杂,一般常采用履带的土壤推力公式来估算。对刚性车轮而言,可作如下分析。

轮缘上一点的滑动速度 v_s,即同一点绝对速度的切向分量(图5.9),是角 θ 和滑转率 s_r 的函数

$$v_s = v_t \left[1 - (1 - s_r) \cos \theta \right] \tag{5.32}$$

土壤与轮缘接触面处的剪切变形为

$$K = \int_0^1 v_s \mathrm{d}t \int_0^{\theta_0} r \left[1 - (1 - s_r) \cos \theta \right] \mathrm{d}\theta = r \left[(\theta - \theta_0) - (1 - s_r)(\sin \theta_0 - \sin \theta) \right] \tag{5.33}$$

式中　θ_0——轮缘与土壤接触面所包含的角度,(°)。

　　　r——履带驱动轮节圆半径,m。

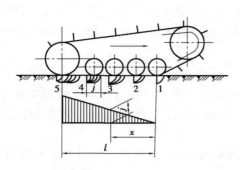 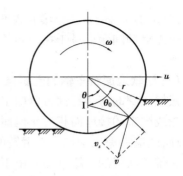

图 5.8 履带接地长度上各点土壤的剪切变形图   图 5.9 刚性车轮的滑动速度

5.2.4 汽车越障能力

在越野行驶中,常以很低的车速去克服某些障碍物,如台阶、壕沟等。这时,可用静力学平衡方程式求得障碍物与汽车参数间的关系。

(1)后轮驱动 4×2 汽车越台阶能力

图 5.10 是后轮驱动的四轮汽车越过硬地面上的台阶时的受力情况。由图 5.10(a)可知,前轮(从动轮)碰到台阶时的平衡方程式为

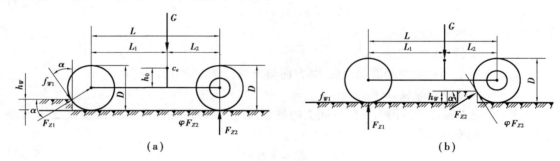

（a）   （b）

图 5.10 4×2 汽车越台阶受力示意图

$$\begin{cases} F_{Z1}\cos\alpha + fF_{Z1}\sin\alpha - \varphi F_{Z2} = 0 \\ F_{Z1}\sin\alpha + F_{Z2} - fF_{Z1}\cos\alpha - G = 0 \\ fF_{Z1}\dfrac{D}{2} + F_{Z2}L - GL_1 - \varphi F_{Z2}\dfrac{D}{2} = 0 \end{cases} \qquad (5.34)$$

式中 G——汽车总重力,N;

F_{Z1}——台阶作用于前(从动)轮的反作用力,N;

F_{Z2}——后轴负荷,N;

φ——附着系数;

f——滚动阻力系数。

将上述方程中的 G,F_{Z1},F_{Z2} 消去,可得如下方程式

$$\left(\frac{\varphi+f}{\varphi}\frac{L_1}{L} - \frac{f}{\varphi} + \frac{1}{2}f\frac{D}{L}\right)\sin\alpha - \left(\frac{1}{\varphi} - \frac{1-f\varphi}{\varphi}\frac{L_1}{L} - \frac{1}{2}\frac{D}{L}\right)\cos\alpha = \frac{1}{2}f\frac{D}{L} \qquad (5.35)$$

由图 5.10 中的几何关系可知

$$\sin \alpha = \frac{0.5D - h_w}{0.5D} = 1 - 2\frac{h_w}{D} \tag{5.36}$$

将式(5.36)代入式(5.35),并设硬路面上的 $f \approx 0$,则式(5.35)变为

$$\left(\frac{h_w}{D}\right)_f = \frac{1}{2}\left[1 - 1\Big/\sqrt{1 + \varphi^2\left(\frac{\frac{L_1}{L}}{1 - \frac{L_1}{L} - \frac{\varphi D}{2L}}\right)^2}\right] \tag{5.37}$$

式中　$\left(\dfrac{h_w}{D}\right)_f$——前轮单位车轮半径可克服的台阶高度,它表示前轮越过台阶的能力。

由式(5.37)可知,L/D 越小及 L_1/L 越大,$\left(\dfrac{h_w}{D}\right)_f$ 就越大,即汽车前轮越容易越过较高的台阶。

当后轮(驱动轮)碰到台阶时,如图 5.10(b)所示,其平衡方程式为

$$\begin{cases} fF_{Z1} + F_{Z2}\cos \alpha - \varphi F_{Z2}\sin \alpha = 0 \\ F_{Z1} + F_{Z2}\sin \alpha + \varphi F_{Z2}\cos \alpha - G = 0 \\ F_{Z1}L + \varphi F_{Z2}\dfrac{D}{2} - GL_2 + fF_{Z1}\dfrac{D}{2} = 0 \end{cases} \tag{5.38}$$

将 $\sin \alpha = 1 - 2\dfrac{h_w}{D}$ 及 $f \approx 0$ 代入式(5.38)并将 G_1,F_{Z1},F_{Z2} 消去,可解得

$$\left(\frac{h_w}{D}\right)_r = \frac{1}{2}\left(1 - \frac{1}{\sqrt{1 + \varphi^2}}\right) \tag{5.39}$$

式中　$\left(\dfrac{h_w}{D}\right)_r$——后轮单位车轮半径可克服的台阶高度,它表征了汽车后轮越过台阶的能力。

由式(5.39)可知,后轮越过台阶的能力与汽车的结构参数无关。

将不同的附着系数代入式(5.37)和式(5.39)可发现,后轮是限制汽车越过台阶的因素。式(5.39)计算所得曲线如图 5.11 所示。

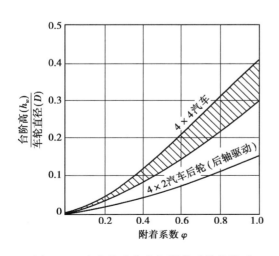

图 5.11　汽车越障能力与附着系数的关系

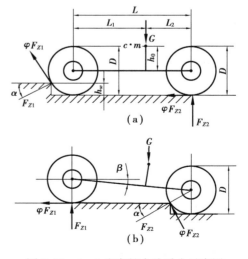

图 5.12　4×4 汽车越台阶受力示意图

（2）4×4 汽车越台能力

图 5.12 是 4×4 汽车在硬路面上越过台阶时的受力情况。按照上述分析方法,当前车轮与台阶相碰时（图 5.12（a））有

$$\left(\frac{1}{\varphi} - \frac{1+\varphi^2}{\varphi}\frac{L_1}{L} - \frac{1}{2}\frac{D}{L}\right)\cos\alpha - \left(1 - \frac{1}{2}\varphi\frac{D}{L}\right)\sin\alpha = \frac{1}{2}\varphi\frac{D}{L} \tag{5.40}$$

同样,将 $\sin\alpha = 1 - 2\frac{h_w}{D}$ 代入式（5.40）,可求出 $\left(\frac{h_w}{D}\right)_f$。经分析计算后可知,$\left(\frac{h_w}{D}\right)_f$ 随 L/D 的增加而降低;另外,增加 L_1/L 的比值时,可使 4×4 汽车前轮越过台阶的能力显著提高,甚至可使车轮爬上高度大于半径的台阶。

当后轮遇到台阶时（图 5.12（b））,有

$$\left[\cos\beta - \varphi\sin\beta + \frac{1}{2}\varphi\frac{D}{L}\right]\sin\alpha - \left[\left(\frac{1+\varphi^2}{\varphi}\frac{L_1}{L} - \varphi\right)\cos\beta + \left(\frac{1+\varphi^2}{\varphi}\frac{h_0}{L} - 1\right)\sin\beta + \frac{1}{2}\varphi\frac{D}{L}\right]\cos\alpha$$

$$= \frac{1}{2}\varphi\frac{D}{L} \tag{5.41}$$

式中　$\sin\alpha = 1 - 2\frac{h_w}{D}$;

　　　h_0——汽车质心至前后轴心连线的距离,m。

对式（5.41）进行分析可知,L_1/L 值越大,则 4×4 汽车前轮越过台阶的能力越强。长轴距、前轴负荷大的汽车（即 L_1/L 较小）,其后轮越过台阶的能力要比前轮大。较大的 L/D 比值不论汽车的总质量如何在轴间分配,总会改善后轮越过台阶的能力。

图 5.11 也给出了 4×4 汽车的越障性能,由图可见,4×2 汽车的越障能力要比 4×4 汽车差得多。4×4 汽车的越障能力与 L_1/L 的比值有关,有关数据均已包含在曲线的阴影区内。该区域的上、下限取决于被试验汽车的几何参数。由图可知,当 $\varphi = 0.7$ 时,根据 L_1/L 的参数不同,4×4 汽车的 $h_w/D = 0.18 \sim 0.26$,但是后轮驱动的 4×2 汽车越障能力比 4×4 汽车约降低 50%。

（3）汽车跨过壕沟的能力

用同样的方法解汽车越过壕沟的问题时,沟宽 l_d 与车轮直径之比值 l_d/D,与上面求得的 h_w/D 值只有一个换算系数的差别,它们之间的关系为

$$\frac{l_d}{D} = 2\sqrt{\frac{h_w}{D} - \left(\frac{h_w}{D}\right)^2} \tag{5.42}$$

将式（5.42）绘成曲线,如图 5.13 所示。因此,只要知道车轮越过垂直障碍的能力 h_w/D,就可通过此图查得可越过的壕沟宽度。

综上所述,4×4 汽车的 L/D 与 L_1/L 值的变化对前后轮在越障能力方面有不同的反映。因此,在设计时就应当考虑这两方面的影响。可将前后轮对不同 L_1/L 值绘制 h_w/D 曲线,找出它们理想交点来求得。初步设计时,若结果不够理想,可适当地改变 L/D 值,以得出较好的性能。

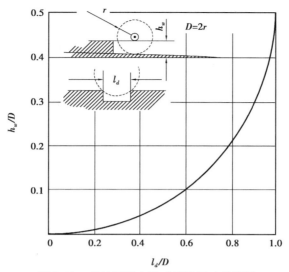

图 5.13　车轮可越台阶或壕沟尺寸换算图

5.2.5　汽车的倾覆失效

越野汽车在通过障碍时,过大的侧坡或纵坡会导致汽车倾覆失效,如图 5.14 所示。汽车在侧坡上直线行驶时,当坡度大到使重力通过一侧车轮接地中心,而另一侧车轮的地面法向反作用力等于零时,则汽车将发生侧翻。此时有

$$Gh_g\sin\beta = G\frac{B}{2}\cos\beta \tag{5.43}$$

$$\tan\beta = \frac{B}{2h_g} \tag{5.44}$$

β 为汽车不发生侧翻的极限角。所以为了防止侧翻,汽车的重心应低,轮距应宽。

显然,在良好路面上高速行驶的车辆,当曲线行驶时,侧向惯性力的作用也会导致侧翻。设汽车作等速圆周运动,汽车的受力图如图 5.15 所示,侧向惯性力 F_j 为

$$F_j = \frac{G}{g}\frac{V^2}{R} \tag{5.45}$$

式中　V——车速,m/s;
　　　R——圆周半径,m。

作用在汽车左、右车轮上的法向反力分别为

$$F_{Z1} = \frac{G}{2} + \frac{F_j h_g}{B} \tag{5.46}$$

$$F_{Z2} = \frac{G}{2} - \frac{F_j h_g}{B} \tag{5.47}$$

在即将侧翻的临界状态下,$F_{Z2}=0$,则

$$\frac{G}{2} = \frac{F_j h_g}{B} = \frac{G}{g}\frac{V^2}{R}h_g \tag{5.48}$$

显然,汽车不侧翻的最大允许车速为

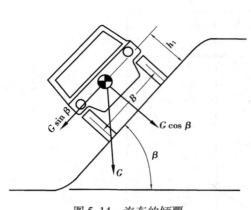

图 5.14 汽车的倾覆

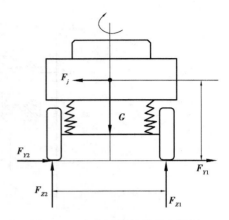

图 5.15 汽车圆周行驶受力情况

$$V_{max} = \sqrt{\frac{gBR}{2h_g}} \qquad (5.49)$$

因此,为了保证汽车高速行驶的横向稳定性,轿车都力求保持一定轮距,并尽量降低质心高度。

在侧坡角度 β' 的坡道上也可能发生侧滑,此时

$$G\cos\beta'\varphi = G\sin\beta \qquad (5.50)$$

$$\tan\beta' = \varphi \qquad (5.51)$$

式中 φ——侧向附着系数。

当侧坡角的正切值等于侧向附着系数时,汽车发生整车侧滑。通常认为,与其发生侧翻,不如发生侧滑。所以,应满足 $\tan\beta > \tan\beta'$,即

$$\frac{B}{2h_g} > \varphi \qquad (5.52)$$

同理,可导出纵向倾覆的条件,它也取决于质心高度与质心至前轴或后轴的距离。

5.2.6 影响汽车通过性的因素

(1)行驶速度

当汽车的行驶速度降低时,土壤的剪切和车轮滑转的倾向减少。因此,用低速行驶克服困难路段,也可改善汽车的通过性。因此越野汽车传动系最大总传动比一般较大。越野汽车最低稳定车速可按表 5.3 选取,其值随汽车总质量而定。

表 5.3 越野汽车的最低稳定车速

汽车总质量/kN	<19.6	<63.7	<78.4	>78.4
最低稳定车速/(km·h⁻¹)	≤5	≤2~3	≤1.5~2.5	≤0.5~1

(2)汽车的最大单位驱动力

由于汽车越野行驶的阻力很大,为了充分利用地面提供的挂钩牵引力,保证汽车通过性,除了减少行驶阻力外,还必须增加汽车的最大单位驱动力。汽车的最大单位驱动力为

$$\frac{F_{t\,max}}{G} = \left(\frac{T_{tq}i_t\,i_0\,\eta_m}{Gr}\right)_{max} \qquad (5.53)$$

实际上,在汽车低速行驶时,若忽略空气阻力,最大单位驱动力等于最大动力因数。为了获得足够大的单位驱动力,要求越野汽车有较大的比功率以及较大的传动比。为了在驱动轮上获得足够大的驱动力,在高通过性汽车的传动系中增设了副变速器,或使分动器具有低挡,以增加传动系的总传动比。副变速器或分动器的低挡传动比往往选得比附着条件所限制的值还要大,这是为了使汽车能在极低的速度下稳定行驶。因为在低速下汽车能够克服较大的道路阻力而不发生土壤的剪切破坏,从而保证了较高的附着力。

(3)差速器

对普通齿轮差速器,由于差速器的内摩擦力矩很小,可以忽略不计,故差速器左、右半轴的转矩近似相等。如果某一驱动轮与路面的附着较差(例如陷入泥泞中或在冰面上),作用在此车轮上受附着力限制的驱动为 $F_{\varphi xb}$,在另一驱动轮上所能得到的驱动力也只能是 $F_{\varphi xb}$,因此,总的驱动力 F_t 的可能最大值为

$$F_t = 2F_{\varphi xb} \tag{5.54}$$

由于汽车的驱动力的极限值受较小的附着力限制,致使汽车常因驱动力过小而失去通过性。

装有高摩擦式差速器的汽车,由于差速器的内摩擦力矩 T_f 较大,则传给差速器的转矩不是平均分配到各驱动轮上。如果一个驱动轮由于附着力不足而开始滑转,因其转速加快,则传给它的转矩就会减少 $0.5T_f$,而另一车轮的转矩就增加 $0.5T_f$,结果在两个驱动轮上的总驱动力可能达到的最大值为

$$F_{t\max} = 2F_{\varphi xb} + \frac{T_f}{r} \tag{5.55}$$

可见,允许的汽车驱动力最大值增加了 $\frac{T_f}{r}$,越野汽车常采用高摩擦式差速器,这时总的牵引力可增加 10% ~15%,提高了汽车的通过性。

(4)液力传动

当汽车装有液力变矩器或液力耦合器时,能提高发动机工作的稳定性,使汽车可以长时间稳定地以低速(0.5 ~1.5 km/h)行驶,从而可减小滚动阻力和提高附着力,改善汽车通过性。

装有普通机械式传动系的汽车,在突然启动时,驱动轮扭矩将急剧上升,并产生对土壤起破坏作用的振动(图5.16虚线1b)。即使在缓慢起步时(图5.16虚线1a),驱动转矩也比滚动阻力矩 M_f 大得多。在松软地面上起步时,这种过大的驱动转矩并不能使汽车得到较大的加速度,相反却使土壤被破坏,轮辙加深,起步困难;而液力传动能保证驱动轮扭矩逐渐而平顺地增大(图5.16实线2a,2b),从而防止土壤被破坏和车轮滑移。

液力传动还能消除一般机械式传动系经常发生的扭振现象。扭振使车轮上的驱动力产生周期性冲击,其最大值通常大于驱动力的平均值而超过附着力、使车轮产生周期性滑转。此外,驱动力的脉动将引起土壤振动,减小土壤颗粒间的摩擦,增加了轮辙深度,并减小轮胎与土壤间的附着力。扭矩脉动所引起的土壤内摩擦力的减小,还会使汽车前轮所造成的轮辙立即展平,使后轮滚动阻力增加。

装有普通机械传动系的汽车,在松软地面行驶时,由于车速低,汽车惯性不足以克服较大的行驶阻力,致使换挡时,因切断功率而停车。采用液力传动即可消除因换挡所引起的功率

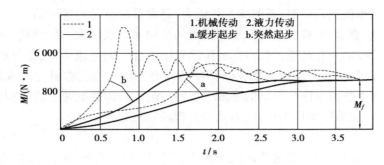

图 5.16　汽车起步时驱动轮上扭矩变化图

传递间断现象,因而使汽车通过性有显著提高。

(5)汽车车轮

车轮对汽车通过性有着决定性的影响,为了提高汽车的通过性,必须正确选择轮胎的花纹尺寸、结构参数、气压等,使汽车行驶滚动阻力较小,附着能力较大。

1)轮胎花纹

轮胎花纹对附着系数有很大影响。正确地选择轮胎花纹对提高汽车在一定类型地面上的通过性有很大作用。轮胎花纹可分为 3 类:通用花纹、混合型花纹及越野花纹。

通用花纹有纵向肋,花纹细而浅,适用于较好路面,有较好的附着性和较小的滚动阻力系数,轿车、货车均可选用此种轮胎。通用花纹轮胎在潮湿的草地及泥泞地上行驶时,其自动脱泥性很差,当轮胎打滑时,泥土即陷入槽中不能脱出,从而使轮胎胎面变成光滑的表面,使附着系数降低,通过性能变差。

越野花纹宽而深,当汽车在湿路面上行驶时,只有花纹的凸起部分与地面接触,使轮胎对地面有较高的单位压力,足以挤出水层,以保持足够的附着系数;而在松软地面上行驶时,轮胎下陷,嵌入土壤的花纹凸起的数目增加,与地面接触面积及土壤剪切面积都迅速增加,因此,同样能保证有较好的附着性能。矿山、建筑工地以及一些在松软路面上使用的越野汽车均选用越野花纹轮胎。

混合花纹介于通用花纹与越野花纹之间,适用于城市乡村之间行驶的汽车。现代重型货车驱动轮的轮胎也采用这种花纹。

2)轮胎的气压

在松软地面上行驶的汽车,应相应降低轮胎的气压,以增大轮胎与地面的接触面积,降低接地面上单位面积上的压力,从而使轮辙深度减小,这样就降低了滚动阻力。

降低轮胎气压,增加接地面积,胎面凸起部分嵌入土壤之数目也增多,因而可显著提高附着系数。

必须指出,降低轮胎气压,虽然土壤的压实阻力也相应减小,但轮胎本身的迟滞损失却逐渐增加。当汽车在硬路面上行驶时,由于轮胎变形过大而导致滚动阻力显著上升,并缩短轮胎使用寿命。为了提高越野汽车通过松软地面的能力,同时在硬路面上行驶时又不致引起大的滚动阻力和影响轮胎寿命,可装用轮胎的中央充气系统,使驾驶员能根据道路情况,随时调节轮胎气压。通常,越野汽车的超低压轮胎气压可以在 49～343 kPa 内变化。

在低压条件下工作的超低压越野轮胎,其帘布层数较少,具有薄而坚固,又富有弹性的胎体,以减少由于轮胎变形引起的迟滞损失,并保证其使用寿命。

3）轮胎直径和宽度

增大轮胎直径和宽度,都能降低轮胎的接地压强。用增加车轮直径的方法来减小接地压强,增加接触面积以减小土壤阻力和减少滑转,要比增加宽度更为有效。但过大直径的轮胎会使其惯性增大,汽车质心位置升高,轮胎成本增加,并要采用大传动比的传动系等。因此,大直径轮胎虽然对提高通过性有很大好处,但尚未取得广泛应用。

加大轮胎宽度不仅直接降低了轮胎的接地面比压,而且轮胎较宽,允许胎体有较大的变形,而不降低其使用寿命,因而轮胎气压可取得低些使汽车在沙漠、雪地、沼泽地面上行驶时,具有良好的通过性。但这种专用于松软地面的特种轮胎,由于花纹较大,气压过低,不适合在硬路面上工作,否则将过早损坏和迅速磨损。

4）前轮距和后轮距

当汽车在松软地面上行驶时,各车轮都需克服滚动阻力,如果汽车前轮距与后轮距相等,并有相同的轮胎宽度,则前轮辙与后轮辙重合,后轮就可沿被前轮压实的轮辙行驶,使汽车总滚动阻力减小,提高汽车通过性。

5）车桥和车轮数

实践证明,在松软的土壤上,双轮胎的滚动阻力比单轮胎大,因此,在增加车桥和车轮数时,如为单轮胎,可减小行驶阻力。增加驱动桥数,不但增加了附着重力及驱动轮接地面积,发挥了更大的驱动力和减少了滑转,而且有利于提高通过垂直台阶和壕沟的能力。因此,越野汽车都采用全轮驱动。

6）前后轮对地压强

试验表明,前后轮距相等的汽车行驶于松软地面时,如果前轮对地面的压强比后轮小20%～30%时,则汽车的滚动阻力最小。为此,可在设计汽车时,将负荷按此要求分配于前、后轴,也可以使前、后轮的轮胎气压不同,以产生不同的对地压强。

(6) 悬架

6×6型和8×8型多轴驱动的越野汽车在异常坎坷的地面上行驶时,常会因独立悬架的结构引起某驱动车轮的垂直载荷大幅度减小,甚至悬空,使驱动车轮失去与地面的附着而影响通过性。独立悬架和平衡式悬架允许车轮与车架间有较大的相对位移,使驱动车轮与地面经常保持接触,以保证有较好的附着性能。同时独立悬架可显著地提高汽车的最小离地间隙,从而提高汽车的通过性。

(7) 驱动防滑系统

ASR是防止驱动轮加速打滑的控制系统,目的就是要防止车辆尤其是大马力的汽车在起步、加速情况下驱动轮打滑,以维持车辆行驶的方向和稳定性,保持好的操控及最适当的驱动力,达到行车安全的目的。

当汽车在泥泞道路或冰雪路面行驶时,因路面的附着系数小,常会出现驱动轮滑转现象。当驱动轮滑转时,产生的驱动力很小。特别是驱动轮原地空转时,驱动力接近零,如果汽车驱动轮陷入泥坑时,汽车的动轮一侧或两侧滑转后,汽车的总驱动力不足以克服行驶阻力,汽车则不能前进。

ASR可以自动调节发动机转矩及驱动轮的驱动力,其采用以下几种方式进行控制,保持驱动轮处于最佳滑转范围内:

1）发动机输出转矩控制

如果行驶过程中左、右驱动轮同时滑转，ASR 的控制系统可从前、后车轮速度传感器传来的数据中，判断出左、右车轮均在空转，于是，对发动机控制阀（油门）发出指令，通过发动机控制直接操纵发动机供油量控制杆，相应降低其输出转矩，使驱动轮的转速降低，直到驱动轮停止滑转。

2）驱动轮制动控制

汽车行驶中若出现一侧车轮滑转超过规定值时，控制系统向差速器制动阀和制动压力调节器发出控制指令，对滑转的车轮施加制动力，使滑转的车轮减速，当其减速至规定值后，停止对其控制。若又开始滑转，则重复上述循环过程。整个过程中，一方面对滑转的车轮施加制动力，另一方面又对另一侧无滑转车轮施加正常驱动力，其效果相当于差速锁的作用，车辆在湿滑路面上的方向稳定性和起步能力均可得到改善。

3）发动机输出转矩调节和驱动轮制动控制综合进行

当汽车在湿滑路面上转弯行驶时，如果驱动力过大，会引起驱动轮空转，使车辆在离心力的作用下甩尾侧滑。遇到这类情况，控制系统会自动控制驱动轮制动和调节发动机输出转矩，使二者同时或单独工作，保证汽车稳定行驶。

（8）拖带挂车

汽车拖带挂车后，由于总质量增加，动力性将有所降低，即汽车列车的最大动力因数将比单车的最大动力因数小。因此，汽车的通过性也随之变差。

为了保证汽车列车有足够高的通过性，对经常拖挂车工作的汽车，应该有较大的动力因数。增大传动系的总传动比可以增大动力因数，但与此同时，汽车的最大行驶速度将会降低；加大发动机功率也会增大动力因数，但汽车在一般道路上行驶时，由于功率利用率低，将使汽车燃料经济性变差。

汽车拖挂车后的相对附着重力随之减少。在汽车列车总重力相同的条件下，因为半挂车的部分质量作用在牵引车上，则拖带半挂车时的相对附着质量比拖带全挂车时的大，因而半挂车汽车列车的通过性较好。

将汽车列车做成全轮驱动是提高相对附着质量的最有效方法。通过在挂车上装上动力装置（动力挂车）或将牵引车的动力通过传动轴或液压管路传输到挂车的车轮上（驱动力挂车），以提高汽车、列车的相对附着质量。

全轮驱动汽车列车的通过性较高，这不仅因其相对附着质量最大，同时，由于道路上各点的附着系数一般是不同的（如道路上有积水小坑），驱动车轮数目增多后，各驱动车轮同时遇到附着系数小的支承面的可能性大为减小，因而对汽车列车的通过性有利。此外，与相同质量的重型载货汽车相比，全轮驱动汽车列车的车轮数一般较多，因而车轮对地面的比压较小。另外，还可以把各轴轮距做成相等，以减少滚动阻力，提高通过性。

（9）驾驶方法

驾驶方法对提高汽车的通过性有很大的作用。当汽车通过沙地、泥泞地、雪地等松软地面时，附着力大小起决定性作用，故这时应选用低速挡，以保证有较大的驱动力和较低的行驶速度，使附着力提高。此外，应尽量避免换挡和加速，因这时容易产生冲击载荷，而使土壤的表面破坏。当车队行驶时，后面的汽车应按前面汽车行驶的轮辙通过，这样可以减小滚动阻力。在行驶中应尽量保持直线行驶,因为转弯时将引起前后轮辙不重合,增加滚动阻力。

如果车轮花纹凹槽被黏土填满而使车轮表面变得光滑时,附着力就会降低,车轮容易滑转。遇到这种情况时,驾驶员可以适当提高车速或设法清除轮上的黏土。

如果汽车装有强制锁住式差速器,驾驶员应在到达有可能使车轮滑转的地区之前将差速器锁住。因为车轮一旦滑转之后,土壤表层已被破坏,附着系数已下降,再锁住差速器就不会起显著作用。当汽车离开路面状况较差的地段之后,应将差速锁脱开。

知识拓展

汽车行驶平顺性评价标准分析

影响汽车行驶平顺性的因素是多方面的,对汽车行驶平顺性的评价也十分复杂。要定量地描述平顺性能,必须包括物理的、心理的和生理的各方面评价。到目前为止,国外各公司、试验厂和研究人员使用的是差别较大的不同评价指标和评价方法。采用较多的有两种评价方法,其一是按 ISO 2631 标准,包括 1/3 倍频带法和总的加权值评价法;其二就是吸收功率法。国内采用 GB 4970—2009 评价标准。

1)1/3 倍频带法

图 5.17 中,f_c 为 1/3 倍频带中心频率;R 为垂直加速度均方根值。1/3 倍频带认为,许多 1/3 倍频带中对人体产生影响最大的,主要是由人体感觉的振动强度最大的(折算到人体敏感频带范围以后)那一个 1/3 倍频带所造成。按照这种评价方法,对于图 5.17 中两种车型,人能够承受的时间均为 4 h,由此而认为这两种车的平顺性能相同,显然是不合理的。因此,1/3 倍频程评价法的缺陷在于没有考虑不同频率加速度均方根值的影响及不同方向振动的影响。

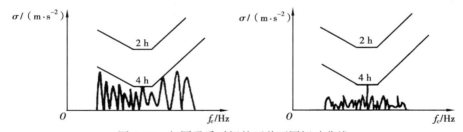

图 5.17　相同承受时间的两种不同振动曲线

2)总的加权值评价法

总的加权值评价法是在某一方向上所有加速度均方根值分量的方和根值作为评价指标。

$$总的加权值为 \quad \sigma_{piv} = \left[\sum_{i=1}^{20} (\sigma_{pivi})^2 \right]^2$$

这种评价方法是建立在假定人作为一个整体接受带宽随机振动的基础上。这样就会导致在某窄带中加速度均方根值远远超过了允许值,但在其他频带中加速度均方根值较小,由于补偿作用,总的加权值不大。如图 5.18 所示,在垂直方向总的加权值相等时,误判其平顺性能相同是不合理的。

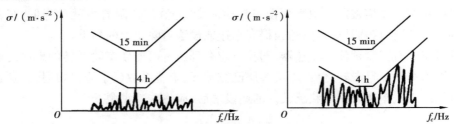

图 5.18   垂直方向总的加权值相同的两种不同振动曲线

3）吸收功率法

吸收功率法认为,人体在一定范围内是一弹性线性系统,考虑人体接受的振动能量和沿全身传递,其振动能量的时间变化率为吸收功率。因而,它是将人体承受的垂直振动、横向振动(左右、前后)和坐着的人体脚部的振动相加,用一个数据评价。虽然该方法比较全面,但由于它是各个方向吸收功率之和,这样会导致某一方向超过了允许值,而其他方向值很低时,总的吸收功率不大,因此,该评价方法反应"迟钝"。此外,它只能对已有车辆作出评价,而对产品的开发预测及汽车具体结构参数的改进不能提出指导意见。

4）GB 4970—2009 评价标准

从上面讨论可知,ISO 2631 中的两种评价方法侧重于客观(物理量)评价;而吸收功率法则侧重于主观的(感觉)评价,且它们之间存在着互补性。由中国第一汽车集团公司技术中心起草的 GB 4970—2009 汽车行驶平顺性国家标准,是在综合上述各种评价方法的基础上制订的,它是以 ISO 2631 标准为主,兼顾吸收功率法,并增补 3 个方向总的加权均方根值

$$\sigma_{piv0} = \sqrt{(1.4\sigma_{pivx})^2 + (1.4\sigma_{pivy})^2 + \sigma_{pivz}^2}$$
$$R\&pwo = (1.4R\&pwx)^2 + (1.4R\&pwy)^2 + R^2\&pwz$$

此外,由于 ISO 2631 及吸收功率法没有考虑车速的影响,而实验和理论都表明,汽车的行驶速度对行驶平顺性影响较大。因此,GB 4970—2009 评价方法中制订以 $T_{CD}(T_{FD}) - v$, $\sigma_{piv} - v$,辅助以 $Pav - v$, $\sigma_{piv0} - v$ 的评价方法,相对 ISO 2631 标准及吸收功率法而言合理一些。T_{FD}、T_{CD} 分别为"疲劳降低工效界限"及"降低舒适界限"的承受时间,Pav 为吸收功率。

习　题

1. 评价汽车通过性的几何参数有哪些?
2. 影响汽车通过性的因素有哪些? 在使用中应注意哪些问题?
3. 后轮驱动 4×2 汽车越台阶能力主要由哪个车轮决定? 为什么?
4. 评价汽车行驶平顺性的方法有哪些?
5. 人对振动的三种不同的感觉界限是如何划分的?
6. 什么情况下易于采用变刚度悬架? 为什么?

第 **6** 章
汽车使用条件

学习目标

【能力目标】

1. 掌握影响汽车完成运输工作的各类外界条件,包括气候条件、道路条件和运输条件等;
2. 掌握汽车在高速公路上的使用条件;
3. 掌握汽车运用水平;
4. 掌握汽车运行技术条件。

【知识目标】

1. 了解汽车在不同使用条件下的使用特征;
2. 掌握汽车在高速公路上的使用条件和特征;
3. 掌握汽车运用水平的主要内容;
4. 掌握不同条件下的汽车运行技术。

汽车使用条件,是指影响汽车完成运输工作的各类外界条件。它主要包括气候条件、道路条件、运输条件和汽车安全运行技术条件等。

汽车在复杂的外界条件下工作。这些外界条件随时间和空间而变化,并严重影响汽车使用效果。汽车效率的发挥取决于驾驶员操作水平、汽车性能以及汽车对外界的适应性,即汽车的主要技术经济指标也随外界条件变化。在汽车运行过程中,汽车必须不断地调节自身的使用性能以适应外界条件的变化。例如,在恶劣的道路条件下,通过换低挡降低汽车速度。另外,汽车运行速度、燃料经济性、各总成和轮胎可靠性、耐久性以及驾驶员疲劳程度等,都与汽车使用条件有关。

6.1　气候条件

我国幅员辽阔,各地气候条件差异很大。有高原寒冷和干燥地区、北方寒冷和干燥地区、南方高温和潮湿地区等。大多数地区一年四季的温差和湿度差别很大。例如,东北北部地区最低气温可达 −40 ℃,南方炎热地区夏季气温高达 40 ℃,而西北、西南地区的气候条件变化更为复杂。

　　环境温度和湿度对汽车,特别对发动机的热工况影响很大。在寒冷地区,发动机启动困难,运行油耗增加,机件磨损量增大;风窗玻璃容易结霜、结冰;冰雪道路易发生交通事故。在寒冷气候条件下,为了保证驾驶员的工作状态、乘客的舒适和安全、汽车的正常工作、货物的防冻,需从结构上对汽车采取相应措施。

　　在炎热地区,发动机容易过热,工作效率低,燃料消耗增加。汽车电气系统、燃料供给系统元件易过热,导致故障,如蓄电池电解液蒸发过快所引起的故障。环境温度过高,若散热不良或燃料品质不佳,容易在燃料供给系中形成气阻,影响发动机正常工作。高温可能造成润滑脂黏稠度下降,被热空气从密封不良的缝隙挤出。高温也会逐渐烘干里程表、雨刮器等机件中的润滑脂,增加机件磨损,导致故障。高温还会导致制动液黏度下降,在制动系中形成气阻,导致制动故障。高温会加速非金属零件的老化及变形。另外,高温影响驾驶员的工作状态,影响行车安全。

　　在气候干燥、风沙大的地区,汽车及其各总成的运动副易因风沙侵入而加剧磨损。

　　在气候潮湿和雨季较长的地区及沿海地区,如果发动机、驾驶室、车厢的防水和泄水能力不良,将引起零件锈蚀,以及因潮湿使电气系统工作不可靠。另外,大气湿度过高,会降低发动机汽缸的充气效率,降低发动机的动力性和燃料经济性。

　　在高原地区,空气稀薄,大气压力低,水的沸点下降,且昼夜温差大,由此使发动机的混合气过浓,真空点火提前调节器失效,冷却水易沸腾,气压制动系统气压不足,以及使驾驶员发生高原反应体力下降等。

　　不同气候条件对车辆结构和使用提出了不同的要求。应针对具体的气候和季节条件,使用相应的变形汽车或对标准型汽车进行技术改造,以提高车辆对气候的适应能力。汽车运输企业需要针对当地的气候特点,合理选用汽车,并制订相应的技术措施,努力克服或减少气候条件对汽车正常工作造成的各种影响,做到合理使用,取得最佳的使用效果。

6.2　道路条件

　　道路条件是由道路状况决定的,影响汽车运用的因素,汽车结构、汽车运行工况、汽车技术状况都与汽车运行的道路条件有着密切关系。

　　汽车运输对道路的要求:在充分发挥汽车速度特性的情况下,保证车辆安全行驶;满足该地区对此道路所要求的最大通行能力;车辆通过方便,乘客有舒适感;车辆通过此道路的运行材料消耗量最低,零件损坏最少。

　　车辆运行速度和道路通行能力是道路条件的主要特征指标。它们是确定道路等级、车道宽度、车道数、路面强度以及道路纵断面和横断面的重要依据。

　　道路条件对汽车运行速度、行驶平顺性及装载质量利用程度的主要影响来自道路等级和道路养护水平。例如,汽车在良好路面上行驶,可获得较高车速和良好燃料经济性;汽车在崎岖不平的道路上行驶,平均车速降低,需要频繁地进行换挡和制动操作,加剧了零部件的磨损,增加了油耗和驾驶员工作强度;路面不平也使零部件冲击载荷增加,加剧汽车行驶系的损伤和轮胎的磨损。

6.2.1　道路等级

按照公路功能和适应的交通量,《公路工程技术标准》将公路分为 5 个等级:高速公路、一级公路、二级公路、三级公路和四级公路。

①高速公路为专供汽车分向、分车道行驶并应全部控制出入的多车道公路。

四车道高速公路应能适应将各种汽车折合成小客车的年平均日交通量为 25 000～55 000 辆;

六车道高速公路应能适应将各种汽车折合成小客车的年平均日交通量为 45 000～80 000 辆;

八车道高速公路应能适应将各种汽车折合成小客车的年平均日交通量为 60 000～100 000 辆。

②一级公路为供汽车分向、分车道行驶,并可根据需要控制出入的多车道公路。

③二级公路为供汽车行驶的双车道公路。

双车道二级公路应能适应将各种汽车折合成小客车的年平均日交通量 5 000～15 000 辆。

④三级公路为主要供汽车行驶的双车道公路。

双车道三级公路应能适应将各种车辆折合成小客车的年平均日交通量 2 000～6 000 辆。

⑤四级公路为主要供汽车行驶的双车道或单车道公路。

双车道四级公路应能适应将各种车辆折合成小客车的年平均日交通量为 2 000 辆以下。

单车道四级公路应能适应将各种车辆折合成小客车的年平均日交通量为 400 辆以下。

《公路工程技术标准》将每级公路规定了相应的技术标准,如车道宽、车道数、最小停车视线距、纵坡、平曲线半径和路面等级等。标准中规定的路线参考取值,均在保证设计车速的前提下,并且考虑了汽车行驶安全性、舒适性、驾驶人员的视觉和心理反应。

2012 年底,全国公路总里程达到 423.75 万 km,其中,高速公路近 9.62 万 km。

我国已制定了宏伟的公路发展规划,它的实现将使我国的道路现状发生根本性的转变,对我国现代化建设起到巨大的推动作用。但是,当前的公路现状仍不能令人满意,在修建和改建高等公路的同时,有许多旧路需要改造。

交通量越大,道路的修建标准就越高。但道路修建和维护的费用可由路况改善节约的汽车运行费用得到迅速补偿。据推算,将昼夜交通量为 1 000 辆的砂石路面 1 万 km,改为沥青路面,约需要沥青 50 万 t,但每年可节约燃料 11 万 t,减少汽车运输支出 3.1 亿元,营运 5 年就可收回全部投资。

6.2.2　公路技术特性

影响公路使用质量和车辆使用效率的线路主要技术特性,在水平面内是曲线段的平曲线半径,在纵断面内是纵坡、纵坡长度、竖曲线半径,在横断面内是车道宽度、车道数和路肩宽度等。

汽车弯道行驶,受离心力作用可能会引起侧滑,使汽车的操纵性能恶化,降低乘员的舒适性,严重时可能翻车。在水平曲线半径行驶的车辆轮胎侧向变形增大,磨损增加,车轮滚动阻力增加,车辆油耗增加。曲线路段影响驾驶员的视线,夜间行车光照距离在曲线段也比直线段短,对行车安全不利。但很长直线路段对行车安全也不利,所以高速公路都避免采用直长路线型。一般都尽量采用大于或等于最小半径。当条件不许可时,可设超高或缓和曲线。缓和曲线可使作用在汽车上的离心力逐渐变化,以便于驾驶员平缓操纵方向盘,保证行车安全。

公路纵坡使汽车动力消耗增大,后备功率降低,燃料消耗增加。另外,公路的凸形变化,也影响驾驶员的视距。JTJ 001—97 规定了各级公路纵坡的许用值。权衡汽车运输指标和修建费用两个方面的要求,是公路修建前进行可行性论证的重要内容之一。

汽车运行工况和安全性与路面质量有关。要求路面具有足够的强度、很高的稳定性、良好的平整度以及适当的粗糙度,以保证汽车的附着条件和最小的运行阻力。

路面平整度是路面的主要使用特性之一。它影响汽车运行速度、动载荷、轮胎磨损、货物完好性及乘员舒适性,从而影响汽车利用指标和使用寿命。

6.2.3 公路养护水平

公路养护水平的两个评定指标是"好路率"和"养护质量综合值"。根据"公路养护质量检查评定暂行办法",将公路养护质量分为优、良、次、差 4 个等级。评定项目包括路面平整、路拱适度、行车顺适、路肩整洁、边坡稳定、标志完善鲜明、行道树齐全。满分为 100 分,其中路面、路基和其他分别占 50、20 和 30 分。公路养护评分值和优良等级公路要求见表 6.1。

表 6.1 公路养护等级评分值

公路养护等级	优	良	次	差
总　　分	>90	>75	>60	<60
路　　面	>45	>38	—	—

已知某公路的总里程 L、优等里程 L_y、良等里程 L_l、次等里程 L_c、差等里程 L_{ch}。好路率 Q 的计算式为

$$Q = \frac{L_y + L_l}{L} \times 100\%$$

养护质量综合值 P 计算式为

$$P = \frac{4L_y + 3L_l + 2L_c + L_{ch}}{L}$$

好路率和养护质量综合值都与车辆运行无关,但它们与直接影响汽车速度、平顺性和总成使用寿命的路面平整度评分有关。因而,它们可粗略地表征道路状况,并可粗略地评价道路对汽车运用的影响。

6.2.4 公路养护水平对汽车使用性能的影响

根据相关试验统计数据表明,公路养护状况与汽车运行油耗、维修费用、大修间隔里程存在直接的关系。

(1)油耗

试验表明,在车速为 50 km/h 的情况下,试验路段的路面分依次为 18 分和 49 分时,油耗分别为 28.43 L/100 km 和 26.01 L/100 km,即路面分从 18 分增至 49 分时,油耗将下降8.5%。

(2)车辆维护费用

车辆维护费用和道路养护质量的关系研究表明,道路养护质量综合值由 2.48 提高到

2.78,车辆维护费用可减少22%。即加强道路的养护,便可大幅度降低车辆损坏率,节约车辆维护费用。

(3)车辆大修费用

河北省某年公路好路率与汽车大修间隔里程统计数据列于表6.2。

表6.2　河北省某年的好路率与大修里程(万 km)

地　区	石家庄	唐　山	秦皇岛	邯　郸	邢　台	保　定	承　德	沧　州
好路率	72.4	76.2	73.3	64.3	68.5	71.0	64.9	73.8
大修里程	15.91	19.64	14.76	12.07	6.64	15.23	9.15	17.09

通过相关分析,好路率与汽车大修里程间存在关系式:

$$y = -29.909 + 0.6374x$$

式中　y——汽车大修里程,万 km;

　　　x——好路率,%。

6.3　运输条件

运输条件是指由运输对象的特点和要求所决定的,影响车辆使用的各种因素。

汽车运输可分为货运和客运。货运条件主要包括货物类别、货物运量、货运距离、装卸条件、运输类型和组织特点。客运对汽车使用性能的最基本要求是为旅客提供最佳的方便性。

近年来,我国公路运输发展迅速,2012 年公路客运量、旅客周转量在综合运输体系中所占比重分别为91.9% 和52.8%;公路货运量、货物周转量在综合运输体系中所占比重分别为72.1% 和11.1%。

(1)货物类别

货物是指从接受承运起到送交收货人止的所有商品或物资。通常,根据汽车运输过程中的货物装卸方法、运输和保管条件以及批量对货物进行分类。

1)按装卸方法分类

货物按装卸方法可分为堆积、计件和灌装 3 类。对没有包装的,用堆积装卸的货物如煤炭、砂、土和碎石等,按体积或质量计量的货物宜于采用自卸汽车运输。对可计个数,并按质量计量装运的货物,如桶装、箱装、袋装的包装货物及无包装货物,可采用普通栏板式货车、厢式货车及保温厢式货车运输。对于无包装的液体货物,通常采用自卸罐车运输。

2)按运输和保管条件分类

货物按运输保管条件可分为普通货物和特殊货物。前者是指在运输过程中无特殊要求,可用普通车厢运输的货物。后者是指在运输过程中,必须采取特别措施才能保证完好无损的承运货物。

特殊货物包括特大、沉重、危险和易腐的货物。特大货物是指标准车厢不能容纳的货物。长型货物通常是指其长度超过标准车身长度1/3 的货物。沉重货物是指单件质量大于250 kg 的货物。危险货物是指在运输和保管过程中可能使人致残,或破坏车辆、建筑物和道路的货物。易腐货物是指在运输和保管过程中需专门库房和车辆维持一定温度的货物。

运输特殊货物,需要选用大型或专用汽车。但是,汽车总体尺寸受国家标准限制(GB 1589—97 汽车外廓尺寸限界)。

3)按货物批量分类

货物按一次托运货物的数量可分为小批和大批货物。小批货物又称为零担货物,如食品、邮件和行李等个别少量运输的货物。大批货物指大批量运输的货物,又称大宗货物。

货物批量是选用车辆类型的主要依据。货物运输汽车的车厢构造和尺寸都应同装运的货物相适应。

(2)货运量

在汽车运输中,完成或需要完成的货物运输数量称为货运量,通常以吨为计量单位。

在汽车运输中,完成或需要完成的货物运输工作量,即货物的数量和运输距离的乘积称为货物周转量,它以复合指标"吨·千米"(t·km)为计量单位。货运量和货物周转量统称为货物运输量。

按托运货物的批量,货运量可分为零担和整车两类。在我国,凡是一次托运货物在 3 t 以上为整车货物,不足 3 t 为零担货物。需要较长时间和较多车辆,才能运完的整车货物为大宗货物,而短时间内或少数车辆即能全部运完的货物为小宗货物。

货物批量取决于国民经济的发展水平。货物批量的形成受多种因素的影响,如托运单位的发货条件、货物形成工艺、货物集聚时间、货物价值及经济上合理的集聚量等;客户要求的交货速度、数量和用货条件;运输组织、道路条件和货物集散时货物批量合并的可能性等。因此货物不可能都是大宗的。但是,因工业结构的变化,专业化、协作化的生产,要求及时、快速地运送货物。商品经济的发展,人民生活水平的提高,都需要快速运输生活日用品、农副产品,这些货物的特点是批量小、运距短、批次多。显然这类小批量货物适宜轻型汽车运输,而大宗货物采用大型车辆运输时技术经济效益高,因此,应尽可能地组织大宗货物运输。所以运输行业应配备不同吨位的车辆,才能合理地组织运输,提高运输经济效益。

(3)货物运距

货物运距是货物由装货点至卸货点间的运输距离,一般用千米(km)作为计量单位。

货物运距在很大程度上影响运输车辆利用效率指标,并对车辆的结构和性能提出不同的要求。当运距较短时,要求车辆结构能很好地适应货物装卸的要求,以缩短货物的装卸作业时间,提高车辆短运距的生产率。长途运输车辆运输生产率随车辆的速度性能提高和载质量的增大而显著增加。因此,随着运距的增加,要求增加汽车的吨位,但汽车的最大轴重受到国家法规的限制。

(4)货物装卸条件

货物的装卸条件决定了汽车装卸作业的停歇时间、装卸货物的劳动量和装卸设备费用,从而影响汽车的运输生产率及运输成本。运距越短,装卸条件对运输效率的影响越明显。

装卸条件受货物类别、运量、装卸点的稳定性、机械化程度以及装卸机械等诸多因素的影响。

一定类别和运量的货物要求相应的装卸机械,也决定了运输车辆的结构特点,如运输土、砂石、煤炭等堆积货物的车辆,考虑使用铲斗装卸货物,货物对汽车系统及机构的冲击载荷,以及汽车的装载质量和车厢容积与铲斗容积的一致,才能保证获得最高的装运生产率。

带自装卸机构的汽车可缩短汽车装卸作业时间,但是,自装卸机构使汽车的成本及装卸载质量比相同吨位的汽车要小。实践表明,只有在短运距运输时,自装卸汽车才能发挥其优越性。

(5) 货运类型及组织特点

货物运输类型有多种分类方法,如短途货运、长途货运、城市货运、城间货运、营运货运、自用货运、分散货运、集中货运等。

自用货运是指用本单位的车辆完成本单位货运任务。

分散货运是指在同一运输服务区内,若干汽车货运公司或有车单位各自独立地调度车辆,分散地从事货运工作。显然分散货运的车辆、里程、载质量利用率都低,从而降低了汽车运输生产率,提高了运输成本。

集中运输是在同一运输服务区内的车辆和完成某项货运任务的有关单位车辆,集中由一个机构统一调度,组织货物运输工作,这种运输类型可以提高车辆的载质量利用率和时间利用率,从而有利于提高汽车运输生产率,降低运输成本。

运输组织特点主要取决于车辆运行路线。由于货运任务的性质和特点不同,道路条件不同,以及所用车辆类型不同,即使在相同收发货点间完成同样的货运任务,也可采用不同的运行路线方案,并产生不同的运输效益。

货运车辆的运行路线可分为往复式、环形式和汇集式。往复式运行路线是指货运车辆多次重复于两个货运点间行驶的路线。环形式是指将几个货运方向的运行路线依次连接成一条封闭路线。车辆沿环形路线运行时,每个运次是运输同一起讫点的货物。汇集式是指车辆沿运行路线各个货运点依次分别或同时装卸货物,并且每次运量都小于一整车时的运行路线。

货运车辆结构应与选用的路线相适应,长运距的往复式运行路线,就宜使用速度性能优良、载质量大的汽车。为了提高车辆运输的时间利用率,牵引车驾驶室设有卧铺,便于两个驾驶员轮班驾驶,减少因停车休息而延长运行时间,也可在中途设站更换驾驶员驾驶。用于环行式或汇集式运行路线的车辆,其载质量应与每运次的运量相适应,其结构还便于途中装卸货物。

(6) 客运的基本要求

客运分为市内客运和公路客运,各种客运应配备不同结构形式的客车。市区公共客车采用车厢式多站位车身,座位与站立位置之比为2∶1,通道很宽,车门数目多,车厢地板较低。有的客车为方便残疾人轮椅上下,车门踏板采用可自动升降结构。市区公共汽车为了适应乘客高峰满载的需要,要求有较高的动力性。为了适应城市道路的特点,还要求汽车操纵方便。城间客车,要求有较高的行驶速度和乘坐舒适性。通常座位宽大舒适,椅背倾斜可调,车门数少,其他辅助设施较齐全。为了适应旅游的需要,高级旅游客车还配备有卫生间、微型酒吧,汽车两侧下部设有较大空间的行李舱。

6.4　汽车高速公路使用条件

我国高等级公路建设进入高速发展期,高速公路与高速运输是密切相关的。高速运输的最显著特点就是运输车辆的持续高速运行。高速运输对汽车的动力性、制动性、操纵稳定性、加速性、舒适性的要求更加严格。许多在普通公路上运行不存在的问题,在高速行驶中却变得至关重要。有关资料表明,在高速公路的交通事故中,因汽车机械故障造成的比例逐年升高。

(1) 高速公路行驶的安全条件

为了避免发生追尾事故,汽车间应保持一定的车间距。当车辆速度为 100 km/h 时,行车间距至少应为 100 m,车速为 70 km/h 时,应至少保持 70 m 的车间距。在潮湿的路面上行驶时,应保持上述车间距 2 倍以上。当遇有大风、雨、雾或路面积雪、结冰时,应以更低的速度行驶,以保证行驶安全。

高速公路行驶对车速也有限制。汽车在连续高速行驶条件下容易发生交通事故。《高速公路交通管理办法》规定,最低车速不得低于 50 km/h,轿车等小型车辆最高车速不得超过 110 km/h,大型客车和货车车速不得超过 90 km/h。也有的高速公路或路段最高车速限制为 100 km/h,80 km/h,甚至 60 km/h。

高速公路行驶的主要问题是安全问题。因此,应注意以下几点:

①要严格遵守交通法规,按照限速规定行驶。

②为了防止汽车在高速公路上发生故障,妨碍交通安全畅通,在进入高速公路前要对汽车的燃料、润滑油、冷却液、转向器、制动器、灯光、轮胎等部件以及汽车的装载和固定情况进行仔细检查,使得车况处于最佳状态。

③车辆进入高速公路后应使车速达到 50 km/h 以上。通过匝道进入高速公路的汽车须在加速车道提高车速,并在不妨碍主车道上其他车辆行驶的情况下,驶入主车道。

④在正常情况下,汽车应在主车道上行驶,只有当前方有障碍物或需要超越前车时,方可变换到超车道上行驶,通过障碍物或超越前车后,应驶回主车道。不准车辆在超车道长时间行驶或骑、压车道分界线行驶。

⑤为了减轻碰撞时的人员伤亡,配有安全带的汽车前排司乘人员应系好安全带。货运汽车除驾驶室外,其他部位一律不得载人。客车行车中乘客不许在汽车中站立。

⑥在高速公路上行驶时,不允许随意停车。为了防止追尾或侧滑的危险,当汽车发生故障时,不得采取紧急制动。而应立即打开右转向灯,将车停放在右侧紧急停车带或右侧路肩。停车后无关人员应迅速撤离至护栏外侧。当故障排除重新行驶时,应及时将车速提高到 50 km/h 以上。然后,在不影响其他车辆行驶的情况下驶入主车道。当车辆因故障或事故无法离开主车道时,须开启车辆危险报警闪光灯,夜间还应开启示宽灯和尾灯,并在车后 100 m 外设置故障警告标志。同时,应利用路旁的紧急电话或其他通信设备通知有关管理机构,不得随意拦截车辆。

⑦当交通受阻时,要按顺序停车,等待有关人员处理,不得在路肩上行驶,以免影响救护车、公安交通和管理巡逻车通行。

⑧在高速公路上汽车不许调头、倒车和穿越中央分隔带,不许进行试车,也不许在匝道上超车和停车。

⑨当遇有大风、雨、雾或路面积雪、结冰时,要注意可变交通标志或临时交通标志,遵守管理部门采取的限速和封闭车道的管制措施。

(2)高速公路行驶条件下轮胎的使用

高速公路行驶条件下轮胎的使用详见第 7 章。

6.5　汽车运用水平

汽车运用水平主要包括驾驶员的驾驶操作技术水平、汽车运输组织管理水平、汽车保管水平、汽车维修水平以及汽车运行材料供应水平。

汽车货运组织、管理水平用载质量利用系数和里程利用率评价。显然,运输组织、管理水平越高,载质量利用系数和里程利用率就越高。

汽车驾驶操作水平明显地影响汽车零件磨损、燃料经济性和污染物排放。熟练驾驶员在平路、下缓坡等有利条件下,经常保持车速稳定或滑行状态,很少采取高强度制动。熟练驾驶员不仅能保证汽车安全运行,而且能提高汽车行驶技术速度 15% ~20% ,延长汽车大修里程 40% ~50% ,在相同的交通和道路条件下可节约燃料 20% ~30% 。

汽车维修费用占汽车运输成本的 15% ~20% 。我国一些地区维修市场宏观管理混乱,维修工作原始,手工作业占有相当大的比例,加之配件质量不稳定,检验设备少,诊断技术尚未真正用于控制汽车技术状况。由此,导致汽车维修质量低下,降低了汽车利用的经济效益。高水平的汽车维修标志是:汽车完好率达 90% ~93% ,总成大修间隔里程较定额高 20% ~25% ,配件消耗减少 15% ~20% ,燃料、润滑材料的消耗减少 20% ~30% 。

6.6　汽车运行技术条件

(1)机动车运行安全技术条件

为保证车辆安全行驶,运行可靠,必须符合《机动车运行安全技术条件》(GB 7258—1997)规定的技术条件。汽车运行安全技术条件主要内容如下:

①车辆外观整洁、装备齐全、紧固可靠、各部件完好,并具有正常的技术性能。

②发动机动力性良好,运行平稳,没有异响;燃料,润滑材料消耗正常,无漏油、漏水、漏气、漏电现象。

③底盘各总成连接牢固,无过热,无异响,性能良好,各润滑部位不缺油,钢板弹簧无断裂或错开现象,轮胎气压正常,汽车、挂车连接和防护装备齐全、可靠。

④转向轻便灵活,转向节及臂、横直拉杆及球销不得松旷,性能良好,前轮定位符合要求。

⑤车辆制动性能符合规定,挂车与牵引车意外脱离后,挂车应能自行制动,牵引车的制动仍然有效。

⑥客车车厢、货车驾驶室内应不进尘土,不漏雨,门窗关闭严密,开启灵活;挡风玻璃视线

清晰;客车座椅齐全整洁、牢固;货车车厢无漏洞,栏板销钩牢固、可靠。

⑦车辆的噪声及废气排放符合有关规定。

⑧灯具、信号、仪表和其他电气设备配备齐全,工作正常、可靠。

(2)汽车危险货物运输规则

车辆运载具有易爆、易燃、有毒、放射性等危险货物时,必须符合《汽车危险货物运输规则》(JT 3130—88)的规定。其主要技术条件是:

①车辆的车厢、底板平坦良好,栏板牢固,衬垫不得使用松软易燃材料。

②运载危险货物的车辆左前方悬挂黄底黑字的"危险品"标志。

③根据车内装运危险货物的性质,车辆必须配备相应的消防器材等用具。

④车辆行驶和停车必须严格遵守交通、消防、治安等法规要求。

⑤必须指派熟悉车内危险物性质的人员担任押运人员,严禁搭乘无关人员。

⑥车辆总质量超过桥梁、渡船标定承载质量时,或车辆装载超高、超宽、超长时,均应采取安全有效措施,报请当地交通、公安主管部门批准。未经允许,不得冒险通过。

(3)特种货物运输运行技术条件

特种货物运输,除符合普通货物运输的规定外,还应遵守下列相应的特殊要求:托运人要求急运的货物,经承运人同意,可以办理急件运输,并按规定收取急件运费;凡对人体、动植物有害的菌种、带菌培养基等微生物制品,非经中国民航总局特殊批准不得承运;凡经人工制造、提炼,进行无菌处理的疫苗、菌苗、抗生素、血清等生物制品,如托运人提供无菌、无毒证明可按普货承运;微生物及有害生物制品的仓储、运输应当远离食品;植物和植物产品运输须凭托运人所在地县级(含)以上的植物检疫部门出具的有效"植物检疫证书";骨灰应当装在封闭的塑料袋或其他密封容器内,外加木盒,最外层用布包装。

(4)特殊条件下车辆运行技术条件

车辆在等外道路、危险渡口和桥梁上通过时,或在遇有临时开沟、改线、水毁、塌方、冰坎、翻浆等情况时,必须采取确实有效技术措施,以保障行车安全。

知识拓展

在不同路段汽车行驶的养护重点也会不同

车辆经过长途跋涉,尤其是在恶劣的路况行驶后,损耗较大,自驾归来的检查或保养尤为重要。根据自驾路面特点,养护重点也各不相同。

(1)高速路

高速路上行驶对汽车的动力系统是一大考验,因此,发动机是保养的重点,各种液面的检查也十分必要。此外,高速路行驶车前会沾满各种小飞虫,清洗车辆是十分必要的。

对于检查动力系统,长途跋涉和高速奔袭后,高负荷运转使发动机经受了考验,因此,要着重检查发动机机油、水箱防冻液。如果是自动挡轿车,就需要检查变速箱中的自动变速器油 ATF 是否缺失,若过度消耗,则应及时补足;如果自驾游行程比较长,归来后最好更换发动机机油,因为发动机连日的高温工作可能会使机油变质;除此之外,还要检查发动机皮带是否松动,以免影响日后行车安全。旅途中一路风尘仆仆可能使发动机、散热器和空调冷凝器沾满了泥土,严重影响发动机散热和空调工作,建议去专业维修站用特殊清洗剂对发动机及散热器进行专门清洗。

(2)湿滑颠簸路段

1)清洗底盘

在湿滑颠簸路段上行车,泥浆溅到底盘上是不可避免的,如果不及时清洗,就会严重腐蚀汽车底盘及悬挂系统。如果长时间在泥水路面行驶,最好做一次汽车底盘的清洁防锈护理,在底盘彻底冲净后,最好马上烘干,再由专业人员用专用汽车底盘防锈剂进行防锈处理。如果出现底盘异响、方向盘抖动、车辆的停放位置有油迹等现象,说明悬挂系统已经受损,建议车主去维修站检修。

2)做四轮定位

汽车行驶中一路的颠簸会影响其四轮定位,导致轮胎的不正常磨损。因此,该给车辆重新做一次四轮定位。此外,在这种路段行车,发动机也易出现故障,如活塞拉缸、爆震、缸体冲床内漏、产生严重噪声、加速动力下降等。行驶过程中泥浆黏附在水箱上也会导致散热不好,应将水箱上的泥浆及时清洗干净。

(3)山路

在山区行车,由于路面崎岖,汽车行驶不平稳,对汽车底盘与制动影响相对较大,因此除了对一些必要部位如油水电路进行检测外,要重点检测汽车的底盘与制动系统。底盘检查应先看轮胎气压是否符合标准,是否出现老化裂纹或创伤,胎花上是否有异物。磨损严重的轮胎应及时更换新胎。底盘螺母、球头有无松动或脱落,如果驾驶起来有跑偏或打摆的现象,这些问题都要仔细检查。

在山地或郊外行驶,汽车的制动系统使用频繁,同时灵敏性很容易受到崎岖的路面影响。尤其长时间下坡行驶后,应该检查刹车块及刹车皮,长时间踩刹车就会造成高温,使刹车块及刹车皮表面氧化。若制动踏板过于松动无力,储备行程过少,则表示有渗漏或制动有故障,需及时排除。

(4)沙石路

及时清理沙尘,以免对机械和漆面造成进一步的腐蚀或磨损。因不熟悉路况而频繁地刹车和旅途中充满沙石,都会使刹车皮受到严重磨损。如果泥水和沙子进到刹车蹄片里,会给蹄片造成纹路,刹车性能就会降低。所以,应仔细检查刹车毂处是否有磨屑和粉尘,及时清洗以消除刹车变软的情况。

习　题

1.汽车使用条件包括哪几方面?

2.汽车在高速公路上行驶的安全条件是什么?

3.简述汽车运行安全技术条件。

第 7 章

汽车运行材料及其合理使用

学习目标

【能力目标】

1. 能正确合理地选用汽车燃料；
2. 能解释常用润滑材料的用途和性能；
3. 能正确选用润滑材料及工作液；
4. 能理解不同种类轮胎的不同特点；
5. 能说出汽车轮胎的主要尺寸参数；
6. 能进行汽车轮胎的日常维护。

【知识目标】

1. 了解汽油的使用性能、评价指标、牌号、规格与选用方法；
2. 了解柴油的使用性能、牌号、规格与选用方法；
3. 理解各种润滑材料及工作液的使用性能及评价指标；
4. 掌握常用润滑材料及工作液正确的选用方法；
5. 了解汽车轮胎的作用及类型；
6. 掌握普通斜交轮胎的结构和特点；
7. 掌握子午线轮胎的结构和特点；
8. 理解并掌握汽车轮胎的正确使用方法；
9. 掌握汽车轮胎的维护方法。

汽车运行材料主要包括燃料、润滑材料、轮胎、冷却液和制动液等。合理使用汽车运行材料，可以维持汽车正常工作和良好技术状况，提高汽车使用可靠性，延长汽车使用寿命。本章主要介绍车用燃料、车用润滑油料、车用工作液、汽车轮胎等常用汽车运行材料的性能及其合理使用。

7.1　车用燃料的使用

7.1.1　车用汽油

(1)车用汽油的使用性能

1)蒸发性

汽油的蒸发性是指汽油由液态转化为气态的性质。其评定指标是馏程和饱和蒸气压。

馏程是指用石油产品馏程测定仪对 100 mL 油品蒸馏时,从初馏点到终馏点的温度范围和残留量。

典型馏分蒸发温度对发动机工作的影响:

①汽油的 10% 蒸发温度表示汽油中轻质馏分含量的多少。10% 蒸发温度越低,含轻质馏分越多,发动机在低温条件下容易启动,所以要求此温度不高于 70 ℃。但汽车在高温条件下使用时容易使燃油供给系统产生气阻,造成供油不畅或中断。

②汽油的 50% 蒸发温度表示汽油中中间馏分(位于轻质馏分和重质馏分之间的汽油馏分)的多少,反映汽油的平均蒸发性的好坏。50% 蒸发温度低,汽油机的预热时间短,加速性能好,运转稳定。所以要求此温度不高于 120 ℃。

③90% 蒸发温度和终馏点表示汽油中重质馏分含量的多少。90% 蒸发温度过高,汽油难以蒸发,燃烧不完全,造成油耗增加,发动机磨损加剧。因此,对此作了严格限定,90% 蒸发温度要求不高于 190 ℃,终馏点不高于 205 ℃。

④汽油的残留量表示汽油中最不易蒸发的重质成分。残留量过多,使发动机燃烧室积炭增加,进气门、喷嘴结胶严重。因此限制残留量不大于 2%。

饱和蒸气压是指在规定的条件下,油品在要求的试验仪器中气液两相达到平衡时,液面蒸气所产生的最大压力。

汽油饱和蒸气压对发动机的低温启动性、汽油供给系产生气阻的倾向、储存中的蒸发损耗等有直接影响。汽油的饱和蒸气压越大,其蒸发性能越好,使发动机低温容易启动,但在高温条件下使用时汽油供给系易产生气阻,储存和使用过程中蒸发损失大。因此限制饱和蒸气压春夏季不大于 74 kPa,秋冬季不大于 88 kPa。

馏程限制的是不高于某温度,以保证汽油具有良好的蒸发性,保证发动机正常工作;而饱和蒸气压限制的是不大于一定值,以防止汽油供给系产生气阻、减少汽油在储存和使用过程中的蒸发。

2)抗爆性

抗爆性是指汽油在汽油机内燃烧时不产生爆燃的性质。汽油抗爆性的评定指标是辛烷值和抗爆指数。

辛烷值是表示点燃式发动机燃料抗爆性的一个约定数。采用在规定条件下的标准发动机试验与标准燃料进行比较来测定,以与被测定燃料具有相同抗爆性的标准燃料中异辛烷的体积百分数表示。测定方法有马达法(Motor Octane Number,MON)和研究法(Research Octane Number,RON)两种。方法不同辛烷值不同。

测定辛烷值的标准燃料是由两种抗爆性相差悬殊的烷烃掺配而成的。一种是抗爆性良好的异辛烷(C_8H_{18}),规定其辛烷值为 100;另一种是抗爆性极差的正庚烷(C_7H_{16}),规定其辛烷值为 0。二者以不同的比例混合,便得到辛烷值从 0～100 各标准燃料。

抗爆指数是指汽油研究法辛烷值与马达法辛烷值之和的 1/2,即

$$抗爆指数 = \frac{RON + MON}{2}$$

3)氧化安定性

汽油的氧化安定性是指其热稳定性,即防止生成高温沉积物的能力。汽油氧化安定性的评定指标是实际胶质和诱导期。

实际胶质是指在规定条件下,对汽油进行快速蒸发后所测得的汽油蒸发残留物中正庚烷不溶物的含量,以 mg/100 mL 表示。

诱导期是指在规定的氧化条件下,油品处于稳定状态所经历的时间周期,以 min 表示。

目前,国内外广泛采用向汽油中添加清净剂的方法提高车用汽油的氧化安定性。

4)无腐蚀性、无害性和清洁性

汽油在运输、储存和使用过程中,要求其无腐蚀性。评定指标是硫含量、硫醇硫含量、铜片腐蚀试验和水溶性酸或碱。

为避免车用汽油中除铅以外的有害物质对汽车排放的影响,以及对现代汽车排放污染控制装置的不良作用,国家环境保护总局发布了 GWKB 1—1999《车用汽油有害物质控制标准》,规定了苯、烯烃、芳烃、锰、铁、铜、铅、磷、硫含量的控制限值,此标准于 2011 年 5 月 1 日起由《车用汽油有害物质控制标准(第四、五阶段)》取代。

清洁性指汽油中不应含有机械杂质和水分。机械杂质会使孔和径堵塞,燃烧室沉积物增加,磨损加剧。水分会加速汽油的氧化,生成酸性水溶液,腐蚀零件,且水分直接锈蚀金属零件。另外,汽油中含有水分,低温时易结冰形成冰粒而堵塞油路。

(2)车用汽油标准

1)我国车用汽油标准

目前,我国车用汽油标准是国家质量监督检验检疫总局和国家标准化管理委员会于 2016 年 12 月 23 日发布实施的 GB 17930—2016《车用汽油》,其主要技术要求见表 7.1。

表 7.1　车用汽油(国六)的技术要求和试验方法

项　目		质量指标			试验方法
		90 号	93 号	97 号	
抗爆性: 研究法辛烷值(RON) 抗爆指数(RON + MON)/2	不小于 不小于	90 85	93 88	97 报告	GB/T 5487 GB/T 503,GB/T 5487
铅含量/(g·L⁻¹)	不大于	0.005			GB/T 8020
馏程	10% 蒸发温度/℃ 不高于	70			GB/T 6536
	50% 蒸发温度/℃ 不高于	110			
	90% 蒸发温度/℃ 不高于	190			
	终馏点/℃ 不高于	205			
	残留量(体积分数)/% 不大于	2			

2）我国车用乙醇汽油标准

乙醇汽油是指在不添加含氧化合物的液体烃类中加入一定量变性燃料乙醇后用作点燃式内燃机的燃料。我国的车用乙醇汽油标准是国家质量技术监督局于 2017 年 9 月 7 日发布的 GB 18351—2017《车用乙醇汽油（E10）》，车用乙醇汽油（E10）按研究法辛烷值划分为 89 号、92 号、95 号和 98 号，与车用汽油的主要差别在于乙醇含量要求是 $10.0 \times (1 \pm 20\%)$（V/V），水分不大于 0.20%（m/m）。

（3）车用汽油的选用

①根据发动机压缩比进行抗爆性的选择，压缩比越大，汽油的牌号越高。

②装有三效催化转化器和氧传感器的汽车尽量选择铅含量低的汽油。

③推广使用加入有效的汽油清净剂的无铅汽油。

④注意无铅汽油低硫含量、低烯烃含量的发展趋势。

⑤注意汽油质量是影响汽车技术状况和汽车排放的重要因素。

⑥区分季节选择汽油的蒸发性，冬季应选择蒸气压较大的汽油，夏季应选择蒸气压较小的汽油。

⑦在储存和使用中应注意防火、防爆，避免中毒。

7.1.2　车用柴油

（1）车用柴油的使用性能

1）低温流动性

车用柴油在低温条件下具有一定流动状态的性能称为柴油的低温流动性。

车用柴油低温流动性的评定指标是凝点、浊点和冷滤点，我国只采用凝点和冷滤点，且车用柴油的牌号是根据凝点划分的。

凝点是指石油产品在试验条件下，冷却到液面不能流动的最高温度。

冷滤点是指在规定的试验条件下，试油不能以 20 mL/min 的流量通过规定过滤器的最高温度。

车用柴油冷滤点测定方法是将试油在规定的条件下冷却，以 2 kPa 的压力进行抽吸使试油通过 56.3 目/cm² 的滤网，当试油冷却到通过过滤器的流量小于 20 mL/min 时的最高温度，就是冷滤点。

冷滤点的测定条件是模拟发动机工作情况确定的，因此，冷滤点与车用柴油的最低使用温度有着较好的对应关系，是低温条件下选择车用柴油的依据。

2）燃烧性

燃烧性主要是指车用柴油抗粗暴的能力。车用柴油燃烧性的评定指标是十六烷值或十六烷指数。

十六烷值是表示压燃式发动机燃料燃烧性的一个约定值。在规定条件下的标准发动机试验中，通过和标准燃料进行比较来测定，采用和被测定燃料具有相同着火延迟期的标准燃料中正十六烷的体积百分数表示。

测定十六烷值的标准燃料是由两种燃烧性相差悬殊的烃掺配而成的。一种是燃烧性好的正十六烷（$C_{16}H_{34}$），规定其十六烷值为 100；另一种是燃烧性差的 α-甲基萘（$C_{11}H_{10}$），规定其十六烷值为 0；将两种标准燃料按不同比例掺配，得到十六烷值为 0～100 的标准燃料。

十六烷指数是通过测定车用柴油的50%蒸发温度和密度,利用经验公式计算得出的十六烷值。计算公式为

$$十六烷指数 = 162.42\frac{\lg t_{50}}{\rho_{20}} - 418.51$$

式中　t_{50}——试验车用柴油50%蒸发温度,℃;

　　　ρ_{20}——试验车用柴油20℃时的密度,g/cm。

3)雾化和蒸发性

柴油机混合气形成时间只有15°~30°曲轴转角,是汽油机的1/30~1/20,这就要求车用柴油的雾化和蒸发性要好,以便于快速形成混合气。但是,车用柴油的雾化和蒸发性过强,会使其在储存和运输中蒸发损失大,而且安全性差。

车用柴油雾化和蒸发性的评定指标是馏程、运动黏度、密度和闪点。其中,馏程的测试方法与车用汽油相同,但规定的是50%蒸发温度、90%蒸发温度和95%蒸发温度。

闪点是指石油产品在规定条件下加热到它的蒸汽与空气的混合气接触火焰发生闪火时的最低温度。闪点由于采用开口杯测定器或闭口杯测定器测定,故有"开口闪点"和"闭口闪点"之分,车用柴油采用闭口闪点评定。

4)安定性

车用柴油的安定性是指车用柴油在运输、储存和使用过程中保持颜色、组成和使用性能不变的能力。影响车用柴油安定性的主要因素是车用柴油中所含的不安定组分,如二烯烃、烯烃等。车用柴油的馏分过重,环烷芳烃和胶质含量增加,安定性也变差。

车用柴油安定性的评定指标是色度、氧化安定性、10%蒸余物残炭。

5)无腐蚀性、无害性和严格的清洁性

无腐蚀性是指车用柴油中要严格控制腐蚀性物质硫、硫醇硫、有机酸、水溶性酸或碱的含量,评定指标是硫含量、酸度和铜片腐蚀,其意义与汽油大致相同。

无害性是指严格控制车用柴油中的芳烃含量、硫含量,以减少柴油机颗粒物的排放。

严格的清洁性是指严格控制车用柴油中的水分和机械杂质等,其评定指标是水分、灰分和机械杂质。

(2)车用柴油的标准

我国目前关于车用柴油的标准有 GB/T 19147—2016《车用柴油》(表7.2)和 GB 252—2015《轻柴油》(表7.3)。标准中将车用柴油按凝点分为10号、5号、0号、-10号、-20号、-35号和-50号7个牌号。与 GB 252—2015《轻柴油》相比,在 GB/T 19147—2016《车用柴油》标准中,对硫含量的限制更加严格;增加了"润滑性"要求;对着火性,增加了"十六烷值指数"要求,并且对不同牌号提出了不同的要求;对密度规定了具体限值。GB/T 19147—2016《车用柴油》比 GB 252—2015《轻柴油》更体现了油品质量的发展方向。

表7.2　车用柴油技术要求(节选)

项　目	10号	5号	0号	-10号	-20号	-35号	-50号	试验方法
硫含量(m/m)/%　　　不大于				0.05				GB/T 380
润滑性 　磨痕直径(60℃)/μm 　　不大于				460				ISO 12156—1

续表

项　　目		10 号	5 号	0 号	−10 号	−20 号	−35 号	−50 号	试验方法
凝点/℃	不高于	10	5	0	−10	−20	−35	−50	GB/T 510
冷滤点/℃	不高于	12	8	4	−5	−14	−29	−44	SH/T 0248
闪点(闭口)/℃	不低于	55				50	45		GB/T 261
着火性(满足下列要求之一)									GB/T 386
十六烷值	不小于	49				46	45		GB/T 11139
或十六烷指数	不小于	46				46	43		SH/T 0694
密度(20 ℃)/(kg·m⁻³)		820 ~ 860				800 ~ 840			GB/T 1884 GB/T 1885

表7.3　轻柴油部分技术要求(节选)

项　　目		10 号	5 号	0 号	−10 号	−20 号	−35 号	−50 号	试验方法
硫含量(m/m)/%	不大于	0.2							GB/T 380
十六烷值	不小于	45							GB/T 386
运动黏度(20 ℃)/($mm^2·s^{-1}$)		3.0 ~ 8.0				2.5 ~ 8.0	1.8 ~ 7.0		GB/T 265
凝点/℃	不高于	10	5	0	−10	−20	−35	−50	GB/T 510
冷滤点/℃	不高于	12	8	4	−5	−14	−29	−44	SH/T 0248
闪点(闭口)/℃	不低于	55					45		GB/T 261
密度(20 ℃)/(kg·m⁻³)		实　　测							GB/T 1884 GB/T 1885

(3)车用柴油的选用

①车用柴油牌号的选择一般应使最低使用温度等于或略高于车用柴油的冷滤点。

一般应按风险率为10%的最低气温进行牌号的选择。某月风险率为10%最低气温值，表示该月中最低气温低于该值的概率为0.1，或者说该月中最低气温高于该值的概率为0.9。各地区风险率为10%的最低气温不仅是选择车用柴油牌号的依据，也是选择发动机油、车辆齿轮油和制动液等的依据。车用柴油牌号及其适用地区见表7.4。

②车用柴油使用前要进行沉淀和滤清，沉淀时间不少于48 h。

表7.4　车用柴油牌号及其适用地区

柴油牌号	适用地区
10 号	有预热设备的柴油机
5 号	风险率为10%的最低气温在8 ℃以上的地区
0 号	风险率为10%的最低气温在4 ℃以上的地区

续表

柴油牌号	适用地区
-10 号	风险率为 10% 的最低气温在 -5 ℃ 以上的地区
-20 号	风险率为 10% 的最低气温在 -14 ℃ 以上的地区
-35 号	风险率为 10% 的最低气温在 -29 ℃ 以上的地区
-50 号	风险率为 10% 的最低气温在 -44 ℃ 以上的地区

7.1.3　车用替代燃料

(1) 液化石油气

液化石油气(简称"液化气")是石油在提炼汽油、煤油、柴油、重油等油品过程中剩下的一种石油尾气,通过一定程序对石油尾气加以回收利用,采取加压的措施,使其变成液体,装在受压容器内,液化气的名称即由此而来。它的主要成分有乙烯、乙烷、丙烯、丙烷和丁烷等,在气瓶内呈液态状,一旦流出会汽化成比原体积大约 250 倍的可燃气体,并极易扩散,遇到明火就会燃烧或爆炸。

车用液化石油气不同于一般民用液化气,首先车用液化石油气有纯度要求,不能含硫、水和其他重烃等杂质,其次随着季节的不同,车用液化石油气中所含丙烷、丁烷的比例不同。

汽油车可以改装成既可以用汽油又可以用液化石油气作能源的双燃料汽车。但原装液化石油气汽车的性能比改装车好得多。

液化石油气汽车上安装有液化石油气储罐,一般出租车的储罐容积为 60 L,可充装液化石油气 48 L,工作压力不超过 2 MPa。储罐上安装有加气口、截止阀、安全阀、过流阀、液位计和压力表。液化石油气自储罐经电磁阀到蒸发器,蒸发器由发动机水箱的热水加温,液化石油气被汽化并调压。燃气在混合器中与空气混合,进入发动机。

(2) 天然气

天然气,广义指埋藏于地层中自然形成的气体的总称。但通常所称的天然气指储存于地层较深部的一种富含碳氢化合物的可燃气体,而与石油共生的天然气常称为油田伴生气。天然气由亿万年前的有机物质转化而来,主要成分是甲烷,但根据不同的地质形成条件,尚含有不同数量的乙烷、丙烷、丁烷、戊烷、己烷等低碳烷烃以及二氧化碳、氮气、氢气、硫化物等非烃类物质。天然气是一种重要的能源,广泛用作城市煤气和工业燃料。作为天然气的储存技术常用的有液化天然气和压缩天然气技术。

1) 液化天然气

液化天然气即液态甲烷(CH_4),其储存温度为 -162 ℃。液化天然气由液态汽化为气态,体积增大,气态甲烷是液态甲烷体积的 625 倍。液化天然气密度为 $0.42 \sim 0.46$ g/cm^3。

液化天然气汽车上安装有储罐,工作压力不超过 2 MPa。储罐上安装有加气口、截止阀、安全阀、过流阀、液位计和压力表。液化天然气自储罐经电磁阀到汽化器,汽化器由发动机水箱的热水加温(或电加温),液化天然气被汽化并调压。燃气在混合器中与空气混合,进入发动机,其工作过程与 LPG 汽车类似。

2）压缩天然气

压缩天然气是天然气加压并以气态存储在容器中。

压缩天然气也可作为车辆燃料使用，压缩天然气汽车上安装有储罐，工作压力不超过20 MPa，储罐上安装有加气口、截止阀、安全阀和压力表。压缩天然气从储气罐经主气阀、过滤器、电磁阀到减压阀，压缩天然气经减压后到混合器，燃气在混合器中与空气混合进入发动机燃烧。

天然气的成分依产地不同而有所差异，但其主要成分是甲烷（95%～98%），另外还有少量的乙烷、丙烷等。

（3）电能

电动汽车是指以车载电源为动力，用电机驱动车轮行驶的车辆。电动汽车有如下优点：

1）无污染，工作噪声低

汽油机汽车废气中的 CO、HC 及 NO_x、微粒、臭气等污染物形成酸雨酸雾及光化学烟雾。而电动汽车在工作时几乎不产生排气污染，噪声小，对环境保护十分有益，有"零污染"的美称。

2）能源效率高，多样化

电动汽车行驶速度不高，其能源效率超过汽油机汽车，电动汽车在制动过程中，电动机可自动转化为发电机，实现制动减速时的能量再利用。

电动汽车的应用可有效地减少对石油资源的依赖，可将有限的石油用于更重要的方面。向蓄电池充电的电力可以由煤炭、天然气、水力、核能、太阳能、风力、潮汐等能源转化。除此之外，如果夜间向蓄电池充电，还可以避开用电高峰，有利于电网均衡负荷，减少费用。

3）结构简单，使用维修方便

电动汽车较汽油机汽车结构简单，运转、传动部件少，维修保养工作量小，当采用交流感应电动机时，电机无须保养维护，更重要的是电动汽车易操纵。

电动车的缺点是动力电源使用成本高，持续行驶里程短。

目前电动汽车尚不如汽油机汽车技术完善，尤其是动力电源（电池）的寿命短，使用成本高。电池的储能量小，一次充电后行驶里程不理想，电动车的价格较贵。但从发展的角度看，随着科技的进步，投入相应的人力物力，电动汽车的问题会逐步得到解决。

此外，电动汽车的价格比内燃机汽车高，决定了电动汽车的初期投入大、费用支出多，但是电动汽车的维修保养费用低，随着使用年限的延长，其使用费用支出会逐渐降低，甚至会低于汽油机汽车使用成本。

（4）醇类燃料

醇类燃料汽车是用醇类燃料作能源驱动的汽车。醇类燃料是指甲醇（CH_3OH）和乙醇（C_2H_5OH），都属于含氧燃料。

与汽油相比，醇类燃料具有较高的输出效率，油耗量较低。由于燃烧充分，有害气体排放较少，醇类燃料属于清洁能源。甲醇主要从煤和石油中提炼，若形成规模生产，成本不高于汽油；乙醇一般利用谷物和野生植物生产，成本较低。目前西方一些国家使用醇类燃料与汽油掺混使用，掺混比例若在5%～15%内，可不更改发动机结构，目前已经正式投放市场。更大比例掺混燃料处于研究试验阶段。作为醇类燃料的推广，主要困难是甲醇产量较低，成本稍高，有毒，冷启动困难，具有较强腐蚀性等。随着技术的进步，醇类燃料将有很大的发展使用空间。

(5)氢气

氢燃料电池汽车是利用氢气在燃料电池中与氧气发生反应,产生驱动电力,推动汽车前进。因此,是电动汽车的一种,而并非传统的内燃机汽车。

氢燃料电池车的工作原理是将氢气输送到燃料电池的阳极板(负极),经过催化剂(铂)的作用,氢原子中的一个电子被分离出来,失去电子的氢离子(质子)穿过质子交换膜,到达燃料电池阴极板(正极),而电子是不能通过质子交换膜的,电子只能经外部电路,到达燃料电池阴极板,从而在外电路中产生电流。电子到达阴极板后,与氧原子和氢离子重新结合为水。由于供应给阴极板的氧可以从空气中获得,因此只要不断地给阳极板供应氢,给阴极板供应空气,并及时把水(蒸气)带走,就可以不断地提供电能。燃料电池发出的电,经逆变器、控制器等装置,给电动机供电,再经传动系统、驱动桥等带动车轮转动,就可使车辆在路上行驶。与传统汽车相比,燃料电池车能量转化效率高达 60% ~80%,为内燃机的 2~3 倍。燃料电池的燃料是氢和氧,生成物是清洁的水,它本身工作不产生 CO 和 CO_2,也没有硫和微粒排出。

尽管氢燃料电池技术有着美好的前景,但目前摆在我们面前的氢燃料电池车还是一个实验室里的概念。为了将这个概念变成可以批量生产的产品,通用、丰田等汽车公司投入数亿美元。目前氢燃料电池车至少有三大困难需要克服。

一是成本问题。由于要用到贵金属铂,因此成本居高不下。一般来说,仅燃料电池堆的成本为 2 000 ~5 000 美元/kW。也就是说,要制造一个功率为 100 kW 的氢燃料电池组,就要 20 万 ~50 万美元,这显然是非常不经济的。

二是氢储存问题。由于氢常温常压下为气态,因此在车上如何携带氢也就成了一大难题。目前常用的办法是将氢加压 700 Pa,变成液态,用耐高压的复合材料瓶储存。

三是加氢站等基础设施缺乏。这是困扰氢燃料电池汽车真正商业化的一个大问题。

7.1.4 燃料管理与使用节油

(1)燃料管理

1)预防燃料在储存中的蒸发和变质

在储存中要尽可能采用地下油库,用油罐储油;储油容器要清洁,封闭严密;采用浸没的灌装方式;在保证预留膨胀空间的前提下尽量充满。

2)保证燃料储存的安全

汽油、柴油在储存中要注意防火、防爆和避免中毒。在储存地严禁烟火,易产生火种的作业区与油库距离应在 50 m 以外,不能在油库附近检修车辆;防止电火花,油库中应采用防爆型的电气设备,储油区上空不能有电线通过,禁止在油库中使用金属工具;保持清洁通风;不能与其他易燃、易爆品共同存放;必须配备消防器材;储油容器和油罐车要配备接地装置。

(2)汽车使用节油技术

1)合理组织汽车运输

做好货运调查,安排好调运方案,提高车辆实载率;通过合理组织拖挂运输,提高发动机的负荷率,从而使发动机油耗率下降。

2)保持汽车技术状况完好

合理安排和确定车辆的维护周期、作业项目和技术要求,及时进行清洁、润滑、紧固、检验、调整和故障排除,以减少零件的磨损,保证各总成或装置正常工作,从而降低汽车燃料消耗。

3)采用节油技术

①采用电控汽油喷射系统对空燃比进行精确控制,使发动机在任何工况下都处于最佳工作状态。

②采用高能电子点火系统,克服传统点火装置存在的高速缺火、触点易烧蚀和火花能量提高受限等缺点。

③采用风扇离合器,可实现根据气温条件和发动机工况控制风扇运转,达到减少发动机功率消耗的目的。

④采取措施减少车辆行驶阻力。通过使用子午线轮胎减少滚动阻力;通过安装导流装置减少空气阻力,如在驾驶室顶上安装导流板、在驾驶室与车厢之间安装间隙密封罩、在车厢下部安装防护罩等。

⑤通过改善润滑减少机械摩擦损失。在保证润滑减摩的前提下尽量选用低黏度级润滑油和选用多黏度级润滑油。

4)驾驶节油技术

①发动机冷机启动时要采取预热措施,启动后要暖车,当冷却液温度达到50 ℃时汽车方可起步。汽车行驶中要使冷却液处于规定的温度范围内。

②尽量使车辆以略高于经济车速的中速行驶,降低车辆运行油耗率和提高运输效率。汽车的经济车速是指汽车行驶时燃料消耗最低的车速。

③轻踏油门踏板,缓缓加油;要使汽车在合适的变速器挡位下行驶,因此要及时换挡,且动作要快。

④在保证安全前提下,合理利用滑行以达到节油目的。如下缓坡或停车前的滑行。

⑤在保证安全前提下,尽量少用制动,特别是少用紧急制动。

7.2 车用润滑油料

7.2.1 发动机润滑油

发动机润滑油是发动机润滑系的工作液,简称"机油"。它是汽车发动机最重要的运行材料,发动机润滑油具有润滑、冷却、清洗、密封、防腐、降噪、减磨 7 大功能。

(1)发动机润滑油的使用性能

发动机工作时,润滑油工作温度变化大、活塞速度变化大及工作压力高等原因使润滑油的工作条件非常苛刻,严重影响润滑油的工作性能及其稳定性。根据发动机的工作特点对发动机润滑油提出下列性能要求。

1)润滑性

润滑油的润滑性是指润滑油吸附在零件工作表面,形成一定强度的油膜,减小摩擦面相对运动的阻力和防止摩擦面金属靠近、接触。润滑油这种在零件工作表面形成吸附油膜的能力,称为润滑性或油性。润滑性取决于润滑油中活性物质的多少,黏度大的润滑油其油膜强度较好。为改善润滑油的润滑性往往加入一定比例的添加剂,可以提高润滑油在高温、高压及高速等工作环境下的润滑减磨性能。

2)低温操作性

润滑油具有适宜的黏度和流动性,保证发动机在低温条件下容易启动和可靠供油的性能,称为发动机润滑油的低温操作性。

随着气温的降低,润滑油的黏度升高、流动性下降。发动机低温启动时,一方面,润滑油的黏滞阻力增大,转动曲轴的阻力矩增加,启动转速下降,造成发动机低温启动困难;另一方面,润滑油的流动性下降,会造成发动机主油路供油不足,总成磨损加剧。因此,改善润滑油的低温操作性有利于提高发动机低温启动性能,降低启动磨损。

3)黏温性

润滑油黏度随温度变化而改变的性质,称为黏温性。发动机工作时的温度范围很宽,自汽车启动温度到零部件摩擦表面的温度,其温差可达 $200 \sim 300 ℃$。若润滑油黏温性不好,就会出现低温时黏度过大,高温时黏度过小,造成机件磨损和损坏。因此,要求润滑油具有良好的黏温性,既要求润滑油在高温工作时能保持一定的黏度,形成足够厚度的润滑油膜,确保润滑效果,又能在低温工作时,黏度又不至于过大,以维持一定的流动性,使发动机低温时容易启动和减小总成磨损。因此,良好的黏温性是指机油的黏度受温度的变化影响小,适应的温度范围宽。

4)清洁分散性

润滑油能抑制积炭、漆膜和油泥生成或将这些沉积物清除的性能,称为发动机润滑油的清洁分散性。

清洁分散性良好的润滑油能使各种沉积物悬浮在油中,通过机油滤清器将其滤出,从而减少发动机与缸壁、活塞及活塞环等部件上的沉积物,防止出现由于机件过热烧坏活塞环,引起汽缸密封不严,发动机功率下降,油耗增加等异常情况。

5)抗氧性

在一定的条件下,润滑油抵抗氧化变质的能力,称为发动机润滑油的抗氧性。

润滑油在使用和储存过程中,一旦与空气接触,在适当条件下,会发生化学反应,产生诸如酸类、胶质等氧化物。氧化物聚集在机油中会使其颜色变暗、黏度增加、酸性增大。润滑油抗氧性不好,在使用中容易变质、生成沉积物,对零件造成腐蚀和破坏。

6)抗腐性

润滑油抵抗腐蚀性物质对金属腐蚀的能力,称为发动机润滑油的抗腐性。

润滑油在使用过程中不可避免地被氧化而生成各种有机酸,这些有机酸虽属弱酸,但在高温、高压和有水存在的环境下,将对金属产生腐蚀作用。因此,润滑油应具有良好的抗腐性。

7)抗泡性

润滑油消除泡沫的性质,称为发动机润滑油的抗泡性。

当润滑油受到激烈搅动,将空气混入油中时,就会产生泡沫。泡沫如果不及时消除,将会产生气阻,导致摩擦表面因供油不足出现干摩擦或半干摩擦等现象。因此,润滑油应具有良好的抗泡性。

(2)发动机润滑油的主要性能指标

1)低温动力黏度

低温动力黏度也称为表观黏度。润滑油的黏度在低温条件下与剪切速率有关,即在同一温度下,剪切速率不同,黏度也不同。低温条件下润滑油的低温动力黏度随剪切速率升高而减小。低温动力黏度是划分冬用发动机润滑油黏度级号的依据之一。

2)边界泵送温度

能将润滑油连续地、充分地供给发动机油泵入口的最低温度,称为边界泵送温度。它是衡量在启动阶段发动机润滑油是否易于流到油泵入口并提供足够压力的性能。边界泵送温度也是划分冬用发动机润滑油黏度级号的依据之一。

3)倾点

润滑油在规定条件下冷却时,能够流动的最低温度,称为润滑油的倾点。同一试油的凝点比倾点略低。发动机润滑油规格均采用倾点作为评定润滑油低温操作性的指标之一。

4)黏度指数

将试油的黏温性与标准油的黏温性进行比较所得出的相对数值,称为黏度指数。黏度指数越高,黏温特性越好。

5)中和值

中和 1 g 试油中含有的酸性或碱性组分所需的碱量或酸量,称为中和值。中和值用 mgKOH/g 来表示。

6)残炭

油品在试验条件下,受热蒸发和燃烧后残余的炭渣,称为残炭。根据残炭量的大小,可以大致判断润滑油在发动机中结炭的倾向。一般精制深的基础油,残炭量较少。

7)泡沫性(泡沫倾向/泡沫稳定性)

泡沫性指油品生成泡沫的倾向和生成泡沫的稳定性能。泡沫性的表示与其测定方法有关。泡沫性测定方法是:在 1 000 mL 量筒中注入试油 190 mL,以(94 ±5)mL/min 的流量用特制的气体扩散头将空气通入试油中,经过 5 min 后,记下量筒中泡沫的体积,即为泡沫倾向,量筒静置 5 min 后,再记下泡沫体积,即为泡沫稳定性。

(3)发动机润滑油的分类、规格和牌号

发动机润滑油主要包括汽油机润滑油、柴油机润滑油和二冲程润滑油。我国发动机润滑油采用 API(美国石油学会)性能分类法和 SAE(美国汽车工程师学会)黏度分类法。

1)API 性能分类

API 性能分类是根据产品特性、使用场合和使用对象确定的。润滑油牌号中第一个字母 S 表示汽油机油;C 表示柴油机油,并根据使用特性和使用场合分别设有若干个等级,如 SC,SD,SE,CC,CD,CE 等,具体分类见表 7.5。

表 7.5　发动机润滑油 API 性能分级法

级　别	特性和使用场合
SC	具有较好的清洁性、分散性、抗氧化性、抗腐蚀性和防锈性。用于中等条件下工作的载货汽车、客车和其他车辆
SD	性能比 SC 级油更高的润滑油,用于较苛刻条件下工作的载货汽车、客车和某些型号轿车。也可代替 SC 级油使用,可满足装有曲轴箱强制通风装置的汽油机的要求
SE	性能比 SD 级油更高的润滑油,用于苛刻条件下工作的轿车和某些载货汽车,可满足装有曲轴箱强制通风装置和催化转化器的汽油机的要求

续表

级　别	特性和使用场合
SF	抗氧化性和抗磨损性能比 SE 级油更高的润滑油,用于更苛刻条件下工作的轿车和某些载货汽车
SG	用于轿车和某些货车的汽油机,以及要求使用 API SG 级油的汽油机。SG 油质量还可满足 CC 或 CD 油的使用要求。此种油品改进了 SF 级油控制发动机沉积物、磨损和油品的氧化性能,并具有抗锈蚀和腐蚀的性能,可代替 SF,SF/CD,SE 或 SE/CC 级油
SH	用于轿车和轻型货车的汽油机以及要求使用 API SH 级油的汽油机。SH 级润滑油质量在汽油机磨损、锈蚀、腐蚀及沉积物的控制和油的氧化方面优于 SG,并可代替 SG 级油
CC	具有防止高低温沉积物、防锈和抗腐蚀的性能。适用于中等负荷条件下工作的低增压柴油机和工作条件苛刻(或热负荷高)的非增压的高速柴油机
CD	具有良好的抗磨损、抗腐蚀和防止高温沉积物的性能。适用于高速高负荷条件下工作的增压柴油机
CD-Ⅱ	用于要求高效控制磨损和沉积物的重负荷二冲程柴油机以及要求使用 API CD-Ⅱ 级油的柴油机,同时也满足 CD 级油的性能要求
CE	用于在低速高负荷和高速高负荷条件下运行的低增压和增压式重负荷柴油机,以及要求使用 API CF 级油的柴油机,同时也满足 CD 级油的性能要求
CF-4	用于高速四冲程柴油机以及要求使用 API CF-4 级油的柴油机。在油耗和活塞沉积物控制方面性能优于 CE 并可代替 CE 级油。此种油品特别适用于高速公路行驶的重负荷货车

2)SAE 黏度分类

按 SAE 黏度分类,冬季用发动机润滑油包括 0W,5W,10W,15W,20W 和 25W 等 6 个黏度等级;春、秋及夏季用发动机润滑油包括 20,30,40,50 和 60 5 个黏度等级。一个完整的发动机润滑油牌号应当标明润滑油的质量等级和黏度等级,例如 SF10W/30、CD15W/40 等。该分类标准采用含字母"W"(冬季用油,W—winter)和不含字母 W 两组黏度等级系列,前者黏度等级号以最大低温黏度、最高边界泵送温度和 100 ℃ 时的最小运动黏度划分,后者仅以100 ℃ 时的运动黏度划分,见表 7.6。

黏度牌号有单级油和多级油之分。发动机润滑油的低温性能指标和 100 ℃ 运动黏度仅满足冬用润滑油或夏用润滑油黏度分级之一者,称为单级油;如果它的低温性能指标和100 ℃ 运动黏度能同时满足冬、夏两种黏度分级要求,则称为多级油。

表 7.6　发动机润滑油 SAE 黏度分级法

SAE 黏度等级	最大低温黏度		最高边界泵送温度/℃	100 ℃ 运动黏度/$(mm^2 \cdot s^{-1})$	
	mPa · s	℃		最　小	最　大
0W	3 250	−30	−35	3.8	
5W	3 500	−25	−30	3.8	

续表

SAE 黏度等级	最大低温黏度		最高边界泵送温度/℃	100 ℃运动黏度/(mm² · s⁻¹)	
	mPa · s	℃		最 小	最 大
10W	3 500	− 20	− 25	4.1	
15W	3 500	− 15	− 20	5.6	
20W	4 500	− 10	− 15	5.6	
25W	6 000	− 5	− 10	9.3	
20				5.6	低于9.3
30				9.3	低于12.5
40				12.5	低于16.3
50				16.3	低于21.9
60				21.8	低于26.1

在单级冬季用油中,符号 W 前的数字越小,说明其低温黏度越小,低温流动性越好,适用的最低气温越低。在单级夏季用油中,数字越大,其黏度越大,适用的最高气温越高。对于多级油来讲,其代表冬季用部分的数字越小,代表夏季用部分的数字越大,说明其黏温特性越好,适用的气温范围越大,如 5W/50。

(4)发动机润滑油使用注意事项

1)发动机润滑油的选择

选择发动机润滑油应兼顾使用性能级别选择和黏度级别选择两个方面。

①汽油机润滑油的选择 汽油机润滑油主要依据发动机的结构特点、使用条件、气候条件等选择润滑油的质量等级和黏度级别。根据发动机的结构性能和使用条件选择相应的润滑油质量等级,再根据使用地区的气温选择润滑油黏度级别。有汽车使用说明书的用户,依据说明书要求选取;无使用说明书时,汽油车可以按照发动机设计年代、发动机的压缩比、曲轴箱是否安装正压通风装置(PCV)、是否安装废气循环装置(EGR)和催化转化器等因素选取润滑油。

一般情况下,发动机装有 PCV 阀,可选用 SD 级以上的汽油机润滑油;安装了 EGR,可选用 SE 级润滑油;发动机装有催化转化器的,可选用 SF 级润滑油。例如,桑塔纳 2000GSi-AT轿车(AJR 型发动机)用发动机润滑油必须使用 APT 标号 SF 级、SG 级的润滑油或改良润滑油(VW50000),不可使用低级别的润滑油,也不可以混合使用不同牌号的润滑油。

选择汽油机润滑油的黏度主要根据发动机工作的环境温度。一般常以汽车使用地区的年最高、最低气温选择润滑油的黏度等级。例如我国北方温度不低于−15 ℃的地区,冬季用 SAE 20 级润滑油,夏季则用 SAE 30 级润滑油或全年通用 SAE 20W/30 级润滑油;低于−15 ℃的地区,全年通用 SAE 15W/30 或 SAE 10 W/30 级润滑油;严寒地区则用 SAE 5W/20 级润滑油。南方最低气温高于−5 ℃的地区,全年通用 SAE 30 级润滑油,广东、广西、海南可用 SAE 40 级润滑油。表7.7列出了发动机润滑油黏度等级与使用环境温度范围的参考值。

表 7.7　发动机润滑油黏度等级与使用环境温度范围的参考值

黏度等级	使用温度/℃	黏度等级	使用温度/℃
5W	−30 ~ −10	5W/30	−30 ~ 30
10W	−25 ~ −5	10W/30	−25 ~ 30
20W	−10 ~ 30	10W/40	−25 ~ 40
30W	0 ~ 30	15W/40	−20 ~ 40
40W	10 ~ 50	20W/40	−15 ~ 40

②柴油机润滑油的选择　柴油机润滑油的选择主要依据汽车使用说明书。在没有使用说明书时,也可以根据柴油机的强化系数确定柴油机润滑油的质量等级,然后根据汽车使用地区的气候确定润滑油的黏度级别。

柴油机强化系数代表其热负荷和机械负荷,强化系数越大,表明发动机的热负荷和机械负荷越高,而且对油品的质量要求也越高。柴油机的强化系数用 K 表示,计算式为

$$K = P_{me}C_m Z$$

式中　P_{me}——汽缸平均有效压力,0.1 MPa 的倍数;

　　　C_m——活塞平均速度,m/s;

　　　Z——冲程系数(四冲程取 0.5)。

强化系数在 30 ~ 50 的柴油机,选 CC 级柴油和润滑油;强化系数大于 50 时,选择 CD 级柴油机润滑油。

选好润滑油的质量等级后,还应根据汽车实际工作条件的苛刻程度,适当升降润滑油的质量等级,工作条件较缓和时可降低一级质量;反之,可升高一级质量;在无级别可提高时,应缩短换油周期。

柴油机润滑油黏度选择原则与汽油机润滑油相同,考虑柴油机工作压力比汽油机大,但转速又较汽油机低的特点,在选择黏度时应略比汽油机高一些。

2)发动机润滑油的使用

选择了合适的润滑油质量等级和黏度级别后,还要注意正确的使用方法。如果使用不恰当,同样会造成发动机磨损加剧,甚至出现拉缸、烧轴瓦的故障。因此,润滑油使用时应注意以下几点:

①同一级别的国内外润滑油使用效果一致,国产长城牌 SJ 5W/30 受到国际认可,是目前国产高品质的润滑油,适用所有高档车。

②级别低的润滑油不能用于高性能发动机,以防润滑不足,造成磨损加剧;级别高的润滑油可以用于稍低性能的发动机,但不可降档太多。

③在保证润滑条件下,优选黏度低的润滑油,可以减少机件的摩擦损失,提高功率,降低燃料消耗。如果发现所用润滑油黏度太高,切不可自行进行稀释。正确的方法是放掉发动机内所有润滑油(包括滤清器内的润滑油),换用黏度适当的润滑油。

④持正常油位,常检查,勤加油。正常油位应位于油尺的满刻度标志和 1/2 刻度标志之

间,不可过多或过少。

⑤不同牌号的润滑油不可混用,同一牌号不同生产厂家的润滑油也尽量不混用。

⑥注意识别伪劣润滑油,不要迷信国外品牌润滑油。选取润滑油时,切勿一味相信广告和维修人员的推荐,应检查是否经权威检测单位检测,问清检测结果。买油时到信誉好的大中型汽配商店选购。

⑦定期更换润滑油,并及时更换润滑油滤芯。换油时一定要在热车时进行,油温高不仅容易从放油孔流出,而且油中的杂质可随旧油一起排出,加入新油后应着车数分钟,停机30 min后,再检查油面。

7.2.2 车用齿轮油

汽车齿轮油指汽车驱动桥、变速器、转向器等齿轮传动机构用的润滑油。齿轮油的作用为:降低齿轮及其他运动部件的磨损,延长使用寿命;降低摩擦,减小功率损失;分散热量,起冷却作用;防止腐蚀和生锈;降低工作噪声,减小振动及齿轮间的冲击;冲洗污物,特别是冲去齿面间污物,减轻磨损。

(1)齿轮油的使用性能应满足的要求

1)良好的油性及极压抗磨性

油性指齿轮油能有效地使润滑油膜吸附于运动着的润滑表面;抗磨性则指齿轮油保持运动部件润滑表面油膜的能力。有些齿轮传动经常在苛刻的极压润滑条件下工作,所承受的压力、滑动速度和局部温度都很高,这就要求在齿轮油中加入极压添加剂,以有效防止在高负荷条件下的齿面擦伤及咬合。

2)适宜的黏度和良好的黏温特性

黏度也是齿轮油的重要使用性能之一,对油膜形成的影响很大。一般而言,高黏度齿轮油可有效防止齿轮及轴承损伤,减小机械运转噪声并减少漏油;低黏度齿轮油在提高机械效率、加强冷却和清洗作用等方面有明显优点。各种润滑油的黏度均随温度升高而下降,下降幅度越小,则润滑油的黏温特性越好。汽车齿轮油的工作温度变化范围很大,因此应具有良好的黏温特性。

3)良好的低温流动性

齿轮油在低温下应能保持必要的流动性,若齿轮油在低温下有蜡析出,黏度急剧上升,就不能确保有效的润滑。为使齿轮油能适应冬季低温条件下的使用要求,齿轮油中应加入倾点降低剂,以改善其低温流动性。

4)热氧化安定性和防锈防腐蚀性

热氧化安定性指润滑油在空气、水分、金属的催化作用和热的作用下抵抗氧化变质的能力;防锈性指保护齿轮不受锈蚀,保证齿轮的使用性能和延长齿轮使用寿命的能力;防腐性指在金属表面形成保护膜,以防止腐蚀性物质侵蚀金属的能力。

5)良好的抗泡性

齿轮油应具有良好的抗泡性,以保证在齿轮剧烈搅拌过程中产生的泡沫少并易于消失。

（2）齿轮油的分类

1）国产齿轮油的分类

根据 GB 7631.1—1987 的规定，车辆齿轮油属 L 类（润滑剂及有关产品）中的 C 组，采用 GB 498—1987 规定的命名方法，其一般形式为：

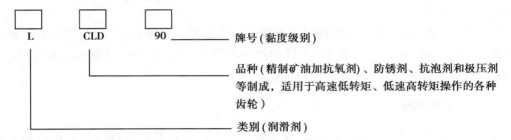

我国 GB 7631.7—1989 规定的车辆齿轮油详细分类见表7.8。其中：CLC 级相当于普通车辆齿轮油；CLD 级相当于中负荷车辆齿轮油；CLE 级相当于重负荷车辆齿轮油。

表7.8 车辆齿轮油详细分类

代　号	组成、特性和使用说明	使用部位
CLC	精制矿油加抗氧剂、防锈剂、抗泡剂和少量极压剂等制成。适用于中等速度和负荷比较苛刻的手动变速器和弧齿锥齿轮的驱动桥	手动变速器、弧齿锥齿轮的驱动桥
CLD	精制矿油加抗氧剂、防锈剂、抗泡剂和极压剂等制成，适用于在低速高转矩、高速低转矩下操作的各种齿轮，特别是客车和其他各种车辆用的准双曲面齿轮	手动变速器、弧齿锥齿轮和使用条件不太苛刻的准双曲面齿轮的驱动桥
CLE	精制矿油加抗氧剂、防锈剂、抗泡剂和极压剂等制成，适用于在高速冲击负荷、高速低转矩和低速高转矩条件下操作的各种齿轮，特别是客车和其他各种车辆的准双曲面齿轮	操作条件缓和或苛刻的准双曲面齿轮及其他各种齿轮的驱动桥，也可用于手动变速器

参照 SAE 黏度分类，我国车辆齿轮油按黏度为 150 000 Pa·s 时的最高温度和 100 ℃时的运动黏度分为 7 个黏度牌号（表7.9），其中包括 4 个低温黏度牌号（冬季用油）和 3 个高温黏度牌号（春、夏、秋季用油）。凡满足冬季用油要求又符合春、夏、秋季用油要求的润滑油，称为多级油，常用的有 80W/90、85W/90 等。

2）国外车辆齿轮油的分类

国外广泛采用 API 使用分类法和 SAE 黏度分类法。

按齿轮油承载能力和使用场合不同，API（美国石油学会）齿轮油使用分类共有 6 个级别，见表7.10。

SAE 黏度分类见表7.9。黏度值随牌号递增而增大。

表 7.9　车辆驱动桥与手动变速器齿轮油黏度分类(GB/T　7631.1—1987)

黏度牌号	黏度达 150 000 mPa · s 时的最高温度/℃	100 ℃黏度/(mm² · s⁻¹)	
		最　小	最　大
70W	−55	4.1	—
75W	−40	4.1	—
80W	−26	7.0	—
85W	−12	11.0	—
90	—	13.5	<24.0
140	—	24.0	<41.0
150	—	41.0	—

表 7.10　API 车辆齿轮油使用分类

分　类	使用说明	用　途
GL-1	低齿面压力、低滑动速度下运行的汽车弧齿锥齿轮、蜗轮后桥以及各种手动变速器规定用 GL-1 齿轮油。直馏矿油能满足这类情况的要求。可以加入抗氧剂、防锈剂和消泡剂改善其性能,但不加摩擦改进剂和极压剂	汽车手动变速器,包括拖拉机和载货汽车手动变速器
GL-2	汽车蜗轮后桥齿轮,由于其负荷、温度和滑动速度的状况,使得 GL-1 齿轮油不能满足要求的蜗轮齿轮规定用 GL-2 类的齿轮油,通常都加有脂肪类物质	蜗轮蜗杆传动装置
GL-3	速度和负荷比较苛刻的汽车手动变速器和弧齿锥齿轮的后桥规定用 GL-3 类油。这种使用条件要求润滑剂的负荷能力比 GL-1 和 GL-2 高,但比 GL-4 要低	苛刻条件下的手动变速器和弧齿锥齿轮后桥
GL-4	在低速高转矩、高速低转矩下操作的各种齿轮,特别是客车和其他各种车用的准双曲面齿轮,规定用 GL-4 齿轮油 适用于其抗擦伤性能等于或优于 CRCRGO-105 参考油。该油已做过各种试验,证明具有 1972 年 4 月 ASTM STP 说明的性能水平	手动变速器、弧齿锥齿轮和使用条件不太苛刻的准双曲面齿轮
GL-5	在高速冲击负荷、高速低转矩、低速高转矩条件下操作的各种齿轮,特别是客车和其他车辆的准双曲面齿轮,规定用 GL-5 齿轮油 适用于其抗擦伤性能应等于或优于 CRCRGO-110 参考油。该油已做过各种试验,证明具有 1972 年 4 月 ASTM STP 所说明的性能水平	适用于操作条件缓和或苛刻的双曲面齿轮及其他各种齿轮,也可用于手动变速器
GL-6	高速冲击负荷条件下运转的小客车和其他车辆的各种齿轮,特别是高偏置准双曲面齿轮,偏置大于 5 cm 或接近大齿圈直径的 25%,规定用 GL-6 齿轮油。符合这种使用条件的润滑剂,其抗擦伤性能应等于或优于参考油 L-1000。该油已经试验,证明具有 1972 年 4 月 ASTM STP 所说明的性能水平	—

3)齿轮油的选择

齿轮油的选择也包含齿轮油使用级的选择和黏度级的选择两个步骤。

在选用齿轮油的使用级时,要严格按照汽车使用说明书中规定的齿轮油使用级选用,或根据传动机构工作条件的苛刻程度选择齿轮油。工作条件主要考虑传动齿轮的接触压力和滑动速度。近年来进口和中外合资生产的轿车及部分载货汽车、工程车辆的主传动器准双曲面齿轮,轮齿间接触压力达 3 000 MPa 以上,滑动速度超过 10 m/s,油温高达 120 ~ 130 ℃,工作条件苛刻,必须使用 CLE(GL-5)级齿轮油;主传动器采用准双曲面齿轮,但齿面接触压力在 3 000 MPa 以下,滑动速度为 1.5 ~ 8 m/s,工作条件不太苛刻,可选用 CID(GL-4)级齿轮油,如国产东风 EQ1090E、解放 CA1091 等;旧型号国产汽车如解放 CA10B(10C)跃进 130、黄河 JN150 等的主传动器采用普通弧齿锥齿轮,可选用 CLC(GL-3)级齿轮油;但有些载货汽车虽然后桥主传动装置采用普通弧齿锥齿轮,但负荷较重,工作条件苛刻,也要求使用 CID(GL-4)级齿轮油。变速器及转向器一般负荷较轻,为使用方便,一般采用与主传动器相同的齿轮油。但有的变速器中有铜质零件,要求使用柴油机油。

齿轮油的黏度级主要根据使用地区的环境温度选择,车辆齿轮油最高工作温度下的运动黏度不应低于 10 ~ 5 mm²/s。根据汽车使用地区和环境温度选择齿轮油黏度时,可参照表 7.11 和表 7.12。

表 7.11 根据环境条件选择车辆齿轮油

油品名称	选用牌号
GL-3	长城以北全年通用 85W/90;长城以南全年通用 90 或 85W/90
GL-4 GL-5	严寒地区用 75W、寒区用 85W/90;长江以北全年通用 85W/90;长江以南全年通用 90 号或 85W/90。对齿轮油黏度要求较大的车辆全年通用 85W/140

表 7.12 根据当地季节气温选择牌号

黏度牌号	70W	75W	80W	85W	90	140	250
黏度为 150 000 mPa·s 时的适用最低气温/℃	−55	−40	−26	−12	−10	10	—

应注意的是,不能将使用级较低的齿轮油用在要求较高的车辆上,否则会使磨损加剧;使用级高的齿轮油用在要求较低的车辆上,会造成浪费;各使用级的齿轮油不能互相混用;润滑油黏度应适宜,不要误认为高黏度齿轮油的润滑性能好,应尽可能使用适当的多级润滑油。

7.2.3 车用自动变速油

近年来,装备自动变速器(自动挡)的汽车越来越多。但是,自动挡车在带给人们驾驶乐趣之外,也存在着一些缺点:自动变速器会经常发生故障,而且不易检修,维修费用也较高。

除了自然磨损外,大多数自动变速器故障都是由驾驶人员不正确操作或平时不注意养护引起的。在自动变速器的保养中,变速器油液的选用、检查、添加是非常重要的内容。

（1）自动变速器油的作用与使用性能要求

1）自动变速器油的作用

液压传动也称为动力传动，是以液体为工作介质，借助于液体的能量来实现动力传递。在液力变矩器与液力耦合器中使用的传动介质称为液力传动油。液力传动油又称为动力传动液（PTF）或动力换挡传动液。

自动变速器油（Automatic Transmission Fluid），简称"ATF"。是指专用于自动变速器的油液。在汽车自动变速器和扭矩转换器中装有液力变矩器、齿轮机构、液压机构、湿式离合器和蜗轮传动装置等，这些机构都用一种润滑油来润滑和传递能量。所以，作为液力传动油，必须具有多种功能和性能。在扭矩变换器中，它作为流体动力能的传动介质；在液压机构中，它作为静压能的传递介质；在摩擦片表面，它也可作为热传递介质，控制摩擦副表面温度，防止烧结；在齿轮机构轮和止推轴承中，它作为润滑介质。

在自动变速器中，ATF 主要有以下作用。

①传递动力的作用　ATF 是液压变矩器中的工作介质，通过它将发动机动力传递给变速器。

②操纵执行机构的作用　通过电控、液控系统传递压力和运动，完成对各换挡元件（离合器与制动器）的操纵。

③冷却作用　通过它的流动，将变速器中产生的热量带走，降低工作温度。

④润滑作用　通过它的流动，可以对行星齿轮机构和摩擦副强制润滑，减少磨损。

⑤清洁作用　通过它的流动，带走磨屑，清洁运动零件，并起密封作用。

由于 ATF 不仅是液力变矩器的传动油，也是行星齿轮结构的润滑油和换挡装置的液压油。ATF 对自动变速器的工作、使用性能以及使用寿命都有非常重要的影响。因此，要重视对 ATF 的检查和更换，这是汽车自动变速器保养中的一项重要内容。

2）自动变速器油的使用性能要求

随着我国进口轿车、合资新型汽车和采用液压传动装置的大型工程机械设备的增加，对 ATF 油的需求也日益迫切。

在美国通用公司 Dexron Ⅱ 和福特公司的 Mercon 这两种最有代表性规格中，给出了具体的性能指标和要求：即黏度和低温流动性、抗磨性、热氧化安定性、防腐性、抗泡性、密封材料适应性、储存安定性和摩擦特性。

①适当的黏度　ATF 油的使用温度范围很宽，为 –25 ~ 170 ℃，又因自动变速器的工作对油的黏度很敏感，所以黏度是 ATF 油的重要性质。ATF 油的作用分为动力传动介质、自动控制的液压油、齿轮和轴承的润滑等三部分。作为动力传动介质，其黏度对液力变矩器的效率影响极大。一般来说，黏度越小，效率越高。但黏度过小，又会导致液压系统的泄漏增加，特别是变速器在高速工作时，铝制阀体膨胀量大。若使用黏度过小的油品时，会引起换挡不正常。ATF 油的另外两个作用则要求保持一定黏度。如果黏度过大，不仅影响变矩器的效率，而且还会造成低温启动困难。

为兼顾上述两方面对黏度的不同要求，现在 ATF 油要求其 100 ℃时的运动黏度在 7 mm^2/s 左右，同时还要综合考虑低启动性、传动效率、离合器片的烧损等问题。对低温黏度也要特别注意，而且还要求 ATF 油有很高的黏度指数，所以就必须加入黏度添加剂（黏度指数改进剂），这样就又带来了剪切安定性的问题。自动变速器的剪切条件，较发动机更为苛刻，如前所述,因油的黏度变化对自动变速器的特性影响很敏感,如经剪断,油的黏度变化很大,则使变速器工作不稳定,所以规定了 ATF 油在耐久试验后的最低黏度。

自动变速器油的黏度极限见表 7.13。

表 7.13　自动变速器油的黏度极限

油　温	新　油	旧　油
100 ℃黏度/$(mm^2 \cdot s^{-1})$	≥7	≥5.5
−40 ℃黏度/$(mPa \cdot s)$	≤4 000	≤6 000

②热氧化安定性　液力传动油的热氧化安定性是使用中的一个极为重要的问题,因 ATF 油的使用温度高,如热氧化安定性不好,则会导致形成油泥、漆膜、沉淀物,影响自动变速器的性能,甚至堵塞滤油器,造成离合器片和制动片打滑,控制系统失灵等故障的发生。

有关 ATF 油温的测定尚没有正式的报告。但在一般情况下油温保持在 100 ℃左右,极端条件下可达 150 ℃,而在离合器片表面,其温度可达 393 ℃,在这个温度下存在着严重的油的热变质问题。如发动机油一样,也可以由外部混入异物。虽然 ATF 油的氧化条件没有发动机苛刻,但在油压操纵的管路中,即使存在着微量的油泥沉积物,也会导致产生制动故障,所以要注意氧化变质的最小允许值。

③良好的抗泡沫性　自动变速器油泡沫是自动变速器使用中的严重问题。它不仅影响自动控制系统的准确性,还影响变扭器的性能和破坏正常润滑件,是离合器滑动、烧坏等故障产生的原因。

④好的抗磨性能　在自动变速器中使用了很多诸如星形齿轮一类的构件,为满足其润滑的需要,油要有好的抗磨性能。抗磨性还和离合器传动、自动变速器的寿命及特性有关。在液力传动油的规格中,是用四球式摩擦试验机的试验结果来表示的,国产 8 号液力自动传动油规定其四球机临界负荷 p_B 不小于 800 N。美国福特汽车厂的 M_2C_{33}-F(TYPEF)型汽车 ATF 油的抗磨性也是用四球机试验表示。用新油和试验 8 000 个循环(泵试验台)后的油,在四球机上以 600 r/min、负荷 400 N、试验 2 h 后,球上磨斑直径要小于 0.45 mm。

⑤与橡胶密封材料的作用小　关于要与橡胶密封材料相匹配的问题,主要是自动变速机构中多使用丁腈橡胶、丙烯橡胶、硅橡胶等作密封材料,在油的作用下,不能有明显的膨胀和收缩。如果这一点考虑不好,将会产生漏油及其他危害。

⑥良好的摩擦特性(换挡性能)　摩擦特性是一个复杂和涉及面最广泛的综合平衡性能,它包括换挡时间要短、热车不掉挡和换挡平稳、不打滑脱挡,还包括动力矩负荷(离合器转换力矩的能力)静态分离(汽车停止时真正的最大离合能力)摩擦界面寿命等。与摩擦特性有关的常见问题是振动、打战、摩擦因数增大而使金属间发出刺耳的尖叫声。另一个问题是打滑,也就是摩擦表面被磨光,造成离合器啮合时间延长以及失灵。

⑦防腐(防锈)性能良好　防腐性是对钢铁和非金属而言。生锈及铜腐蚀是我们日常所关心的两个重要问题。在传动装置和冷却器中安装有铜接头、黄铜轴瓦、黄铜过滤器、止推垫圈等部件均含有大量黄色金属,因此,青铜、纯铜的氧化腐蚀是一个值得关注的特殊问题。

⑧储存安定性优良　良好的储存安定性是指含有多种添加剂混合组分的 ATF 油,在一定温度范围时间内,不产生化学反应,且没有分解,其相容性好,显然这点是非常有必要的。

（2）自动变速器油的分类及选用

1）国外自动变速器油的分类及适用

美国材料及试验学会（ASTM）和石油学会（API）的分类方案是将自动变速器油分 PTF-1、PTF-2 和 PTF-3 3 类，见表 7.14。

表7.14　自动变速器油的分类

分　类	使用范围	相应规格
PTF-1	轿车、轻型卡车的自动传动装置	通用汽车公司 Dexron Ⅱ D、Ⅱ E、Ⅲ 福特汽车公司 Mercon、New Mercon、Mercon V
PTF-2	重负荷功率转换器，卡车、负荷较大的汽车自动传动装置、多级变矩器和液力耦合器	埃里森公司 Allison C-3、Allison C-4、SAE J1285-80
PTF-3	农业及建筑机械的分动箱传动装置，液压、齿轮刹车和发动机公用的润滑系统	约翰狄尔公司 J-20B、J-14B、JDT-303 福特汽车公司 W_2C_1A

PTF-1 类油主要用于轿车和轻型货车的液力传动系统。其特点是低温性能好，对油的低温黏度及黏温性有很高的要求。PTF-2 类油主要用于重负荷的液力传动系统。如重型货车，大型客车、越野车和工程机械的自动变速器，其特点是适于重负荷下工作，对极压抗磨性的要求很高。PTF-3 类油适于在中低速下运转的拖拉机及野外作业的工程机械液力传动系统和齿轮箱中使用，其极压抗磨性和负荷承载能力比 PTF-2 类油的要求严格。

目前，世界各国普遍使用的自动变速器油，主要有通用公司 Dexton 规格、福特公司 Mercon 规格、阿里森公司重负荷传动液 Allison C 规格、卡特皮勒公司的分动箱传动液 TO 规格等。

2）国内自动变速器油的分类

我国自动变速器油也称作液力传动油。目前尚未制定其详细分类的国家标准，现有产品，按中国石油化工总公司企业标准，有 6 号普通液力传动油和 8 号液力传动油两种；另有一种拖拉机液力传动、液压两用油。

8 号液力传动油（Q/SH003.01.11—12—88）是以润滑油馏分经脱蜡、深精制并加入增黏、降凝、抗氧、防腐、防锈、油性、抗磨、抗泡等多种添加剂而制成的液力传动油，外观为红色透明体，适于各种具有自动变速器的汽车。它接近于 PTF-1 级油。6 号普通液力传动油适用于内燃机车、载货汽车液力变矩器，它接近于 PTF-2 级油。

（3）自动变速器油的使用注意事项

自动变速器油的型号很多，各国的用油规定也不同，一般应按汽车使用说明书的规定选用。

自动变速器油的型号不同，其摩擦因数也不同。因此，既不能错用，也不能混用。如果规定使用 Dexron Ⅱ型自动变速器油而错用了福特 F 型自动变速器油，会使自动变速器发生换挡冲击和制动器、离合器突然啮合的现象；反之，规定用福特 F 型自动变速器油而错用了 Dexron Ⅱ

型自动变速器油,则会出现自动变速器的离合器、制动器打滑,加速摩擦片的早期磨损。

自动变速器油的使用注意事项如下:

1)保持油温正常

长时间重载低速行驶,将使油温上升,加速油的氧化变质,将形成沉积物和积炭,阻塞细小通气孔和油液循环的管路,使变速器进一步过热,最终导致变速器损坏。

2)经常检查油面

车辆停在平地上,发动机保持运转,油应在正常工作温度下,此时油平面应在自动变速器量油尺两刻线之间,不足时应及时添加。

3)按车辆说明书操作

更换液力传动油和过滤器(或清洗滤芯),同时拆洗自动变速器油底,并更换其密封垫。每行驶 3×10^4 km 更换油液。

4)避免油液混用

不同品牌的油液不允许混合使用。

5)检查油液状况

在手指上抹上少许油液,用手指互相摩擦看是否有渣粒存在,并从量油尺上嗅闻油液气味,通过对油液的外观检查,可反映变速器部分问题。

总之,在使用自动变速器油时,建议按照下列方法选用。

一般小轿车的自动变速箱都选用符合通用汽车公司 Dexron 规格的汽车自动传动液,常用的有 Dexron Ⅱ D 油,电动控制的要用低温性能优良的 Dexron Ⅱ E 油,最新规格为 Dexron Ⅲ,适用于高档小轿车的自动变速箱,也可用福特汽车公司的 New Mercon 规格的油。

重负荷车辆的自动传动箱要用 Allison C-3 或 C-4 规格的油。卡特皮勒公司生产的大型卡车、挖掘机和矿山机械的自动变速箱要求用分动箱传动液 Caterpillar TO-4 规格的油品。

7.2.4　车用润滑脂

润滑脂俗称"黄油",它是一种稠化了的润滑油。由于润滑脂具有良好的润滑轴承等部件的特殊作用,在汽车、拖拉机和工程机械上得到广泛的应用。

(1)车用润滑脂的特点

1)汽车润滑脂的结构特点

润滑脂是一种由基础油、稠化剂和添加物(添加剂和填料)组成的胶体分散体系。结构上,基础油是这种分散体系中的分散介质,稠化剂粒子或纤维构成骨架,即分散相,将基础油保持在骨架中。

①基础油　基础油含量一般占润滑脂质量的 70% ~ 90%。基础油分为矿物油和合成油两大类。

以矿物油为基础油的优点是:润滑性能好;黏度范围宽。但一般矿物油不能兼备高低温性能,而以合成油为基础油可制备特殊润滑脂。例如 7014-1 高温润滑脂的基础油为合成油,使用温度范围 $-40 \sim 200$ ℃。

②稠化剂　稠化剂含量占润滑脂质量的 10% ~ 30%,主要有皂基稠化剂(钙皂、锂皂)和烃基稠化剂。

基础油中加入稠化剂就会失去流动性成为黏稠的半固体膏状物,即润滑脂。稠化剂的性质、含量决定润滑脂的黏稠程度、耐水性及抗热能力等使用性能。

③添加剂　添加剂是添加到润滑脂中改进其使用性能的物质,含量占润滑脂质量的5%以下。润滑脂添加剂的主要种类有稳定剂、抗氧剂、金属纯化剂、防锈剂、抗腐剂和极压抗磨剂等。

④填料　填料是润滑脂中的固体添加物。大部分填料本身可作为固体润滑剂,常用的填料有石墨、二硫化钼等。石墨钙基润滑脂含10%的鳞片石墨填料,起极压添加剂作用。

2)润滑脂的使用特点

①与相似黏度的润滑油相比,润滑脂有较高的承受负荷能力和较好的阻尼性;

②由于稠化剂的吸附作用,润滑脂的蒸发损失小,高温、高速下的润滑性好;

③润滑脂易附着在金属表面,保护表面不锈蚀,并可防止滴油、溅油污染产品;

④由于稠化剂的毛细作用,润滑脂可在较宽温度范围和较长时间内逐步放出液体润滑油,起到润滑作用;

⑤在轴承润滑中,润滑脂还可起到密封作用。

使用润滑脂的缺点是冷却散热作用差、启动摩擦力矩大及更换润滑脂比较复杂。

(2)车用润滑脂的主要性能

由润滑脂的结构和使用特点所决定,润滑脂具有许多其他润滑剂所不具有的特殊使用性能。

1)稠度

稠度是指润滑脂在受力作用时抵抗变形的能力。稠度过大会增加机械运动阻力;稠度过小会因转速过高而被甩掉,因此,润滑脂应具有适当的稠度。

润滑脂稠度的大小取决于稠化剂的含量,稠化剂的含量越多,润滑脂的稠度越大,其评定指标是锥入度。锥入度是在规定的时间和温度条件下,标准锥体沉入润滑脂的深度,以1/10 mm为单位。以锥入度划分润滑脂稠度级号见表7.15。

表7.15　按锥入度划分润滑脂稠度级号表

稠度级号	工作锥入度 (25 ℃)1/10 mm	状　态	稠度级号	工作锥入度 (25 ℃)1/10 mm	状　态
000	455~475	液　体	3	220~250	中
00	400~430	近于液体	4	175~205	硬
0	355~385	极软	5	130~160	非常硬
1	310~340	非常软	6	85~115	极硬
2	265~295	软			

2)胶体安定性

胶体安定性是指润滑脂抵抗温度和压力的影响而保持胶体结构的能力,即基础油与稠化剂结合的稳定性。

胶体安定性的评定指标是滴点。滴点是指在规定的条件下加热,润滑脂达到一定流动性时的温度。滴点常用来粗略估计润滑脂最高使用温度。例如,2 号钙基润滑脂滴点为 85 ℃,适用最高温度为 60 ℃;汽车通用锂基润滑脂滴点为 180 ℃,适用最高温度为 120 ℃。

3)抗水性

抗水性指润滑脂遇水后抵抗结构和稠度等改变的性能。润滑脂的抗水性主要取决于稠化剂的抗水性。烃基稠化剂抗水性最好;皂基稠化剂除钠皂和钠钙皂外,其他金属皂的抗水性都较好。

4)氧化安定性

氧化安定性是指润滑脂在储存和使用中抵抗氧化的能力。氧化安定性差,易生成有机酸,对金属构成腐蚀。同时会使润滑脂的结构及使用性能也遭到破坏。因此,润滑脂应具有良好的氧化安定性。一般皂基润滑脂的氧化安定性较差。

(3)车用润滑脂的主要品种

润滑脂按其用途可分为抗磨润滑脂、防护与密封润滑脂和专用润滑脂。下面介绍一些常用润滑脂的特点和应用。

1)钙基润滑脂

钙基润滑脂是用动、植物油和石灰制成的钙皂稠化润滑油,并以水作为胶体稳定剂制成的。它是使用最广泛的润滑脂。其特点是:具有良好的抗水性、润滑性和防护性能,但其耐热性较差,使用温度不能超过 70 ℃,使用寿命较短。

2)复合钙基润滑脂

复合钙基润滑脂是以醋酸钙做复合剂制成的钙皂稠化润滑油。它以醋酸钙作为组分,不以水作稳定剂,从而避免了钙基脂耐热性差的缺点。其特点是:耐热性好,且具有良好的抗水性和良好的低温性能。

复合钙基脂适用于高温、高湿度条件下工作的摩擦部件润滑,如汽车轮毂轴承,水泵轴承等。

3)石墨钙基润滑脂

石墨既是一种固体润滑剂,又是一种填充剂,具有良好的耐压抗磨性能和抗水性。

石墨钙基润滑脂主要用于高负荷,低转速的简单机械和易与水接触的工作部位。例如汽车的钢板弹簧、吊车和起重机的齿轮盘、绞车齿轮等。由于它的主要成分是钙基润滑脂,因而其耐热性差,其最高使用温度不应超过 60 ℃。

4)钠基润滑脂

钠基润滑脂是由脂肪酸钠皂稠化中等黏度润滑油制成的。钠基润滑脂的特点是耐热性强、耐水性差。

5)钙钠基润滑脂

钙钠基润滑脂是由脂肪酸钙、钠皂稠化中等黏度润滑油制成的。

钙钠基润滑脂又叫轴承脂。它的性能介于钙基和钠基润滑脂之间,适用于工作温度在100 ℃以下而又易与水接触的条件。例如汽车的水泵轴承、轮毂轴承、传动轴中间轴承和离合器分离轴承等。

6）汽车通用锂基润滑脂

汽车通用锂基脂是用天然脂肪酸锂皂稠化低凝点润滑油,并加抗氧、防锈剂制成的。它具有抗水性好、工作温度范围宽(-30 ~ 120 ℃)、使用寿命长等特点。适用于汽车轮毂轴承、底盘、水泵和发电机等各部位润滑。目前进口车和国产新车型普遍采用锂基润滑脂。

(4)润滑脂的使用注意事项

1)润滑脂的选用

选用润滑脂应考虑的主要因素有:工作温度、运动速度和承载的负荷。

汽车轮毂轴承是车用润滑脂的主要部位。一般轮毂转速为 300 ~ 500 r/min,轮毂轴承工作温度为 70 ~ 80 ℃。但轮毂轴承温度受道路条件影响很大,在山区行驶的汽车,由于制动强度和制动次数的增加,轴承最高温度可达 130 ℃。同时,汽车在不平路面上行驶时轮毂轴承的负荷比在沥青路面上高 3 ~ 4 倍。

①工作温度越高,选用的滴点也越高;反之,应选用滴点较低的润滑脂。

②运动速度越大,选用的稠度级别就应该越低;反之,应选高稠度级别的润滑脂。

③承载负荷大,应选锥入度小的润滑脂;反之,就应选用锥入度大的润滑脂。

除以上主要影响因素外,还要考虑润滑部件的周围环境。如空气的湿度、尘埃以及是否有腐蚀气体等,特殊环境选用特殊性能的润滑脂。

2)润滑脂的使用

①润滑轮毂轴承时宜采用空毂润滑方法。采用传统的满毂润滑会增加摩擦阻力、耗脂量大,润滑效果与空毂润滑相同。

②推广使用锂基润滑脂。采用锂基脂润滑底盘各润滑点,可以减少用脂品种和底盘润滑作业的劳动量。

③尽量选用低稠度级别的润滑脂。低号脂的价格便宜,使用低号脂的摩擦损失小。

7.3　车用工作液

随着汽车技术的进步,各种类型的汽车工作液得到广泛应用。由于现代汽车的使用强度不断提高,汽车在使用过程中对制动系、冷却系及液力传动装置中的工作介质,提出更高的性能要求,汽车工作液的研制和应用得到普遍的重视。

7.3.1　汽车制动液

制动液(也称“刹车油”)是汽车液压制动系中传递压力的工作介质。其性能对汽车的行驶安全性有很大的影响。

(1)对汽车制动液的技术要求

汽车制动液工作时应保持不可压缩性和良好的流动状态,具体的技术要求是:

1)高沸点

现代高速汽车制动强度大,制动过程产生的摩擦热会使制动系温度升高,有时达 150 ℃以上。如制动液沸点太低,高温时蒸发成蒸汽,使制动系管路产生气阻,导致制动失效。

2）吸湿性小

制动液吸收周围的水汽,由于水分的沸点低,容易在制动系产生气阻。

3）适宜的黏度

黏度适宜,保持制动液具有良好的流动性和一定的润滑能力,使系统内压力能随制动踏板的动作迅速上升或下降;使活塞能在油缸中顺利地滑动。同时,要求制动液在很宽的温度范围内(−40~150 ℃)保持适当的黏度,使制动液能四季通用。

4）安定性好

制动液在高温条件下长期使用不应产生热分解和缩合使黏度增加,也不允许生成胶质和油泥沉积物。

5）皮碗膨胀率小

制动液对橡胶零件有溶胀作用,将使皮碗的体积增加,导致制动失效。

6）防腐性好

要求制动液不腐蚀金属。

（2）国产制动液的品种和牌号

制动液按原料不同分类,有醇型、合成型和矿油型 3 种。

1）醇型制动液

醇型制动液是用精制的蓖麻油与醇类按一定的比例调和,经沉淀和过滤而制得的制动液,外观为浅绿或浅黄透明体。根据 GB 10830—1998《机动车制动液使用技术条件》,醇类分为 1 号和 3 号两个牌号。1 号醇型制动液中含有 45%~55% 的乙醇,3 号制动液中含有 48%~54% 的丁醇,由于乙醇的沸点比丁醇的沸点低,所以 3 号制动液可在稍高的温度条件下工作。但与合成型制动液相比,适用的温度条件仍是很低的,且容易分层,性能不稳定,故逐步被合成型制动液取代。

2）合成型制动液

合成型制动液是以合成油为基础油,加入润滑剂和抗氧、防腐、防锈等添加剂制成的制动液,具有性能稳定的特点,适合高速、重负荷的汽车使用。

根据美国联邦机动车辆安全标准(FMVSS),合成型制动液分为 DOT-3,DOT-4,DOT-5 3 个规格,这是世界公认的通用标准;美国汽车工程师协会也制定了合成型制动液标准,具体有 SAEJ1702,SAEJ1703e,SAEJ1703f,SAEJ1703j,SAEJ1704 等规格。

按照 GB 12981—2003《机动车辆制动液》标准规定,汽车制动液分为 HZY3,HZY4,HZY5 3 种产品。上述国产合成型制动液各方面指标已接近和达到了 DOT-3,DOT-4,SAEJ1703e, SAEJ1703f,SAEJ1703j,SAEJ1704 的技术要求。

3）矿油型制动液

矿油型制动液是以精制的轻柴油馏分为原料,经深度精制后加入黏度指数改进剂、抗氧剂、防锈剂等调和制成,它具有良好的润滑性,对金属无腐蚀作用,但对天然橡胶有较强的溶胀作用,使用时必须换用耐矿油的丁腈橡胶。符合该标准的车用制动液主要有 7 号矿油制动液。

（3）制动液的选用

1）制动液的选择

制动液的选择主要是推广使用合成型制动液。

①合成型制动液适用于高速、重负荷和制动频繁的轿车和货车。国产轿车、进口轿车及某些高性能货车,需要使用 SAEJ1703,SAEJ1704,DOT-3,DOT-4 等制动液时,可选用国产 HZY3,HZY4,HZY5 合成制动液代替使用。

②醇型制动液可用在车速较低,负荷不大的轻型货车。1 号醇型制动液适用于北方平原地区;3 号醇型制动液可在南方炎热地区使用。

③矿油制动液可在各种汽车上使用,但制动系须换用耐油橡胶元件。

2)制动液的使用

①各种制动液绝对不能混合使用,否则会因分层而导致制动失效。

②更换制动液时必须将制动系清洗干净,防止混入水分、矿油及矿物杂质。制动液在行车 4 万 km 左右或一年应更换一次,但在车辆检查换主泵和活塞皮碗时,最好也更换制动液。

③制动液属易燃品,长期储存或更换时应注意防火安全。

④制动液在使用中会因吸湿而降低沸点,当沸点降至 140 ℃以下时,严重危及行车安全。

7.3.2　车用发动机冷却液

冷却液(又称防冻液)是在强制循环式水冷发动机冷却系统中,用于高温机件散热的一种工作介质。正确使用冷却液能够保障汽车发动机正常工作和延长发动机使用寿命。

(1)对发动机冷却液的技术要求

1)低冰点

通常冷却液的冰点要低于使用环境最低温度 10 ℃左右。汽车在低温条件下工作,如果冷却液冰点达不到应有的温度,汽车发动机的冷却水管和水箱就会被冻裂,造成机件损坏。

2)防腐蚀

冷却液在工作中要接触多种金属材料,如果它对金属有腐蚀性,就会影响发动机冷却系统的正常工作。

3)不损坏汽车有机涂料

冷却液是一种化学物质的调和物,在添加冷却液及工作过程中很容易接触到汽车的有机涂层。这就要求它对汽车的有机涂层不能有任何不良影响,如剥落、鼓泡、褪色等。

4)高沸点

冷却液能在较高温度下不沸腾,可保证车辆在满载、高负荷、高速的条件下或在山区、热带夏季正常行车,更利于长途高速行车。

5)适宜的 pH 值

冷却液添加的防腐剂一般在碱性的溶液中效果最佳。因此,冷却液的 pH 值要求为 7.5～11.0。超出该范围将对金属腐蚀产生不利影响。

6)抗泡沫性好

发动机冷却液如果产生过多泡沫,不仅会降低传热系数、加剧气蚀,而且会造成冷却液溢流。

(2)冷却液的类型

冷却液的种类主要有酒精-水型、甘油-水型及乙二醇-水型等。冷却液的冷却效果主要与酒精、甘油及乙二醇的性质及配制比例有关。冷却液的冰点与其成分比例关系见表 7.16。

表 7.16 冷却液的冰点与其成分比例关系

冰点/℃	酒精-水	甘油-水	乙二醇-水
	酒精含量/%	甘油含量/%	乙二醇含量/%
−5	11.27	21	—
−10	19.54	32	28.4
−15	25.46	43	32.8
−20	30.65	51	38.5
−25	35.09	58	45.3
−30	40.56	64	47.8
−35	48.15	69	50.9
−40	55.11	73	54.7
−45	62.39	76	57.0
−50	70.06	—	59.0

1)酒精-水型冷却液

优点是流动性好,价格便宜,配制简单。但是酒精的沸点低,仅为 78.4 ℃,蒸发损失大,易燃,蒸发后冰点升高。

2)甘油-水型冷却液

甘油的沸点高,挥发损失小。甘油的冰点为 −17 ℃。但与水混合后冰点可以降低,最低可达 −46.5 ℃。但甘油降低冰点的效率低,使用时不经济。

3)乙二醇-水型冷却液

这种冷却液沸点高,挥发损失小,使用周期长,使用中要及时补充蒸发掉的水。冰点低,最低可达 −68 ℃。缺点是乙二醇有毒,配制时须注意。乙二醇在使用中易氧化生成酸性物质,对冷却系有腐蚀作用。因此在配制时,必须要加入一定量的防腐蚀添加剂。目前,国内外普遍采用乙二醇-水型冷却液。

根据交通行业标准 JT 225—1996《汽车发动机冷却液安全使用技术条件》规定,乙二醇-水型发动机冷却液分为 −25,−35,−45 号 3 种牌号,其冰点分别为 −25 ℃,−35 ℃及 −45 ℃,具有防冻、防腐、防沸及防垢等性能,属长效冷却液,四季通用。

(3)冷却液的正确使用

①首先应选择符合国家标准的产品,不应仅根据包装和价格确定。要认真了解产品的各项性能指标,冷却液应清亮透明,无杂质无异味,并有醒目的颜色。

②冷却液冰点要比使用地区的最低温度至少低 5 ℃。

③不同品牌冷却液不可混用,以免产生沉淀,造成冷却液性能变差,影响发动机的散热效果。

④发现冷却液缺少时,应及时补充。若无同类型的冷却液,可加蒸馏水或软水,不可随意添加未经软化处理的水。

⑤冷却系统在灌注新冷却液之前,必须把冷却系统清洗干净。

⑥冷却液应四季使用,夏天换用水冷却的方法既不科学也不经济。

⑦有的冷却液存放一年后,出现少量絮状沉淀,这种现象多半是由添加剂析出造成。这些沉淀会在发动机冷却系统工作温度达 80 ℃时自行溶解,因此这样的冷却液还能使用,不必扔掉。如果出现大量颗粒沉淀,表明产品已经变质,就不能再使用了。

7.4　汽车轮胎

轮胎是汽车行驶系的主要组成部分,轮胎的合理使用关系到汽车安全行驶、节约能源和汽车运输成本的高低。轮胎的消耗量很大,以至于世界上橡胶生产量的 80% 用来制造轮胎。

轮胎对汽车的性能有很大的影响。正确合理地使用轮胎,对于保证汽车良好的乘坐舒适性和行驶平顺性;保证与路面具有良好的附着作用,提高汽车的牵引性、操纵性和通过性有着十分重要的意义。本章重点介绍汽车轮胎的分类与结构特点、型号及表示方法以及轮胎的正确维护和使用等方面的内容。

7.4.1　汽车轮胎的类型与结构特点

(1)汽车轮胎的分类

按轮胎的用途可分为轿车轮胎、公路用货车和大客车轮胎(包括无轨电车轮胎和挂车轮胎)及越野汽车轮胎;按轮胎的胎体结构可分为实心轮胎、充气轮胎和特种轮胎。

现代汽车广泛采用充气轮胎,按其组成结构不同,可分为有内胎轮胎和无内胎轮胎;按胎面花纹不同可分为普通花纹轮胎、越野花纹轮胎和混合花纹轮胎;按胎体帘布层的结构不同,又可分为斜交轮胎和子午线轮胎。不同类型的轮胎有不同的结构特点和使用性能。

普通充气轮胎由外胎、内胎和垫带组成,使用时安装在汽车车轮的普通可拆卸轮辋上,如图 7.1 所示。

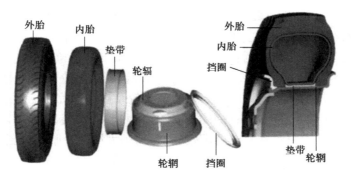

图 7.1　轮胎与轮辋的组成

无内胎轮胎既无内胎,又无垫带,如图 7.2 所示。外胎是轮胎的主体,它由胎面(包括胎冠 a 和胎肩 b)、胎侧 c、胎体(包括缓冲层 1 和帘布层 2)和胎圈 d 共 4 部分组成(图 7.3)。

胎体是外胎的骨架,由帘布层和缓冲层组成,其作用是承受轮胎使用时的复杂应力,缓和由路面传来的振动和冲击。帘布层支撑着外胎各部分,固定外胎的外轮廓。在帘布层与胎面之间,还有缓冲层。

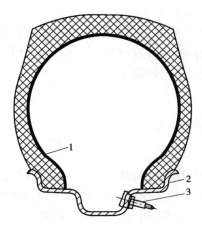

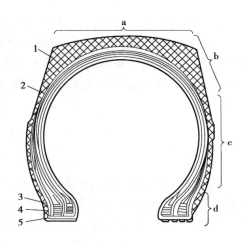

图 7.2　无内胎轮胎

1—气密层；2—胎圈橡胶密封层；3—气门嘴

图 7.3　外胎的结构

1—缓冲层；2—帘布层；3—钢丝层；

4—帘布层包边；5—胎圈包边嘴

胎面是指外胎同地面接触的部分，它由胎冠和胎肩组成。胎冠也称行驶面，它与路面接触，直接承受冲击和磨损，并使轮胎与路面间有很大的附着力，故胎冠应具有较高的弹性、强度和耐磨性能。为增加轮胎的附着力，避免轮胎纵横打滑，胎冠制有各种花纹。胎肩是较厚的胎冠与较薄的胎侧间的过渡部分，一般也制有各种花纹，以提高该部位的散热性能。

胎侧是贴在胎体帘布层侧壁的薄橡胶层。它的主要作用是保护胎体侧部帘布层免受损伤。胎圈由钢丝圈 3、帘布层包边 4 和胎圈包边 5 组成。它的用途是使轮胎紧密地固装在轮辋上，并承受外胎与轮辋的各种相互作用力。

（2）汽车常用轮胎的结构特点

1）无内胎轮胎的结构特点

由于没有内胎以及内胎与轮辋之间的衬带，消除了内外胎之间的摩擦，并使热量容易从轮辋直接散出，故无内胎轮胎行驶时的温度，比普通轮胎低 20% ~ 25%，有利于提高车速，且寿命比普通轮胎长约 20%，并有结构简单，质量小的特点。无内胎轮胎空气直接压入外胎中，要求轮胎与轮辋之间有很好的密封性。为此在胎圈上做出若干道同心的环形槽纹。在轮胎内压的作用下，此槽纹使胎圈紧贴在轮辋边缘上，以保证轮胎与轮辋之间的气密性。此外，轮胎内壁上附加了一层厚约 2.3 mm 的橡胶气密层，当轮胎被刺穿后，气密层的橡胶处于压缩状态而紧箍刺物，使得轮胎不漏气或漏气很慢。因此，这种轮胎的突出优点是安全，特别适用于高速行驶的轿车。但制造材料和工艺要求较高，特别是大尺寸轮胎尤为困难，途中维修也有不便。目前这种轮胎在轿车上广泛采用，并开始在部分载货汽车上使用。

2）斜交轮胎的结构特点

斜交轮胎（也称"普通结构轮胎"），是一种老式的结构。胎体中的帘线与胎面中心线约成 35°，由一侧胎边穿过胎面到另一侧胎边。由这种斜置帘线组成的帘布层，通常有多层，它们交错叠合起来，成为胎体的基础，如图 7.4（a）所示。由于帘布层的斜交排列，帘线的强度受到了限制。为了提高承载能力，不得不增加帘布层的层数。故斜交轮胎的胎体厚而重，滚动阻力大、散热效果不良，轮胎的弹性和抓地能力较差。目前这种轮胎已逐渐被子午线轮胎所取代。

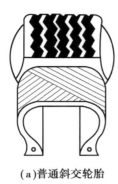 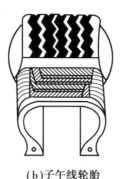

(a)普通斜交轮胎　　　　(b)子午线轮胎

图7.4　轮胎的结构形式

3)子午线轮胎的结构特点

子午线轮胎用钢丝或纤维织物作帘布层,其帘线与胎面中心线的夹角接近90°,从一侧胎边穿过胎面到另一侧胎边呈环形排列。帘线这样分布就像地球上的子午线,故称子午线轮胎,如图7.4(b)所示。由于子午线轮胎的帘线的强度得到充分利用,故子午线轮胎帘布层数比斜交轮胎少40%～50%。子午线轮胎还采用了与胎面中心线夹角很小(10°～20°)的多层束带。这个多层束带用强力较高、伸张很小的纤维织物帘布或钢丝帘布制造,像刚性环带一样,紧紧箍在胎体上,以保证轮胎具有一定的外形尺寸。由于胎体和带束层帘线是交叉于三个方向,这样就形成了许多密实的三角形网状结构(图7.5),因而大大提高了胎面刚性,从而减少了胎面与路面的滑移现象,提高了胎面耐磨性。子午线轮胎胎壁比斜交轮胎软,在径向上容易变形,可以增加

图7.5　轮胎胎冠帘线

轮胎的接地面积。子午线轮胎即使在充足气后,两侧壁上也有一个特殊的凸起部,与斜交胎比,好像是充气不足,其实这是子午线轮胎胎壁软结构特点的表现。

(3)新型汽车轮胎简介

随着汽车技术和性能的不断提高,对轮胎性能的要求也越来越高。近年来,世界主要轮胎公司推出了各式各样的新型轮胎。

1)智能轮胎

智能轮胎内装有计算机芯片,能够自动监测轮胎行驶温度与气压,并及时予以调整,从而使轮胎始终保持良好的使用性能,既提高了安全系数,又节约了开支。美国固特异公司推出"会说话"载重轮胎。它在轮胎胎壁里埋设一小块单片集成电路,自动测量轮胎的温度、气压、转速、行驶里程等数据,并用特定代码发送出去,由手提式解码器译成数字显示在液晶显示屏上。这种"会说话"轮胎,使驾驶员能及时了解轮胎状况,做好维护保养,延长了轮胎的使用寿命。

2)绿色轮胎

绿色轮胎一般指滚动阻力低(节油性好)、使用寿命长、翻新性好(减少废胎生成量)、质

量小(降低石油资源消耗)以及噪声小和防滑性能好的轮胎。就滚动阻力来说,绿色轮胎与普通轮胎相比降低 22% ~ 35% ,因而节油 3% ~ 8% ,这也是绿色轮胎很快得到推广的重要原因。

3)超高行驶里程轮胎

保证行驶里程在 13 万 km 以上的称为超高行驶里程轮胎。现在世界上一些著名的轮胎制造公司,如米其林公司提出了终身保用轮胎,即与轿车等长寿轮胎,这种轮胎的寿命可达 10 年,相当于行驶 16 万 km。

4)跑气保用轮胎

漏气后仍能继续安全行驶一段较长路程的轮胎称跑气保用轮胎或零压轮胎。从结构上,跑气保用轮胎可分为自封式和刚性支撑式两大类。自封式是在胎腔或密封层内预先充入足量密封剂。当轮胎遭外物刺穿后,密封剂自动流动穿孔处,堵塞洞孔,从而维护正常行驶状态。刚性支撑式跑气保用轮胎又分为自体支撑型和加物支撑型两种。自体支撑型是在普通轮胎上增加原有的某个部件,使轮胎失压后保持行驶轮廓,如胎侧加强型、三角断面型等;加物支撑型是通过增加普通轮胎所没有的部件,达到轮胎失压后保持行驶轮廓的目的,如内支撑物型、多腔型等。虽然各厂家研究开发的这种轮胎不尽相同,但一般都具有如下共同特点:漏气后仍可继续安全行驶一段较长路程。跑气保用轮胎的主要技术指标为失压后的行驶速度和行驶距离,就目前技术水平而言,前者一般为时速 80 ~ 88 km,后者一般为 80 km,最高达到 320 km。

5)仿生轮胎

采用仿生学原理研制而成的大陆轮胎,其制动距离明显减小。该轮胎适用于高档车型,内地仿生轮胎模仿对象是猫的脚掌:猫跳起再落地时,脚掌会变宽。车轮跃起时再落地,制动距离会减小。仿生轮胎就是按照这个原理由开发人员模仿研制而成。在制动时利用后桥载荷向前桥的转移,将轮胎与地面的接触面积扩大了 10% 。再加上它不对称的花纹结构,可以使车辆在直行和弯道上的制动性能大大改善。另一方面,通过对生产中的橡胶模具的优化处理,使轮胎在制动载荷很大的情况下与地面之间的压力尽量均匀。其结果是这种轮胎在干燥和潮湿路面上的制动距离比传统轮胎少 1/10。

6)低断面轮胎

低断面轮胎能够使汽车的外观更漂亮,不仅可减小滚动阻力,降低燃油消耗,而且还可提高行驶舒适性,改善操纵性能,提高安全性。

7)防滑轮胎

近年来,为了提高轮胎在湿滑路面上的行驶安全性,许多轮胎公司先后研究开发出防滑轮胎。美国固特异轮胎橡胶公司的轮胎最大特点是:胎面中心有一条 V 形宽而深的纵向花纹沟,在主花纹沟两侧各有两条纵向窄花纹沟,看上去很像是并装双胎。这种构造有利于将主花纹沟积蓄的雨水排出,从而改善轮胎湿地操纵性,延长胎面寿命。此外,它的胎面花纹为有向花纹,胎侧防滑线为一圈黑色或灰白色的齿形环。

7.4.2　汽车轮胎的规格及其表示方法

(1)汽车轮胎的主要尺寸

轮胎的主要尺寸有轮胎断面宽度 B、轮辋名义直径 d、轮胎断面高度 H、轮胎外直径 D、负荷下静半径和滚动半径等(图 7.6)。

①轮胎断面宽度 B 指轮胎按规定气压充气后,轮胎两外侧面间的距离。

②轮辋名义直径 d 指轮辋规格中直径大小的代号,与轮胎规格中相对应的直径一致。

③轮胎断面高度 H 指轮胎按规定气压充气后,轮胎外直径与轮辋名义直径之差的一半。

④轮胎外直径 D 指轮胎按规定气压充气后,在无负荷状态下胎面最外表的直径。

⑤负荷下静半径指轮胎在静止状态下只承受法向负荷作用时,由轮轴中心到支承平面的垂直距离。

⑥轮胎滚动半径是指车轮旋转运动与平移运动的折算半径。滚动半径 r 按下式计算:

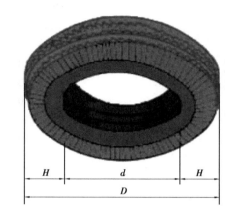
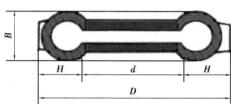

$$r = \frac{s}{2\pi n_w}$$

式中　s——车轮移动的距离,m;

　　　n_w——车轮转过的圈数。

图 7.6　轮胎的主要尺寸

(2)汽车轮胎的特性参数

1)轮胎的高宽比和轮胎系列

轮胎的高宽比是指轮胎的断面高度 H 与轮胎断面宽度 B 的百分比,表示为:H/B(%)。轮胎系列就是用轮胎的高宽比的名义值大小(不带%)表示的,例如"80"系列、"75"系列分别指的是轮胎的高宽比为 80% 和 75%。

2)轮胎的层级

轮胎的层级是表示轮胎承载能力的相对指数,主要用于区别尺寸相同但结构和承载能力不同的轮胎。轮胎的层级数与轮胎帘布层的实际层数没有直接关系,就是说轮胎的层级不代表轮胎帘布层的实际层数。轮胎层级常用 PR 表示。

3)轮胎最高速度和速度级别符号

轮胎最高速度是指在规定条件下(路面级别、轮辋名义直径),在规定的持续行驶时间(持续行驶最长时间为 1 h)内,允许使用的最高速度。

将轮胎最高速度(km/h)分为若干级,用字母表示,称为速度级别符号,目前采用的轮胎速度级别有 25 个,表 7.17 仅摘录了一部分。另外,轿车轮胎的最高速度还与轮辋直径的大小有一定的关系(表 7.18)。

表7.17 轮胎速度级别符号与最高行驶速度

速度级别符号	最高速度/(km·h⁻¹)	速度级别符号	最高速度/(km·h⁻¹)
K	110	R	170
L	120	S	180
M	130	T	190
N	140	U	200
P	150	H	210
Q	160	V	240

表7.18 不同轮辋直径轮胎的最高行驶速度

速度级别符号	不同轮辋直径轮胎的最高行驶速度/(km·h⁻¹)		
	轮辋名义直径 10/in	轮辋名义直径 12/in	轮辋名义直径 13/in
P	120	135	150
Q	135	145	160
S	150	165	180
T	165	175	190

4)轮胎负荷能力和轮胎负荷指数

轮胎负荷能力是指在一定行驶速度和相应充气压力时的最大载质量。轮胎负荷指数是指在规定条件下轮胎负荷能力的数字符号。轮胎负荷指数用 L1 表示,轮胎负荷能力用 TLCC 表示。两者的关系见表7.19。

表7.19 负荷指数(L1)与负荷能力(TLCC)对应关系(摘录)

轮胎负荷指数 (L1)	轮胎负荷能力 (TLCC),kg	轮胎负荷指数 (L1)	轮胎负荷能力 (TLCC),kg
79	437	84	500
80	450	85	515
81	462	86	530
82	475	87	545
83	487	88	560

(3)汽车轮胎规格的表示方法

1)轿车轮胎规格代号

GB/T 2978—1997《轿车轮胎系列》规定的轿车轮胎规格代号表示方法如下:

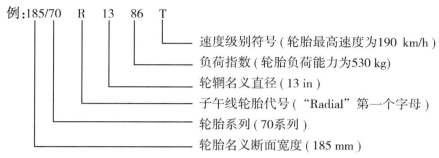

例：185/70　R　13　86　T
- 速度级别符号（轮胎最高速度为190 km/h）
- 负荷指数（轮胎负荷能力为530 kg）
- 轮辋名义直径（13 in）
- 子午线轮胎代号（"Radial"第一个字母）
- 轮胎系列（70系列）
- 轮胎名义断面宽度（185 mm）

2）载货汽车轮胎规格代号

GB/T 2977—1997《载重汽车轮胎系列》规定的载货汽车轮胎规格代号表示方法如下：

①微型载货汽车普通断面斜交轮胎。

例：4.50-12　ULT
- 微型载货汽车轮胎代号
- 轮辋名义直径（12 in）
- 轮胎名义断面宽度（4.50 in）

②轻型载货汽车普通断面斜交轮胎。

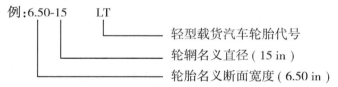

例：6.50-15　LT
- 轻型载货汽车轮胎代号
- 轮辋名义直径（15 in）
- 轮胎名义断面宽度（6.50 in）

③轻型载货汽车普通断面子午线轮胎。

例：6.50　R　15　LT
- 轻型载货汽车轮胎代号
- 轮辋名义直径（15 in）
- 子午线轮胎代号
- 轮胎名义断面宽度（6.50 in）

④轻型载货汽车斜交公制系列轮胎。

例：215 / 70　14　LT
- 轻型载货汽车轮胎代号
- 轮辋名义直径（14 in）
- 轮胎系列（70系列）
- 轮胎名义断面宽度（215 mm）

⑤中型、重型载货汽车普通断面斜交轮胎。

例：9.00　-　20
- 轮辋名义直径（20 in）
- 低压轮胎代号
- 轮胎名义断面宽度（9.00 in）

⑥中型、重型载货汽车普通断面子午线轮胎。

例:9.00   R   20

轮辋名义直径(20 in)

子午线轮胎代号

轮胎名义断面宽度(9.00 in)

7.4.3　汽车轮胎的使用与维护

轮胎的使用性能是以利用压缩空气的性质和内外胎的弹性为基础的。汽车车轮承受和传递汽车与路面的全部作用力,在各种外力作用下,产生复杂的变形。因变形发生摩擦,产生大量内热,使轮胎温度升高,强度降低。轮胎的损坏,基本上是力和热综合作用的结果。轮胎受力变形时,帘线和橡胶在拉压应力、高温的作用下,轮胎材料产生疲劳,使弹性和强度下降。当应力超过帘布层强度极限时,帘线就会折断。轮胎受力变形时,帘布层间产生切应力,当切应力超过帘布层与橡胶间的吸附力时,就会出现帘线松散、帘布层脱层等现象。所以,轮胎的损坏形式主要是:胎面磨损、帘布脱层、帘线松散或折断,胎面与胎体脱胶以及因上述结果引起的胎体破裂。

轮胎气压、负荷、汽车行驶速度、气温、道路条件、汽车技术状况、驾驶方法、维修质量和管理技术等因素对轮胎使用寿命影响很大。

(1)汽车轮胎的正确使用

正确合理地使用轮胎,可降低轮胎磨损,防止不正常的磨损和损坏,延长轮胎的使用寿命,保证行驶安全、降低运行成本。在轮胎的使用和管理中应注意做到以下几点:

1)保持气压正常

轮胎充气压力是决定轮胎使用寿命和工作好坏的主要因素。轮胎制造厂在设计各种规格的轮胎时,都规定了其最大负荷量和相应的充气压力,使用时应按轮胎规定的气压标准进行充气,否则将造成轮胎早期磨损和损坏。

气压过低时,胎体变形增大,造成内应力增加,并过度升温;胎面接触面积增大,磨损加剧,特别是胎肩的磨损加剧;滚动阻力增大,燃料消耗增加;双胎中一胎气压过低还会使另一胎超载损坏。

气压过高时,使胎冠部分磨损加剧,动载荷增大,易产生胎冠爆裂。

2)严禁轮胎超载

当汽车超载或装载不均衡时,便引起轮胎超载。轮胎超载时对轮胎损坏影响较大。超载行驶时,轮胎变形增大,帘布和帘线应力增大,容易造成帘线折断、松散和帘布脱层。同时,因为接地面积增大,增加胎肩的磨损,尤其在遇到障碍物时,由于受到冲击,会引起爆破。因此,要注意货物装载平衡,防止车辆行驶时发生货物移动及倾斜。

3)控制车速、胎温

随着车速的增加,轮胎的变形频率、胎体的振动也随之增加。当车速达到某一速度时,使轮胎的工作温度和气压升高,加速老化。因此,一定要坚持中速行驶,胎体温度不得超过100 ℃。夏季行驶应增加停歇次数,如轮胎发热或内压增高,应停车休息散热。严禁放气降低轮胎气压,也不要泼冷水。

4）合理搭配轮胎

轮胎应按照车型配装,并根据行驶地区道路条件选择适当的胎面花纹。要求在同一轴上装用厂牌、尺寸、帘线层数、花纹、磨耗程度相同的轮胎。同一名义尺寸的不同厂牌的轮胎,其实际尺寸有所差别。轮胎尺寸大小不一致,会产生高低不一,承受负荷不均衡,附着力不一样,磨耗不均匀。胎面花纹不同,与地面附着系数也不同,同样会造成磨耗程度的差别,还会使制动性能和转向性能变差。

应尽量实行整车换胎,做好轮胎换位。备胎是做临时替用的,且长时间挂在车上,橡胶易老化,应选择质量相当、花纹一致的同类旧胎或翻新胎。

在使用中,应注意翻修胎的质量等级。翻修胎一般都装在后轴上使用,前轴上装新胎或质量可靠的甲级翻新胎,以确保行车安全。

5）精心驾驶车辆

不正确或不经心驾驶汽车,都将使轮胎的使用寿命急剧缩短。为此,驾驶汽车时应做到起步平稳、加速均匀、中速行驶、选择路面、减速转向,少用制动。

6）做好日常维护

日常维护包括出车前、行车中和收车后的检视。主要是检视轮胎气压是否符合规定;检查轮胎螺母有无松动;清理轮胎夹石;检查有无不正常的磨损和损伤,并及时消除造成不正常磨损和损伤的因素。

7）保持汽车技术状况良好

保持车况完好,尤其是底盘机件技术状况良好,是防止轮胎早期损坏的有效措施。当底盘机件装配不当或出现故障时,轮胎不能平稳滚动,产生滑移、摆振,使轮胎遭到损坏;机件漏油时,会使油滴落到轮胎上侵蚀橡胶,也会造成轮胎早期损坏。

（2）汽车轮胎的维护

对轮胎的维护应与整车维护一样,贯彻预防为主,强制维护的原则。轮胎维护应结合车辆的日常维护、一级维护和二级维护进行,维护周期按汽车规定的维护周期执行。

1）一级维护

检查轮胎螺母是否紧固,气门嘴是否漏气,气门帽是否齐全,如发现损坏立即修理补齐;挖出夹石和花纹中的石子、杂物;检查轮胎气压,按标准补足;检查轮胎有无与其他机件刮碰现象,备胎架是否完好、紧固,如不符合要求应予排除,完成上述操作后应填写维护记录。

2）二级维护

拆卸轮胎,按轮胎标准测量胎面花纹磨耗、周长及断面宽的变化,作为换位和搭配的依据;进行轮胎解体检查:检查胎冠、胎肩、胎侧及胎内有无内伤、脱层、起鼓和变形等现象,检查内胎、垫带有无咬伤、折皱现象,气门嘴、气门芯是否完好,检查轮辋、挡圈和锁圈有无变形、锈蚀,根据情况进行涂漆处理;检查轮辋螺栓孔有无过度磨损或损裂现象;排除解体检查所发现的故障后,进行装合和充气;高速车应进行轮胎的动平衡试验,并按规定进行轮胎换位;若发现轮胎有不正常的磨损或损坏,应查明原因,予以排除。完成上述操作后应填写维护记录。

3）轮胎维护要点

轮胎维护的操作要点主要包括:

①充气轮胎充气应按照车辆使用说明书上规定的标准气压执行,并在冷态时用气压表测量。若在热态时测量,应略高于标准气压,取适当的修正值。气压表应定期校准,以保证读数

准确。轮胎装好后,先充入少量空气,待内胎充气伸展后再继续充至要求气压;充气前应检查气门芯与气门嘴是否配合平整,并擦净灰尘。充气后应检查是否漏气,并将气门帽装紧;充入的空气不得含有水分和油雾;充气时应注意安全防护,充气开始时用手锤轻击锁圈,使其平稳嵌入轮辋圈槽内,以防锁圈跳出。

②轮胎换位的基本方法有循环换位法和交叉换位法两种。一次更换轮胎的位置,不能使所有轮胎从轮胎的一侧换到另一侧的换位方法,叫循环换位法。仅一次更换轮胎的位置,便可实现所有轮胎从汽车的一侧完全换到另一侧的换位方法,叫交叉换位法。进行轮胎换位应注意:

a. 轮胎换位应结合二级维护周期进行,换位的方法选定后,不应再随意变动。

b. 对有方向性花纹的轮胎,换位后不能改变旋转方向。

c. 轮胎换位后,应按规定重新调整轮胎气压。

d. 若行驶路面拱度较大或炎热季节、轮胎磨耗差别较大时,可增加换位次数。

知识拓展

世界十大轮胎品牌

轮胎是汽车的重要组成部分,有数据显示,5%的车祸是因为汽车的轮胎材质问题。市场上轮胎品牌上百种,哪种轮胎品牌最受消费者欢迎呢? 不妨了解一下世界十大轮胎品牌。

(1)米其林

米其林集团创建于1889年的法国克莱蒙费朗。在漫长的历程中,米其林集团自1889年发明首条自行车可拆卸轮胎与1895年发明首条轿车用充气轮胎以来,在轮胎科技与制造方面发明不断,它是全球轮胎科技的领军者。

(2)普利司通

1931年3月,普利司通在日本福冈县久留米市诞生,公司创始人是石桥正二郎(1889—1976)。石桥正二郎认为,公司的产品出口使用英文名称较为便利,因此,将他的姓"石桥"译成英文"STONEBRIDGE"。但是,由于念起来不顺口,所以他决定将其颠倒过来,改为"BRIDGESTONE","普利司通"因此得名。

(3)固特异

美国固特异轮胎橡胶公司始建于1898年,至今已有百余年的历史。坚持生产高品质的轮胎是固特异的主要目标。为保证高质量生产,固特异生产设备继1999年取得ISO 9002认证之后,相继于2001年4月取得QS 900认证,2002年12月取得501400认证,2003年3月取得TS 16949认证。这些都为生产的每一条固特异轮胎提供了让用户更放心的安全保证。

(4)Continental

Continental一般指德国大陆轮胎(马牌轮胎),德国大陆集团始建于1871年,总部位于德国汉诺威市,是世界第三大轮胎制造企业、欧洲最大的汽车配件供应商。马牌轮胎以"全天候的安全性和可靠性"著称,低噪声,自洁性强。有极高的瞬间过载能力,灵敏的操控应答和弯道稳定性,干湿地面卓越的刹车性能,更高的排水保护能力,全球唯一获准的以时速360 km驾驶的公路轮胎,并载入吉尼斯世界纪录。

(5) 邓禄普

邓禄普是日本住友橡胶工业集团旗下品牌,大型跨国轮胎供应商,世界上最先开发出充气轮胎的企业,世界上众多著名厂商及高性能轿车改装公司首选轮胎品牌。

(6) 倍耐力

倍耐力轮胎公司始建于 1872 年,总部位于意大利,是当今世界享有盛名的轮胎公司之一。在全球 12 个国家拥有 24 家工厂。100 多年的轮胎生产经验造就了倍耐力轮胎舒适、耐用、安全的优异性能。倍耐力轮胎高度重视中国市场,长期受到世界著名的汽车制造厂商认可。奥迪、宾利、法拉利、兰博基尼、宝马、奔驰等著名汽车品牌皆指定倍耐力轮胎为原厂配套胎。

(7) 韩泰

韩泰轮胎成立于 1941 年,是韩国的第一家轮胎企业,为乘用车、轻卡(SUV、RV 等)、货车、巴士和专用赛车提供子午轮胎。韩泰轮胎的产品遍及全球 180 个国家及地区,在全球有 5 家研发中心,确保韩泰轮胎能够满足每个区域消费者的需求和提升消费者的满意度。

(8) 正新

正新橡胶工业股份公司成立于 1967 年 1 月 1 日,主要产品为人力车用内外胎,自行车内外胎,摩托车内外胎,ATV 轮胎,农耕机、工业用车轮胎,卡车、客车内外胎,以及轿车、轻型卡车、拖车用的辐射层轮胎等。

(9) 中策

中策橡胶集团有限公司成立于 1958 年,是集轮胎研发、生产、销售以及汽车后市场服务为一体的大型轮胎企业。中策旗下拥有朝阳、威狮、好运、全诺、雅度、ARISUN 等知名轮胎品牌。

(10) 横滨轮胎

横滨轮胎是由日本横滨橡胶株式会社制造,该公司成立于 1917 年,总部设在日本横滨。横滨轮胎从 1981 年至今,一直被澳门格兰披治大赛会指定为赛事轮胎。横滨轮胎在欧洲的高知名度,已被 BENTLEY、PORSCHE、AUDI、MERCEDES AMG 列为高性能胎的代表。

习　题

1. 如何确定汽油和轻柴油的辛烷值和十六烷值?
2. 什么是柴油的低温流动性? 其评价指标有哪些?
3. 汽车用新能源主要有哪些?
4. 车辆齿轮油应具备哪些性能?
5. 发动机对冷却液的要求是什么?
6. 有内胎的充气轮胎由哪些部件组成?
7. 为什么无内胎轮胎在轿车上得到广泛应用?
8. 汽车轮胎的主要尺寸有哪些?
9. 轮胎的维护要点有哪些?

第 **8** 章

汽车的正确使用

学习目标

【能力目标】

1. 理解各种特殊条件对汽车使用的影响；

2. 掌握汽车在特殊条件下使用应采取的主要措施。

【知识目标】

1. 掌握汽车的运行条件；

2. 掌握汽车在特殊条件下使用的特点；

3. 掌握汽车在特殊条件下使用应采取的主要措施。

8.1 汽车在一般条件下的使用要求

汽车在正常使用过程中,必然会受外界条件的影响,如气候、道路条件等,这些在汽车使用过程中不断变化的、直接影响汽车各种使用性能及运输工作的效益和成本的条件,称为汽车的运行条件。

汽车的运行效率取决于驾驶员的操作水平、车辆的技术性能以及汽车的外界条件。由于这些外界条件是随着时间和空间的不同而不断变化的,因此汽车的运行效果,即汽车主要技术经济指标也随外界条件变化而变化。所以,必须根据不同的运行条件,采取相应的技术措施,正确、合理地使用汽车,最大限度地发挥汽车的潜能,提高运输效率。

(1)正确装载

车辆按规定安全合理装载是车辆正确使用的重要内容,是减少车辆故障和零部件损坏、延长车辆使用寿命的重要技术措施,根据《汽车运输业车辆技术管理规定》,在一般条件下使用时,车辆的装载应满足以下要求:

①车辆的额定载质量应符合制造厂规定。汽车的额定载质量是由制造厂根据零部件的强度,以可靠性高、经济使用寿命长、行驶安全性好为基本出发点经计算和试验而确定的,并作为技术性能指标在汽车的使用说明书中作了规定。因此,车辆装载首先应符合制造厂的规定。

②经过改装、改造的车辆,或由于当地运行条件(海拔、道路坡度、气候)变化需要重新标定载质量的车辆,应经过车辆所在地的交通运输管理部门或公安交通管理部门重新核定。

③车辆换装轮胎时,轮胎负荷能力要符合原厂要求。如更换后轮胎的最大负荷大于原轮胎的,应保持原车额定载质量;如果最大负荷小于原轮胎的,则必须相应降低其载质量。这种情况多数发生在进口汽车装用国产轮胎的时候。

④车辆装载要均匀,否则使车轴和轮胎超载。

⑤车辆载运易散落、飞扬、污秽物品时,应封盖严密,以免污染环境。

⑥在道路和车辆允许的情况下,城乡旅客运输以及遇到无法割裂的货物(如原木、机床等)运输时可适当增载,但增载量和装载方法必须符合《汽车旅客运输规则》和《汽车货物运输规则》的有关规定。

⑦车辆总质量超过桥梁承载质量或运输超长、超宽、超高货物时,应报请当地交通、公安主管部门,采取安全有效措施,经批准后才能通行,以保障安全,防止意外事故发生。

⑧所有车辆的载质量,一经核定,严禁超载。

车辆的装载质量是在车辆设计时就确定的,车辆各总成、零部件的负荷能力是根据确定的装载质量计算的。如果车辆超载行驶,将加速汽车零件的磨损、变形和损坏,也就直接影响车辆使用寿命。车辆超载行驶,发动机处于高负荷工况,将使发动机冷却液温度和发动机油温过高,使发动机损坏,还会使车架、传动系和轮胎等提前损坏。车辆超载还影响行驶稳定性、操纵稳定性和制动性能。因此,车辆超载不仅影响车辆运输效率,增加运行消耗,降低车辆使用寿命,还会造成交通事故。

(2)合理拖挂

组织拖挂运输主要是为了充分利用汽车的动力性,发挥汽车的运输生产率,提高运输企业的生产效益。汽车拖挂是一项科学有序的工作,实际组织中必须注意综合考虑以下问题:

①汽车拖挂总质量应根据不同使用条件,通过试验确定,确定不同地区拖挂总质量的原则应符合《汽车运输业车辆技术管理规定》的要求。

②平原地区保持直接挡(包括超速挡)作为经常行驶的挡位;丘陵地区用直接挡(包括超速挡)行驶的时间占60%以上,其平均技术速度不低于单车的70%;在山区一般道路上,可用二挡通过,最大坡度路段可用一挡起步。

③机动车牵引挂车应当符合下列规定:

a.载货汽车、半挂牵引车、拖拉机只允许牵引一辆挂车。挂车的灯光信号、制动、连接、安全防护等装置应当符合国家标准。

b.小型载客汽车只允许牵引旅居挂车或者总质量700 kg以下的挂车。挂车不得载人。

c.载货汽车所牵引挂车的载质量不得超过载货汽车本身的载质量。大型、中型载客汽车、低速载货汽车、三轮汽车以及其他机动车不得牵引挂车。

④汽车拖带挂车时,只准许拖挂一辆。

挂车的装载质量不准超过汽车的装载质量。连接装置必须牢固,防护网和挂车的制动器、标杆、标杆灯、制动灯、转向灯、尾灯必须齐全。

⑤汽车技术状况不良的汽车,不许组织拖挂;新车或大修车在走合期不许拖挂。

⑥汽车空载不得拖带重载挂车。

⑦在实习期或驾驶操作不熟练的机动车驾驶人员,驾驶的机动车不得牵引挂车。

⑧应在道路条件良好的路线上组织拖挂,路况差的不宜拖挂。

(3)汽车的主要运行材料按规定使用

燃料、润滑油质量是否符合车辆的使用要求,对车辆的正确使用有重要影响。运输单位和个人在使用燃料、润滑油时应注意以下事项:

①燃料、润滑油的规格选用必须符合汽车制造厂说明书的规定和厂家新规定。

②燃料、润滑油的运输和存放要注意防火防爆,预防损失和变质,必须遵守有关规定。

③燃料、润滑油应保持清洁,柴油必须经过沉淀、过滤后方能使用。

④不同种类、牌号的燃料、润滑油不得混合使用。更换不同牌号的润滑油或进行季节换油时,必须做好清洗工作。

⑤进口汽车所用的燃料、润滑油,应严格按汽车制造厂规定选用,或按其规格性能要求,选用相应国产牌号的燃料、润滑油。

⑥认真做好润滑油的回收和管理工作。具体按 GB/T 17145—1997《废润滑油回收与再生利用技术导则》的规定进行,回收的废润滑油应分类、分级存放,防止混入泥沙、雨水或其他杂物。收集到一定数量后,交回收部门处理。

⑦加强汽车轮胎的使用与管理工作。具体按 GB/T 9768—2008《轮胎使用与保养规程》、JT/T 242—1995《汽车运输企业轮胎技术管理台账》、JT/T 303—1996《汽车轮胎使用与维修要求》和《汽车运输行业轮胎技术管理制度》的规定进行。对轮胎的使用实行全过程综合性管理,对轮胎的计划、选购、装运、验收、保管、使用、维护、翻修、报废和奖惩等方面都作了详细规定。各运输单位和个人应根据各规定要求,加强轮胎管理,提高轮胎使用维修技术水平。

8.2 汽车走合期的使用

新车或大修竣工汽车投入使用的初期,汽车各运动机构中的零件正处于磨合状态,还不能全负荷运行,我们把这个使用阶段称为汽车的走合期(磨合期)。

新车或大修竣工汽车,尽管在生产过程中各零部件都经过了生产磨合,但零件的加工表面仍存在微观和宏观的几何形状偏差(表面粗糙度、圆度、圆柱度、直线度等),总成和部件也存在一定的装配误差。这些误差使新配合工作摩擦副零件表面的实际接触面积比计算面积小得多,因而表面的实际单位压力较计算值大得多。在这种情况下,汽车若以全负荷运行,由于零件摩擦副工作表面的单位压力过大,将导致润滑油膜破坏和局部温度升高,使零件迅速磨损和破坏。因此,新车或大修后的汽车必须轻载限速行驶。汽车走合期实际上是为了使汽车向正常使用阶段过渡,而在使用中对相互配合的摩擦副零件工作表面进行磨合加工的工艺过程。经过汽车走合期的使用后,零件表面不平部分被磨去,从而形成光滑而耐磨的工作表面,以承受正常工作载荷;同时,由于走合期内所暴露出的生产、修理缺陷得以排除,减小了汽车正常使用阶段的故障率,从而提高了汽车的使用可靠性。汽车走合期行驶里程称走合里程。走合期在汽车整个使用期中虽然很短,但它对延长汽车使用寿命、提高车辆的可靠性和经济性有极大关系。因此,根据汽车各零部件在这阶段的工作特点,应采取相应措施,正确、合理地使用汽车。

8.2.1   汽车走合期的特点

汽车走合期是指新车或汽车大修后的初运行阶段,一般为 1 000 ~ 3 000 km(部分进口汽车将首次维护里程定为 7 500 ~ 10 000 km)。汽车走合期的特点有以下几项:

(1)机件磨损快

汽车出厂前虽然按规定进行了磨合处理,但新配合件表面粗糙,零件摩擦表面的单位压力很大,润滑油膜被破坏,造成干摩擦。同时新装配零件间隙较小,表面凸凹部分嵌合紧密,相对运动时,在摩擦力的作用下有较多的金属屑被磨落,进入相配合零件之间又构成磨粒磨损,使磨损加剧。从而导致摩擦表面温度快速升高,进而使润滑油黏度降低,润滑条件变坏,故汽车在投入使用的初驶期若不采用有效措施零件将发生剧烈的磨损。

由图 8.1 可知,零件在汽车初驶期(即走合期)的磨损强度($\tan \alpha_1$)是变化的,且远比正常工作期要大,即 $\tan \alpha_1 > \tan \alpha$。这是由于摩擦表面在机械加工时留有微观和宏观的几何误差,零件表面较粗糙,所以零件的配合实际上是表面微凸体间的接触。按加工质量不同配合件实际接触面积为计算面积的 1/1 000 ~ 1/100,造成极大的压力。汽车投入使用后,由于接触表面间的相对运动,将零件表面在加工中形成的凸起磨平,形成能够承受正常使用时额定载荷的工作表面。此时在磨损曲线中出现转折点 k 过渡到正常工作期($\tan \alpha = $ 常数)。零

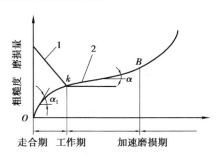

图 8.1   零件典型的磨损过程
1—零件的粗糙度变化曲线;
2—零件的典型磨损曲线

件表面状况也得到改善并趋于稳定。由此得知,汽车的走合实际上是为了使"新车"向正常使用期过渡,对摩擦表面进行磨合加工的工艺过程。在此期间零件表面逐渐形成光滑耐磨的工作表面,然而配合零件的允许间隙是一定的走合结束的间隙(即走合期磨损量),对大修间隔里程影响很大(图 8.2),如把走合结束的间隙 Δcd 减少到 $\Delta c'd'$,则正常工作期可延长里程,因此可延长汽车使用寿命。所以根据走合期的使用特点选择和遵守正确的走合规范(走合里

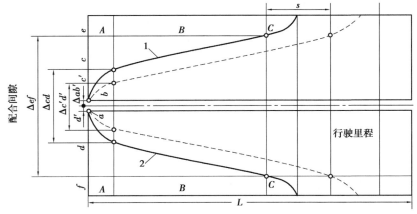

图 8.2   走合期的零件磨损对使用寿命的影响
1—孔类零件;2—轴类零件;A—走合期;B—正常工作期

程、装载质量、车速和维护措施等),以最小的初期磨损量达到走合目的,便能延长汽车的使用寿命。

(2)故障多

由于机件在加工、装配时存在偏差,以及紧固件松动,或者未能正确制订和执行汽车走合规范,在这个阶段使用不当,所以走合期行车故障较多。如果汽车装配质量不好,各零部件间的间隙过小,走合时速度过高,发动机润滑条件差,发动机很容易过热,常出现拉缸、烧瓦等故障;汽车刚经过加工修理的制动摩擦片,要达到全面均匀的接触比较困难,所以常出现制动不灵等故障;同时还可能包含着一些难以发现的隐患,在走合期很可能出现机件卡死、发热和渗漏等故障。

(3)紧固件易松动

由于汽车在走合期内零件易变形,配合件磨损后间隙增大,因此,连接件易松动,特别是影响行车安全的连接件更易松动。这一特点说明汽车在走合期内加强维护(特别是紧固作业)的重要性。

(4)耗油量大

为了保证走合期小负荷运行,化油器安装了限速片,造成混合气偏浓。同时,机件之间较大的摩擦阻力也使油耗增加。

(5)润滑油易变质

由于走合期内机件配合间隙较小,而新车或大修后的汽车零件表面比较粗糙,加工后的形状和装配位置都存在一定的偏差,配合间隙较小,因此走合时油膜质量差,零件表面和润滑油的温度都很高,润滑油容易氧化变质。同时会有较多的金属屑被磨落而进入配合零件的间隙,然后被润滑油带入到曲轴箱中,容易使润滑油污染,质量下降。所以,走合期有润滑油更换的规定,通常行驶 300,1 000 和 2 500 km 时,均需更换发动机油底壳润滑油。更换时必须清洗汽车发动机油底壳、变速箱、后桥主减速器和过滤器等,而后再添加新的润滑油。如发现润滑油杂质过多或变质严重则应缩短更换润滑油里程。

8.2.2　走合期须采取的技术措施

为延长汽车使用寿命、提高车辆的可靠性和经济性,在汽车走合期内应采取相应技术措施,顺利度过走合期,这对车辆今后耐用、故障少、油耗低、动力足等指标起着至关重要的作用。走合期间的驾车与过走合期后的驾车有着一些不同,注意这些不同,是保证顺利度过走合期的关键。

(1)起步先预热

冷启动时,最好等水温预热到 40 ℃以上再起步。起步时应轻踩慢抬离合器和加速踏板,起步要平稳以减少传动件的冲击。选择良好的路面行驶,冷车的时候也不要轰油门。

(2)控制车速

启动发动机时不要猛踩节气门踏板,严格控制节气门踏板行程以免发动机高速运转。发动机转速高,各零件的负荷大,使摩擦产生的热量多,润滑条件易恶化,零件磨损会显著增加。因此走合期内严禁拆除发动机限速装置。

车速高不但增加发动机克服阻力的负荷,而且会加剧零件的振动和冲击,易使连接件松动和行驶系零件的疲劳程度增大。所以在走合期内应严格控制车速,最好控制在 50 ~ 80 km/h。

例如对东风 EQ1092 型汽车:一挡不超过 10 km/h;二挡不超过 15 km/h;三挡不超过25 km/h;四挡不超过 40 km/h;五挡不超过 60 km/h。在开过 1 500 km 后可逐渐把转速和车速提高到车辆允许的最高速度。不要用力踩油门,以保证活塞、汽缸及其他一些重要的部件在缓和的状态下提高负荷。

(3)限制载质量

汽车载质量的大小直接影响机件寿命,载质量越大,发动机和底盘各部分受力也越大,引起润滑条件变差,影响磨合质量,满载、超载对新车各个构件都会造成极大的损害。因此,在走合期内必须适当地减载。汽车在走合期一般按装载质量标准减载 20% ~ 25%,并禁止拖带挂车;半挂车按装载质量标准减载 25% ~ 50%。

(4)挡位要勤换

为了减少汽车行驶的滚动阻力和上坡阻力,从而减轻汽车负荷,在汽车走合期内应在平坦良好的路面上行驶。行驶时要及时换挡,不要长时间使用一个挡位,应以低挡起步,逐步换为高挡,循序渐进地行驶。低挡高速、高挡低速和突然加速的现象一定要避免。

(5)制动时,先踩离合器

处于走合期的车辆在制动的时候,要先踏下离合踏板,使齿轮啮合松开后再踩制动踏板。这样可以减少新车发动机、制动系统、底盘的冲击损伤。但是这种"先离后刹"的方法是不符合驾车规范的,它仅适用于处于走合期的车辆。在度过走合期后,从离合器的保养方面考虑,应该"先刹后离"。

(6)选择优质燃料、润滑油

为了防止汽车在走合期产生爆燃等不正常燃烧而加速机件磨损,应采用符合汽车发动机需要的燃料。另外,由于各部分配合间隙较小,选用低黏度的优质润滑油使摩擦工作表面得到良好润滑。同时应按走合期有关规定及时更换润滑油。行驶中应注意润滑油的压力和温度,有异常情况及时排除。

(7)按规定维护

走合期技术维护作业的重点是检查、紧固、调整和润滑。要特别注意做好日常维护工作。要经常检查、紧固各部外露螺栓、螺母,注意发动机油压力和控制发动机冷却液的正常温度;注意变速器、驱动桥、轮毂和制动鼓的温度如有严重发热时应找出原因予以排除。走合期的机械故障对车辆造成的影响,往往比度过走合期的车辆受机械故障的影响要大得多。

走合期满后,应进行一次走合维护,结合一级维护对汽车进行全面的检查、紧固、调整和润滑作业(更换润滑油),拆除限速片。其作业项目和深度参照制造厂的要求进行。

8.3　汽车在低温条件下的使用

8.3.1　低温对汽车使用的影响

汽车在低温条件下使用时,易出现发动机启动困难、总成磨损严重、润滑油消耗量增加、橡胶制品强度减弱以及机件损坏、腐蚀,行车条件明显变差等影响汽车正常使用的现象。为此,汽车使用者应掌握低温条件下汽车使用的特点,采取相应措施,对汽车进行保温、防冻,以保证汽车良好的使用性能,延长其使用寿命。

(1)发动机启动困难

发动机的启动性能通常用发动机在某温度下能启动的最低启动转速表示,并用能启动发动机的最低温度表示其低温启动性能。一般气温在 $-15 \sim -10\ ℃$ 时,汽车冷启动有一定困难;当气温降至 $-40\ ℃$ 以下时,不经预热,根本无法启动。

在使用过程中,发动机的低温启动性主要受发动机润滑油黏度、汽油或柴油的蒸发性、柴油的低温流动性及蓄电池工作能力的影响。

1)发动机润滑油黏度增加

发动机的启动与启动转速有很大关系,而启动转速主要受启动阻力的影响。曲轴在启动时的旋转阻力包括:汽缸内被压缩的可燃性混合气(或空气)的反作用力;运动部位的惯性力;各摩擦副的摩擦阻力等。为了获得最低的启动转速,启动转矩 M 可表示为

$$M = M_C + M_J + M_R \tag{8.1}$$

式中 M_C——消耗在压缩工作气体上的转矩,N·m;

M_J——消耗在运动部件惯性力上的转矩,N·m;

M_R——消耗在摩擦力上的转矩,N·m。

消耗在压缩工作气体上的转矩可按下式计算,即

$$M_C = \frac{W}{\alpha} \tag{8.2}$$

式中 W——克服压缩力所做的功,N·m;

α——做功时间内的曲轴转角,(°)。

其中 W 值可用经验公式 $W = 40.3\ \dfrac{V_b}{i}$ 求出。

式中 V_b——发动机的排量,L;

i——发动机汽缸数。

则有

$$M_C = 6.42\ \frac{V_b}{i} \tag{8.3}$$

消耗在运动部件惯性力上的转矩为

$$M_J = I\frac{\mathrm{d}\omega}{\mathrm{d}t} \tag{8.4}$$

式中 I——发动机的惯性矩,N·m·s²;

$\dfrac{\mathrm{d}\omega}{\mathrm{d}t}$——曲轴转角加速度,rad/s²;

t——启动时间,s。

发动机类型、结构、使用情况等都是影响摩擦阻力矩的因素,所以计算摩擦阻力矩时,用分析计算法比较困难,通常用经验公式计算,即

$$M_R = 5.35 \times 10^4 A\upsilon^{0.53}n^{0.34} \tag{8.5}$$

式中 A——取决于发动机结构的系数,cm²;

υ——润滑油的运动黏度,m²/s;

n——发动机启动时的曲轴转速,r/s。

对于结构一定的发动机,M_C 和 M_J 在温度降低时变化不大,而 M_R 在低温条件下,主要取决于润滑油的黏度,即发动机曲轴旋转阻力矩和启动转速在低温条件下主要受润滑黏度的影响。在摩擦阻力中,活塞与汽缸、曲轴各轴承的摩擦力是主要的,约占启动摩擦力的 60% 以上。

随着温度的下降,机油的内摩擦力增加,发动机的阻力矩增加,使发动机启动所需要的功率增加。图 8.3 表明 SAE30,SAE20W,SAE10W 3 种黏度的发动机润滑油随温度下降使某发动机启动所需功率增加的情况,使用低黏度润滑油所需要的启动功率相对增幅较小。例如,在 −23.3 ℃温度下,使用 SAE10W 润滑油只需 3.7 kW 的启动功率,使用 SAE20W 则需 7.4 kW,而使用 SAE30 竟增加到 11.8 kW。其原因是 SAE10W 比其他两种润滑油的低温黏度小。在 −18 ℃时 SAE10W 的动力黏度最大只有 2 500 MPa·s,而在相同温度下,SAE20W 的动力黏度却高达 10 000 MPa·s。

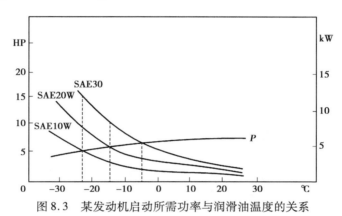

图 8.3　某发动机启动所需功率与润滑油温度的关系

随着外界温度的降低,发动机润滑油黏度增加,从而加大了曲轴的旋转阻力矩,使发动机启动转速降低,由此引起汽油机的燃料汽化质量变差,着火困难;柴油机也因转速降低,缸内压缩力和温度不足而难以启动。

2)燃料雾化性变差

随着温度的降低,燃油的黏度和密度都变大,流动性变差,蒸发、雾化不良。由图 8.4 可以看出,温度从 40 ℃降到 −10 ℃,汽油的黏度约提高 76%,密度约提高 6%。通过试验知道:气温为 0 ℃和进气流速为 10 m/s 时,有 31% 的汽油蒸发;发动机启动时的进气流速不超过 3 ~ 4 m/s,气温在 −12 ~ 0 ℃时,只有 4% ~ 10% 的汽油蒸发。低温时发动机机件吸热量大,对汽油的蒸发也很不利,使大部分燃料以液态进入汽缸,造成启动困难。

柴油机为压燃式,轻柴油的雾化性和压缩终点温度对其启动影响很大。低温对于柴油机来说,也因压缩终点的压力和温度下降,造成启动困难。同时由于柴油的黏度增大,

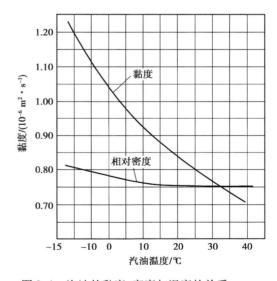

图 8.4　汽油的黏度、密度与温度的关系

如图 8.5 所示,引起柴油雾化不良,使燃烧过程变差,当温度进一步降低,使柴油的流动性逐渐丧失,造成供油量减少或供油中断,从而使发动机启动困难。为使柴油机容易启动,汽缸压缩终点温度应比轻柴油的自燃点高得多,而低温启动时曲轴转速低,难以达到这一要求,使柴油机启动更困难。夏季牌号的柴油在温度降低到 −20 ~ −18 ℃时,黏度开始明显提高(图 8.5)。由于柴油黏度的增大,引起柴油雾化不良,使燃烧过程变差。当温度进一步降低,则因柴油含蜡的沉淀物析出,使柴油的流动性逐渐丧失,轻则供油量减少,重则中断供油。

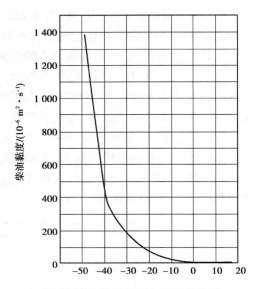

图 8.5　柴油的黏度与温度的关系

3)蓄电池的工作能力降低

在低温条件下,随着温度的降低,电解液黏度增大,向极板的渗透能力下降,内阻增加;同时,启动时的电流很大,使蓄电池的端电压明显下降。在低温启动时,需要的启动功率大,而蓄电池输出功率反而下降(图 8.6),当气温降到一定程度时,启动系统便不能启动发动机,达不到最低启动转速。图 8.6 中两条曲线的交点,即是蓄电池的低温启动的温度极限。例如,奔驰 2-2026 型汽车在 −41 ℃冷启动试验中,在柴油机启动的瞬间(2 ~ 3 s),蓄电池放电电流大约为额定容量电流的 3 ~ 5 倍,电压下降将近 1/2。

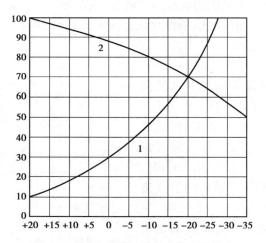

图 8.6　气温对蓄电池启动能力的影响
1—必需的启动功率(蓄电池的百分数);2—蓄电池供给的最大功率

低温启动时,由于冷的可燃混合气密度较大,而且电极间电阻增大,蓄电池端电压低,火花塞的跳火能量小,使点火强度减弱,也会导致发动机不易启动。此外,火花弱的原因还有:冷的可燃混合气密度大使电极间电阻增大;火花塞有油、水及氧化物等。

(2)汽车总成磨损严重

汽车在低温条件下使用时,各主要总成磨损都比较大,尤其是发动机的磨损更为明显,影响程度与结构特性和所用润滑油的黏温性等有关。试验表明:在气温为 − 18 ℃时,发动机启动时的磨损量相当于汽车正常行驶 210 km 的磨损量。在发动机的使用周期中,50% 的汽缸磨损发生在启动过程,而冬季启动磨损占总启动磨损的 60% ～ 70% 。此外,低温启动后在未达到正常温度之前,磨损强度一直是很大的。图 8.7 表明东风 EQ1090 型汽车发动机汽缸壁温度对汽缸壁磨损的影响。

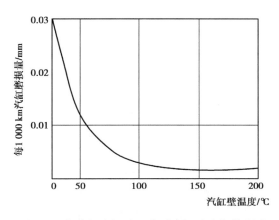

图 8.7　发动机汽缸壁温度对汽缸壁磨损的影响

1)发动机低温启动时汽缸壁磨损严重的主要原因

①低温启动时,润滑油黏度大,流动性差,不能及时到达汽缸壁摩擦表面,使润滑条件恶化。

②启动时,大部分燃料以液态进入汽缸,冲刷了汽缸壁的油膜,并沿缸壁流入曲轴箱,稀释润滑油,并使其油性减退。

③由于温度低,燃烧过程中的水蒸气凝结在汽缸壁上,并与燃料中硫的氧化物生成酸,引起腐蚀磨损,加剧缸壁磨损。因此,在低温条件下使用应严格控制燃料中硫的含量。

④在低温时,由于曲轴主轴承及连杆轴承与轴颈的膨胀系数不同,使配合间隙变小,而且间隙不均匀,从而加剧磨损。

2)轴和轴瓦磨损严重的主要原因

①低温启动时,润滑油黏度大,流动性差,机油泵不能及时地将润滑油压入曲轴颈的工作表面,使润滑条件恶化。

②润滑油被窜入曲轴箱中的燃料稀释;燃料不完全燃烧而形成的碳化物也会同废气一起窜入曲轴箱污染润滑油。

③在低温条件下,由于轴瓦的合金、瓦背与轴颈的膨胀系数不同,使配合间隙变小,而且很不均匀,加速了轴颈与轴瓦的磨损。

3)传动系零件磨损严重的主要原因

传动系各总成(变速器、主减速器和差速器等)在低温条件下工作时,由于总成的正常工作温度是以零件摩擦和搅油产生的热量来实现的,因此温升速度慢,润滑油黏度大,齿轮和轴承润滑不充分,从而使零件磨损增大。例如,解放 CA1090 型汽车传动系总成中的油温为

$-10\ ℃$ 时,汽车需要行驶 6 km,油温才能升到 $10\sim15\ ℃$。而此时,齿轮和轴承仍得不到充分的润滑,使零件磨损增大。

试验表明:汽车主减速器齿轮和轴承在 $-5\ ℃$ 油温时传动系的磨损量是 $35\ ℃$ 油温时的 $10\sim12$ 倍。另外,传动系润滑油因低温而黏度增大,运动阻力相应增大,传动系各总成在起步后的很长一段时间内的负荷较大,使总成中传动零件的磨损加剧。

(3)燃油消耗量增加

汽车在低温环境中行驶,发动机工作温度低,升温时间长,摩擦内耗大,其输出功率下降,增大燃料消耗量。如汽油机在冷却水温度为 $60\ ℃$ 时比在 $80\ ℃$ 时耗油量约增加 3%,水温下降到 $40\ ℃$ 时,耗油量约增加 12%,若降低到 $30\ ℃$ 时,耗油量增加到 25%。因此,低温启动时要尽量缩短发动机升温到 $40\sim50\ ℃$ 的时间,这段时间越短越好。

汽车在低温条件下使用时,燃油消耗量增大的主要原因如下:

①发动机暖车时间长。

②发动机工作温度低,燃料气化不良,燃烧不完全。

③润滑油黏度大,摩擦损失大,发动机输出功率下降,传动系统传动效率下降,汽车行驶阻力增加。

(4)汽车零部件在低温下的物理机械性能变差

低温条件下,材料的机械性能将发生变化。在 $-30\ ℃$ 或更低气温环境中,碳钢的冲击韧性急剧下降,硅钢、锰钢等合金钢零件(如钢板弹簧)、铸铁件(如汽缸盖、变速器壳等)变脆;锡焊合金焊件在 $-45\ ℃$ 以下时,易产生裂纹或碎成粉末状,从接头的地方断落。同时,在特别寒冷的气候下,汽车上的塑料制品会发生破裂;橡胶轮胎逐渐变脆,当受到冲击,特别是受到尖凸等物的冲击时,容易产生破损。所以,冬季行车为避免轮胎在低温时遭受冲击损伤,冷车启动后应低速行驶几千米,待轮胎温度提高后方可常速行驶。另外,在低温条件下,蓄电池电解液易冰冻而不能正常工作;冷却水易结冰,导致散热器和缸体冻裂。

(5)行车条件变差

在低温条件下,道路常被冰雪覆盖,致使轮胎与地面间的附着系数显著下降。在行车中,不仅制动距离延长,而且车辆极易发生侧滑。在同等条件下,冰雪道路上的制动距离比干燥沥青路面上的制动距离长 $2\sim3$ 倍以上。汽车加速或上坡时,驱动轮也易滑转。

此外,在低温条件下,冷却水容易结冰而导致散热器和缸体冻裂。电解液也易冰冻而造成蓄电池不能正常工作。

(6)发动机冷启动排气污染严重

发动机在冷启动阶段由于空气温度低,燃油雾化不好,因此 HC 和 CO 污染严重,特别是在低温条件下这个问题更加突出。

8.3.2 低温条件下合理使用汽车

知道了汽车在低温条件下的使用特点,在使用中就应采取相应的措施,并加强对汽车的维护,以保持汽车良好的技术性能。主要应做好以下几项工作:

(1)采取良好的保温措施

保温的目的是使发动机在热车条件下能顺利启动,以减少机件的磨损与方便出车。汽车在严寒地区使用时,应采取保温措施,保温的主要部位是发动机和蓄电池。在气温很低时,可

对执行某些特殊运输任务的车辆,增加对油箱和驾驶室的保温。保温措施包括:

1)库内保温

库内保温即将车库严密封闭,并在库内设置火炉、暖气等热源。

2)发动机保温

对汽车发动机保温就是尽量减少发动机传给周围冷空气的热量,使发动机温度保持在正常温度范围内。常用的保温措施主要是用保温套对发动机和水箱罩保温。在 −30 ℃气温下行驶时,发动机罩内温度可以保持在 20 ~ 30 ℃。使停车后发动机各主要部位的冷却速度大为减慢。同时也要对发动机的油底壳保温,除了采用双油底壳保温外,有的还在油底壳外表面封上一层玻璃纤维进行保温。

3)蓄电池保温

一般采用木质的保温箱。保温箱有的作成夹层,并在夹层中装上羊毛、木屑等保温材料。将蓄电池稳固地置放于箱中,这样可降低电解液密度,增加蓄电池的蓄电量,且可延长蓄电池的使用寿命。

(2)预热后方可启动

发动机启动前预热的目的是提高燃油的雾化性和蒸发性,改善混合气的形成条件,降低发动机的启动阻力,以利于发动机在低温条件下顺利启动。在寒冷环境中启动发动机,必须对发动机进行充分的预热。预热的方法很多,常用的预热方法有热水预热、蒸汽预热、电加热预热、红外线辐射加热预热等。这几种加热方法简便易行,为目前所广泛采用,但应注意安全。加热水前应先向冷却系加注 40 ~ 50 ℃的温水,以防猛加沸水使散热器芯管、汽缸盖发生胀裂。用喷灯或暗火加热时,汽车不应有漏油现象,特别是不得漏汽油、柴油,以防引起火灾。为防万一,车库和车上应备有灭火器、铁锹等防火器具。对变速器、差速器等传动总成,启动前也应采取加温措施,以使润滑油具有良好的油性。

1)热水预热是应用最为广泛的预热方法

预热时,将热水加热至 90 ~ 95 ℃,从散热器加水口注入冷却系统,注满后把放水阀打开,使之边注边流,待流出的水温达到 30 ~ 40 ℃时,关闭放水阀。在气温 −10 ℃ , −10 ~ −20 ℃和 −20 ℃以下时,消耗的热水量分别为冷却系容量的 1.5 倍,2 倍,3 ~ 4 倍。由于散热器的冷却及节温器的闭塞作用,使此种加热方法的效果较差,为了保证可靠启动,把热水直接注入汽缸体水套,使其完全充满后再流入散热器,可充分利用热水的热能,迅速提高发动机温度。

2)蒸汽预热是预热发动机的有效方法

预热时,蒸汽通过蒸汽管导入散热器的下水管而进入发动机冷却系统,或直接引入发动机的冷却水套。蒸汽直接引入冷却水套时加热迅速,蒸汽浪费少,但需在缸体或缸盖上加装蒸汽阀。预热开始时,因发动机温度低,蒸汽进入冷却系统后会被冷凝,需打开放水开关排出积水;当缸体温度升高到一定程度时,放水阀处便排出蒸汽;预热温度升高到 50 ~ 60 ℃时,可启动发动机并往发动机冷却系统加入热水。若在曲轴箱内加装蒸汽管或散热容器,可预热润滑油,降低润滑油的黏度,使发动机更易于启动。

3)电加热预热

用电能加热冷却系(特别是使用防冻液的汽车)和机油很方便,加热器直接插入冷却系或机油内,或以绝缘体包住螺旋电阻丝成封闭式,使用更安全。简单的管式冷却液电极加热器利用冷却液本身的电阻进行加热,节约了电阻丝并延长了加热器的使用期限。

预热发动机润滑油的电阻丝加热器的电功率通常为 1 kW,预热时间需 30~60 min,每辆汽车消耗电能为 0.5~1.5 kW·h。预热冷却系统的电极加热器采用 24~36 V 低压电源,电极功率为 3 kW 左右。如果电能加热器利用电力网的电源时,发动机应接地,以保证安全。蓄电池预热通常只有在严寒地区应用。预热方法是在蓄电池的保温箱底部安装 200~300 W 的电加热器。

4)红外线辐射加热器预热

红外线辐射加热汽车发动机和传动系总成的装置如图 8.8 和图 8.9 所示。红外线是利用煤气或液态煤气在陶瓷或金属网内燃烧时产生的。红外线有很好的穿透性,在向壳体辐射时几乎不与空气作用,也不损失热能,热效率高。煤气压力为 1.5 kPa,预热时,加热器放在发动机或传动系总成的底部。预热一辆货车的煤气消耗为 4~10 m³。气温在 −20 ℃ 时预热时间约 1 h。

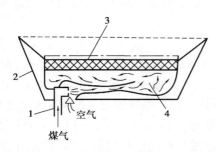

图 8.8 红外线辐射加热器结构和原理示意图
1—煤气管接头和喷嘴;2—壳体;
3—辐射器;4—混合室

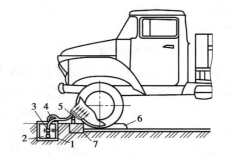

图 8.9 利用红外线辐射预热汽车的装置
1—安装槽;2—煤气管;3—阀;4—软管

除上述几种预热方式以外,还可采用喷灯或其他单独的预热装置。

(3)合理使用燃油和润滑油

在低温下使用的燃料应具有良好的挥发性、流动性、低含硫量,以便启动和减少发动机的磨损。有的国家有专门的冬季燃料油。

汽车进入冬季使用时,应对发动机、变速器、主减速器与转向器换用冬季润滑油(润滑脂),即用黏度低的润滑油,轮毂轴承使用低滴点润滑脂。制动系换用冬季用制动液,减震器用冬季减震器液。在寒冷地区发动机采用稠化润滑油。国产车用稠化润滑油有 8 号、11 号、14 号寒区稠化润滑油和 8 号、14 号严寒稠化润滑油。寒区稠化机油可在 −35 ℃ 以上使用,严寒稠化机油可在 −35~−60 ℃ 气温条件使用。这几种稠化润滑油都具有低温下黏度较低、温度升高后也能保持良好润滑性能的特性。

(4)正确使用防冻冷却液

在低温条件下使用防冻冷却液,是改善发动机低温启动性能和防止冷却系易冻的一项重要措施。使用防冻冷却液,能大大减少启动前的准备时间,减轻驾驶员的劳动强度。

常用的防冻冷却液有乙二醇-水型,乙醇-水型和甘油-水型 3 种。

防冻冷却液在使用中应注意以下几点:

①在配制和选用防冻冷却液时,防冻冷却液的冰点应比使用地区的最低气温低 5 ℃。

②防冻冷却液的表面张力比水小,容易泄漏,加注前要仔细检查冷却系的密封性。

③由于防冻冷却液的膨胀系数大,所以只能加到冷却系总容量的 95%,以免温升后溢出。

④经常用密度计检查防冻冷却液成分。使用乙醇(酒精)型防冻冷却液时,乙醇蒸发快,应及时添加适量乙醇和少量的水;乙二醇型和甘油型防冻冷却液只需添加适量的水。

⑤添加防冻冷却液时,应先让发动机熄火,待其温度降低后再添加,以防烫伤。

⑥乙二醇有毒,使用中应特别注意安全。

(5)改善混合气的形成条件

低温启动发动机时,燃料的雾化和蒸发质量都很差,除了在启动时加注易燃燃料外,还有采用预热进气的方法,改善可燃混合气的形成条件。有的汽油机安装有预热塞,对没有预热塞的发动机,只要在启动前预热进气管,低温启动并不困难。而柴油机可用火焰加热器加热空气滤清器、进气管道和吸气气流。同时为适应低温条件的工作,对化油器式汽油机可适当将浮子室油面高度和加速泵行程升高,获得较浓混合气。为便于低温启动,应适当增加断电触点的开启角度,使点火提前角稍有加大;并将触点间隙略微调小,一般以 0.3 ~ 0.4 mm 为宜,以增加其闭合角度,提高电火花强度。另外,冬季风窗玻璃易结霜,影响视线,用 30% 的饱和盐水加 70% 的甘油涂在风窗玻璃表面,即可防霜、防雾。车轮上可装上防滑链,以减少打滑,提高制动性能,保证行车安全。

(6)启动液的使用

为保证发动机在低温条件下不经预热直接启动,可采用专门的启动燃料——启动液。启动液的加注方法应根据发动机进气系统的结构,尽可能将其呈雾状均匀地分配到各汽缸中。一般不采用将启动液掺入基本燃料通过供油系统进入汽缸的方法,而是另设一套启动装置,将其呈雾状喷入进气管,与从空气滤清器进来的空气(柴油机)或可燃混合气(汽油机)混合后进入各个汽缸。对没有启动装置的汽车,可使用启动液压力喷射罐,直接把启动液喷入进气管,但应注意控制喷入量。喷入量过大时,会引起发动机启动粗暴。

(7)加强底盘部分的使用与保养,做好换季维护

寒冷地区冰雪较多,车辆行驶时容易打滑,影响车辆行驶的安全和经济性,为此对下列机构应进行必要的保养和处理:

①传力机件应润滑可靠,减少运动阻力。变速器、主减速器等应换用低黏度的润滑油,以减少传力机件中的功率损失。

②应检查转向装置前轮定位角,以使车辆行驶稳定,操纵轻便。对操纵拉杆的球头应清洗污垢和润滑。

③对制动装置应作适当的调整,减少车辆制动时的侧滑,并保证制动可靠。

④调整发电机调节器,增大发电机充电电流。

⑤轮胎胎面花纹应保持良好,磨损严重时应进行更换。同时,低温条件下,路面较滑,特别是在冰雪路面行驶时,应采取有效的防滑措施,必要时应对轮胎加装防滑链。

8.4　汽车在高原和山区的使用

汽车在高原和山区行驶时,由于海拔高、气压低、空气稀薄,发动机动力性和燃料经济性下降,同时,在山区复杂路面上行驶,制动系统负荷也增大,汽车制动效能降低。为了在高原和山区正常、安全行车,汽车使用者应掌握汽车在该条件下的使用特点并采取相应措施。

8.4.1 高原和山区条件下汽车使用的特点

(1)发动机动力性降低

随着海拔升高,气压逐渐降低,空气密度减小,发动机进气时,充气系数下降,发动机动力性降低。实验表明,海拔高度每增加 1 000 m,大气压力下降约 11.5%,空气密度约减小 9%,发动机功率下降约 12%,扭矩下降 11% 左右,见表 8.1。

表 8.1 海拔高度、大气压力、密度及温度的关系

海拔高度 /m	大气压力 /kPa	气压比例	空气温度 /℃	空气密度/ (kg·m⁻³)	密度比	发动机功率 /%
0	101.325	1	15	1.255	1	100
1 000	90.419	0.887	8.5	1.112 0	0.907 4	88.6
2 000	79.487	0.784 5	2	1.006	0.821 5	78.1
3 000	70.101	0.691 8	−4.5	0.909 4	0.742 1	68.5
4 000	61.635	0.608 2	−11	0.819 3	0.668 5	59.8
5 000	54.009	0.533	−17.5	0.736 3	0.600 8	51.7

海拔高度也影响汽车的加速性能,由于气压降低,外界与缸内的压差减小;又因空气密度小,使发动机充气量下降,混合气变浓;由于大气压力降低,进气管真空度相应减小,真空点火提前装置的工作受到影响,点火推迟,同时因压缩终了的压力和温度降低,混合气的燃烧速度缓慢。充气量下降和燃烧速率降低均会使发动机动力性降低,海拔高度每增高 1 000 m,加速时间和加速距离增长 50%,最高车速降低约 9%。随着海拔高度的增加,大气压力降低,进气管真空度下降,发动机转速也下降,使怠速不良。海拔高度每增高 1 000 m,怠速降低 50 r/min。同时,发动机怠速稳定性变差。发动机功率、转矩与海拔高度的关系如图 8.10 所示。

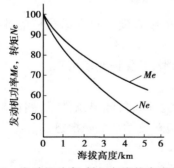

图 8.10 发动机功率、转矩与海拔高度的关系

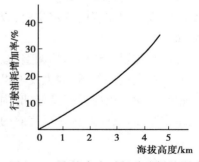

图 8.11 海拔高度对行驶油耗的影响

(2)燃料消耗增加

在高原和山区行车,由于大气压力低,燃料易蒸发,供油系容易发生气阻现象;同时,由于山区坡度长而陡,汽车经常在低挡大负荷下工作,发动机工作温度高,油耗量增大。高原山区

行驶的汽车,发动机循环充气量明显下降,通常情况下,汽油机的化油器是按海拔 1 000 m 以下设计和调整的,若供油系统未经调整或校正,则随着海拔高度增加,空燃比变小,混合气变浓,发动机油耗增加。同时,因发动机动力不足,且高原山区坡度陡而大,道路复杂,汽车经常采用低挡大负荷行驶,也会引起油耗增加。大气压力降低,燃料挥发性提高,因而易产生气阻和泄漏,使油耗增大。海拔高度对汽车行驶油耗的影响如图 8.11 所示。

(3)排气中有害气体浓度的改变

海拔高度对排气污染物的生成也有影响。由于海拔高度影响发动机的空燃比,空燃比的变化又导致排气成分浓度的改变,从而影响有害物质的排放量。一般而言,随着海拔高度的升高,CO,HC 的排放浓度增大,而 NO_x 的浓度则有所下降。

(4)润滑油易变质

由于高原行车发动机功率下降,且高原山区道路复杂,行驶阻力大,汽车经常在低挡大负荷下工作,发动机满负荷工作的时间比例增大,发动机易过热。发动机工作温度升高,使润滑油黏度变小,氧化速度加快;同时,过浓的混合气不能完全燃烧,窜入曲轴箱后,会稀释润滑油而加快润滑油变质。润滑油品质变差使发动机润滑不良,零件磨损加剧。

(5)汽车制动效能减弱

山区坡度长而陡,汽车在下长坡时,需长时间连续制动,产生大量热量,使制动器温度高达 300 ℃ 以上,而制动器一般工作温度不超过 200 ℃,温度过高时,使摩擦材料的性能减弱且摩擦系数明显降低,导致制动效能减弱,严重时可能烧毁制动蹄片,导致汽车丧失制动能力而引发安全事故。

8.4.2 高原山区条件使用汽车的措施

根据汽车在高原、山区条件下的使用特点,可采取以下措施改善其使用性能。

(1)提高发动机的动力性与经济性的措施

1)提高发动机的压缩比

由于高原地区空气稀薄,发动机实际充气量减小,压缩行程终了时汽缸内的压力和温度均下降。适当提高发动机压缩比,不仅可以提高压缩终了的温度和压力,加快燃烧速率,增大膨胀比,改善燃烧过程,减少热量损失,而且可采用较稀的混合气,以提高发动机的动力性和经济性。经常在高原和山区使用的汽车,一方面可采用高压缩比发动机,另一方面可对原发动机进行改造,通常可改造原缸盖,缩小燃烧室以提高压缩比。对于气门侧置式发动机如提高压缩比,由于其燃烧室受热面积大,压缩终点的温度高,易产生爆震,冲坏汽缸垫,损坏机件,故应尽量采用散热性好的铝制缸盖,使之不易过热而引起爆震。在已提高压缩比的发动机上采用双腔化油器及改进的进、排气歧管,以减小进气阻力和提高充气量,可使发动机的动力性和经济性得到改善。不同高度压缩比的经验计算式为

$$\varepsilon_z = \frac{\varepsilon}{(1 - 0.000\ 022\ 57z)^{3.8}} \qquad (8.6)$$

或

$$\varepsilon_z = \varepsilon + \varepsilon\left(1 - \frac{\rho_z}{\rho_0}\right) \qquad (8.7)$$

式中　ε——原设计压缩比;

　　　ε_z——海拔高度为 z 时的使用压缩比;

z——海拔，m；

ρ_0——零海拔、气温 15 ℃时的空气密度，kg/m³；

ρ_z——海拔为 z 时的空气密度，kg/m³。

2）调整配气相位

将气门间隙调大，缩短气门开启时间，使配气相位变窄，有利于提高充气量，从而提高汽车的低速动力性。

3）调整点火系和供油系

随着海拔升高，发动机压缩终点的压力降低，火焰传播速度减慢。而空气稀薄使真空提前装置受到影响，所以将点火提前角略为提前 1°~2°。还可以适当调整火花塞和断电器触点间隙，以使火花塞产生较强的火花。此外，随海拔升高，为防止混合气变浓，燃烧不完全，应按海拔减小主量孔流量，适当降低浮子室的油面，并适当加大空气量孔，使混合气变稀，虽然火焰传播速度下降，发动机功率下降，但燃烧比较完全，热效率较高，发动机的经济性得到了提高。

4）采用增压技术

柴油机采用进气增压后，增加了充气量，压缩终点的压力和温度也相应提高，从而改善了发动机的动力性和经济性。汽油机增压，由于发动机工况复杂，易产生爆震，对一般汽油车采用不多。日本已研制成功汽油机增压技术。在高原地区使用最理想的发动机为可变压缩比发动机。例如，美国的"汉福莱斯"发动机，但是该机结构复杂、价格高。

5）采用含氧燃料

含氧燃料就是指在汽油中掺入酒精、丙酮及其他含氧化合物。掺入的这些成分中都含有氧，在燃烧过程中，理论上需要的空气量减少，能补偿充气量不足的问题。试验表明：采用含氧较高的燃料，其作用随海拔的增加而增强。

6）调整电路

海拔增大后，发动机压缩终了压力降低，火焰的传播速度降低；又因空气压力降低，使真空提前装置受到影响，真空提前装置在相同工况下提前量减小；同时，压缩终了时的缸内压力低，火焰传播速度减慢。因此，可将点火提前角略为提前 2°~3°，也可调整火花塞和断电器触点间隙，以增强火花强度。

对于柴油机而言，除对柴油机供油量进行调整以减少循环供油量外，还因柴油喷入汽缸后着火落后期延长，燃烧速率慢，需适当使喷油提前。

7）蓄电池的维护

汽车在高原山区使用时，应经常检查蓄电池电解液，补充蒸馏水调整其密度，以保证蓄电池的技术状况，提高点火系统的点火能力。

8）改善润滑条件

在高原地区行驶的车辆，其所使用的发动机润滑油应具有良好的黏温特性，以保证发动机在低温时启动性能良好，高温时具有良好的润滑性能。为防止润滑油变质，应保持良好的曲轴箱通风，并采用机油散热器散热。

（2）高原山区安全行车的措施

在高原山区使用的汽车，由于地形复杂，常会遇到上坡、下坡、窄路、弯多等问题，因此采取相应技术措施改善其安全性能非常重要。特别是制动性能的改善，对于汽车在高原山区安全行驶尤为重要。

1）利用发动机制动

汽车在下长坡时，需长时间连续制动，使得制动器温度升高，有时高达300 ℃以上，从而影响制动器的制动效果。为此可利用发动机制动协助汽车制动，发动机的转速越高，变速器挡位越低，则产生的制动力越大。一般下长坡利用发动机制动时，将变速器挂在上坡时所用的挡位较为合适，禁止熄火空挡滑行。

2）采用辅助制动器

辅助制动器有电涡流、液体涡流和发动机排气制动等几种。前两种辅助制动器由于体积较大，结构复杂，多用于山区或矿用的重型汽车上，又称电力或液力下坡缓行器。

发动机排气制动是一种有效而简便的措施，实际上是在发动机排气管内装一个片状阀门，在汽车使用发动机制动的同时将阀门关闭，以增大发动机的排气阻力。排气制动可保证各轮制动均匀，制动功率可达发动机有效功率的80% ~90% 。

3）采用耐高温制动摩擦片

汽车在繁重工作条件下制动时，如下长坡连续高强度制动或高速制动时，制动器温度会很快上升，产生热衰退现象，制动力矩会显著下降。汽车制动器抗热衰退性能与制动器摩擦副材料及制动器的结构有关。一般制动器以铸铁作制动鼓，以石棉摩擦材料作摩擦片。目前，国产石棉摩擦片所能耐的最高温度为250 ℃，工作温度低于该值时，摩擦片与制动鼓间的摩擦系数为0.3 ~0.4且较稳定。但温度高于该值后，摩擦系数会大幅度下降，而使制动距离增长。采用耐高温制动摩擦片是一种改善汽车在高原山区条件下安全性的简单易行的方法。耐高温摩擦片采用环氧树脂、三聚氰胺树脂等改进的酚醛树脂作为黏合剂或采用无机黏合剂，把石棉摩擦材料黏结、固化成形而制成。石棉摩擦材料中常加有金属添加剂，摩擦片温度达400 ℃以上时，仍可产生足够的制动力矩，可适应高原山区条件下行车制动的需要。

4）采用矿物油型制动液

液压制动的汽车多使用醇型制动液，极易挥发，在高原使用时，因制动频繁，温度较高，制动管路容易发生"气阻"现象，致使制动失灵，引发安全事故。而采用矿物油型制动液，具有制动压力传递迅速、制动效果好、不易挥发等特点，不易产生气阻现象，适合于高原及山区使用。但使用矿物油型制动液必须换用耐矿物油的橡胶密封件，以免腐蚀而造成泄漏。

5）制动鼓采用淋水降温装置

在高原山区下长坡时，为了防止制动鼓过热，保持良好的制动效能，可采用制动鼓淋水降温装置，以降低制动鼓的温度。在汽车下长坡前，驾驶员提前把制动淋水开关打开，对制动鼓外圆淋水，进行冷却，防止摩擦片烧蚀。也可以在制动过程中，不断地对制动鼓淋水降温，以防制动器温度过高而使摩擦片烧蚀。采用这种方法降温，虽然效果良好，但需要有充足的水源，同时要根据行车实际情况恰当运用，否则会带来不良后果。

6）改善灯光条件，确保夜间行车安全

由于高原山区路窄、弯多弯急，在夜间行车时，应加宽汽车前照灯的照射范围，便于驾驶员看清前方路况，前照灯最好采用能随转向传动机构及车架载荷变化而作相应转动的装置，即采用"智能车灯"。

7）防止制动系统气阻

防止制动系统气阻的有效方法是采用不易挥发的矿物油型制动液。我国液压制动的汽车多采用醇型制动液。由于其较易挥发,因此当制动系统工作负荷增大处于过热状态时,会因其挥发成气体而引起"气阻",使制动不灵甚至丧失。矿物油型制动液,具有制动压力传递迅速、制动效果好、不易挥发变稠等优点,适合在高原及山区运行条件下使用。但使用矿物油型制动液后,必须换用耐矿物油的橡胶皮碗。

8)防止轮胎爆裂

海拔升高时,轮胎气压也会升高。在海拔4 000 m时,轮胎气压比在海平面时增加约50 kPa;同时,轮胎传递驱动力较大或速度过高时,轮胎表面温度较高,橡胶强度变差。因此,在高原山区行车时易爆胎而引发事故,需注意保持轮胎压力不超过规定值,同时注意轮胎的工作温度。

9)其他注意事项

在高原和山区行车,爬长坡、陡坡时,注意提前换挡;检查和维护汽车转向机构,使之转向灵活、可靠;风沙严重地区注意车辆的密封,加强发动机空气、机油和燃油滤清器保养工作;还应注意保持中速行驶,控制水温防止冷却水沸腾。如遇泥石流、公路塌方、山洪等现象,要仔细观察,发现可疑迹象要果断处理,尽快离开危险地带。对于初到高原地区的驾驶员,还应注意发生高原反应,注意休息并备好必要的药品。

8.5　汽车在高温下的使用

汽车在高温条件下使用时,易出现发动机过热,燃烧不正常,发动机功率降低,润滑性能变差,供油系产生气阻等现象,影响汽车的正常运行。为此,汽车使用者应掌握高温条件下汽车使用的特点,采取相应措施以便合理地使用汽车。

8.5.1　高温条件下汽车使用的特点

(1)发动机功率降低

由于气温高,空气密度减小,充气系数下降,同时冷却系散热效率低,冷却水易沸腾,致使发动机过热,从而使得发动机输出功率下降。

(2)机油变质、发动机磨损加剧

在高温条件下,发动机的燃烧室、活塞和活塞环区域以及油底壳是引起机油各种性质变化的主要区域。由于发动机过热,使这些区域的温度升高,加剧了润滑油的热分解、氧化和聚合过程。燃烧的废气窜入曲轴箱,既提高了油底壳温度,又污染了机油。发动机的工作温度越高,机油的变质越快。

发动机在高温、高压下工作,燃料不完全燃烧时的产物,空气中高浓度的水蒸气,炎热干燥灰尘大的地区,空气中的灰尘通过进气系统或曲轴箱通风口处进入发动机与机油接触,此外,还与零件的金属表面和磨损产物接触。结果使机油的物理、化学性质发生变化,并在机油中聚集各种污垢物。从而破坏了发动机润滑条件,并引起发动机早期磨损。高温条件下使用的汽车,虽然启动过程中磨损减少了,但是,行驶时间过长,尤其是超载、爬坡或高速行驶,机油温度更高,黏度下降,机油压力降低,油性更差,再加上机油易变质,也加速了零件的磨损。

(3)供油系易发生气阻

汽车在高温条件下行驶时,发动机罩内温度较高,供油系受热后,汽油在油管中受热后挥发成气体状态,积存在油路中的汽油蒸汽阻碍汽油流动,在汽油泵中的"油气"使油泵吸油真空度下降,造成发动机供油不足或中断,这种现象称"气阻"。"气阻"现象在高温条件下很容易发生。

供油系的气阻现象是由于供油系受热后,汽油中的部分轻馏分挥发变成气体,存在于汽油管及汽油泵中,增加了汽油流动阻力。同时,由于气体的可压缩性,使之存在于汽油泵出油管中的油蒸汽随着汽油泵的脉动压力,不断的压缩膨胀,而存在于汽油泵进油管中的气体破坏了汽油泵在吸油行程中所形成的真空度,造成发动机供油不足甚至中断,致使汽车行驶无力,甚至熄火。影响产生气阻的因素主要有:

1)汽油的品质,主要是汽油的挥发性

汽油的汽化性越好,形成的气体越多,越容易产生气阻。

2)供油系统在发动机上的布置

汽油管道布置和汽油泵的安装位置,对产生气阻有很大关系,越靠近热源(如排气管),越易产生气阻。

3)发动机罩内的温度及大气压力

发动机罩内的温度高低与发动机通风良好程度有关,汽车车头设计不合理,机罩内温度增高,容易产生气阻。另外,低大气压(行驶在高原山区),也容易产生气阻。

4)汽油泵在高温条件下的工作能力

结构不同的汽油泵,尽管泵油量相同,但是,抗气阻的能力不一样。泵油压力高的汽油泵,抗气阻能力就较强。

(4)轮胎易爆裂

由于气温高、橡胶老化速度加快,强度减弱,行驶散热不良,轮胎内温度升高且气压增大,容易产生爆胎。

(5)发动机充气系数下降

气温越高,冷却系散热效率越低,所以发动机罩内温度越高,空气密度减小,充气系数下降,发动机功率下降。实验得知在外界气温为 32 ~ 35 ℃时,若冷却系不沸腾,发动机的最大功率,仅是在该转速下能发动的最大功率的 34% ~ 48%;如果气温在 25 ℃时,由发动机罩外吸入空气可使发动机最大功率提高 10%。

(6)燃烧不正常

由于发动机温度高,进气终了的温度也高,使燃烧过程中产生的过氧化物活动量增强,容易产生爆燃;发动机的温度较高,使窜入汽缸中的润滑油在高温缺氧条件下生成积炭胶质和沉淀物。胶质、沉积物黏附在活塞顶、汽缸壁和其他零件的表面上,使导热性变差。积炭形成炽热点,会引起表面点火、早燃或爆燃等,使缸体缸盖和曲轴产生变形,甚至产生裂纹,加剧零件的磨损;还容易冲坏汽缸盖衬垫造成汽缸压力下降,使发动机的功率减小。

8.5.2　汽车在高温条件下使用的技术措施

在高温条件下使用汽车,针对其工作特点,以下为常采取的措施。

(1)加强技术维护

为满足汽车正常运行的需要,汽车进入夏季使用之前,应结合二级维护,对汽车进行一次全面的检查和调整。在夏季进行的季节性维护中,应对汽车冷却系统、供油系统、点火系统进行检查和调整,并更换润滑油(润滑脂)。

①在夏季进行的日常维护中,要特别注意冷却系统的检查,加强冷却系的维护。

保证有充足的冷却水,防止冷却水泄漏;检查节温器和水温表的工作情况;检查和调整风扇传动带的松紧程度;及时清除冷却系中的水垢;水垢对冷却系统散热能力的影响很大,试验表明:水垢的热导率比铸铁小十几倍,比铝小10~30倍。在行车中,水箱开锅时,应及时停车自然降温,让发动机怠速工作,待发动机温度降低后,再熄火并缓慢加水,以防止发动机内部过热而发生拉缸,同时应防止水汽烫伤。

②换用黏度较高的润滑油并适当缩短换油周期,以改善润滑条件。为保证汽车各总成在高温使用条件下能得到可靠润滑,在技术维护过程中,要注意检查润滑油量是否充足,并适当缩短换油周期。发动机应选用优质润滑油作为夏季用油;对于在炎热季节连续行驶的车辆,应加装机油散热器;对于在灰尘大的地区使用的车辆,应加强空气滤清器的维护。高温将使传动系统润滑油早期变质、黏度降低,应换用夏季齿轮油并适当缩短换油周期;轮毂轴承应换用滴点较高的润滑脂,并按规定周期进行检查和维护。

汽车在高温条件下连续使用,大型载货(客)汽车变速器和差速器的润滑油温度与发动机润滑油温度往往会超过120 ℃,如图8.12所示。由于温度过高,引起润滑油过早变质,故应换用黏度较高的夏季齿轮润滑油并适当缩短换油周期。轮毂轴承换用滴点较高的润滑脂,并按规定周期进行检查维护。

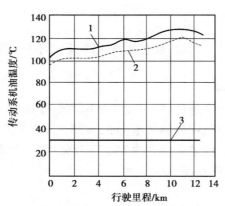

图8.12 汽车连续爬坡时,传动系润滑油温度变化情况
1—夏季差速器油温;2—差速器润滑油的温度;3—气温

③适当调整供油系和点火系。在高温条件下,因空气密度低,应调整发动机供油系统,适当减少供油量,对化油器式汽油机,可适当降低浮子室液面高度,减少供油量,以防混合气过浓。高温时,混合气燃烧速率快,应减小点火提前角。

④采用高沸点的制动液,以防制动系在高温下产生气阻,影响汽车的制动效能。

⑤夏季汽车用电量小,为防止大电流充电,应调小发动机调节器充电电流。

(2)防止爆震

汽车在高温条件下工作时,发动机易发生爆燃。爆燃可使发动机产生过大的热负荷和机械负荷,使发动机工作过程中磨损加剧或使有关机件损坏,应注意避免。适当推迟点火、调稀混合气都是防止爆燃的有效方法。此外,应根据发动机的要求选用相应辛烷值的汽油,注意保持发动机的正常工作温度,及时清除发动机燃烧室积炭。也可根据需要,安装爆燃限制器;同时保持发动机的正常工作温度;适当推迟点火提前角和加浓混合气;保证足够的点火能量,及时清除积炭,降低进气温度,防止爆燃。

(3) 防止气阻

防止气阻的措施是在原车的基础上改善发动机的通风和散热,以免供油系温度过高,并设法把供油系统的受热部分与热源隔开,或采用结构和性能良好的汽油泵。常用的措施有:改变汽油泵的安装位置,使其通风和散热良好;把汽油泵与缸体间的金属垫改为绝热材料垫,减少缸体传热或采用滴水降温;在化油器进油接头处加设一回油管,使多余汽油流回油箱,加快汽油的流动,减少汽油在油路中的停止时间,从而降低汽油温度;由于电动汽油泵不需发动机驱动,因此可安装在不易受热的位置,降低输油温度,有效防止气阻。对于行车时发生的气阻,可用湿布使汽油泵冷却,或将车停到阴凉处降温后继续使用。

(4) 防止行车时爆胎

高温下行车,由于外界气温高,轮胎散热慢,温度升高容易使其气压过高而爆胎。例如,9.00-20"红旗"轮胎在我国南方的试验表明,其最高温度可达 112 ℃,平均温度也在 90 ℃ 以上。在汽车行驶时,应经常检查轮胎的温度和气压,保持规定的气压标准。同时橡胶轮胎在高温下会引起胎体强度下降,容易变质和损坏。因此,夏季行车时,应注意检查轮胎的温度和气压,保持规定的气压标准。在酷热地区中午行车时,应适当降低车速,每行驶 40 ~ 50 km 应将车停于阴凉处,待轮胎温度自然降低后再继续行驶,不得中途采用放气或冷水浇泼轮胎的办法降低气压,以免加速轮胎的损坏。长距离连续行车时,车速不易太高。同时应特别注意重型车在转弯时减速,防止轮胎爆裂。在载货汽车后轴装用双胎时,由于受路面拱形、轮胎负荷和散热条件的影响,内侧轮胎的工作温度较外侧轮胎高 3 ~ 10 ℃。因此,应注意轮胎定期换位。

(5) 提高汽车的驾乘舒适性

在高温条件下行车,驾驶员劳动强度大,容易疲劳,同时影响乘客的舒适性,现代轿车和大型客车都安装有空调等设备,但很多货车没有安装空调设备,故对于货车,应加强驾驶室的通风和遮阳。在条件许可的情况下,最好早晚行车,行车中感到疲劳时,可用冷水洗面以保持清醒或停车休息,以免出现安全事故。

(6) 检查电系的工况

经常检查蓄电池电解液的比重和液面高度,适当加注蒸馏水并保持通气孔畅通,适当调整发电机调节器,减小发动机的充电电流。

8.6 汽车在坏路和无路条件下的使用

坏路和无路条件是指雨季翻浆土路、冬季冰雪道路、砂土道路、松软土路、草地、沼泽地和灌木林等路况较差或无路的情况。汽车经常在恶劣道路上行驶,为延长汽车使用寿命,必须了解汽车在坏路和无路条件下的使用特点以便采取相应的技术措施。

8.6.1 汽车在坏路和无路条件的使用特点

汽车在坏路和无路条件下的使用特点是驱动轮与路面的附着力减小,车轮的滚动阻力增大。此外,还会有突出的障碍物影响汽车通过。

(1)汽车在松软和泥泞的土路上的行驶特点

汽车在松软的土路行驶,路面被破坏形成车辙,滚动阻力增大,甚至陷车而无法行驶。在泥泞道路上行驶时,往往由于附着系数降低,轮胎的滚动阻力增大,引起车轮打滑,使汽车的通过性变坏。

(2)汽车在沙石路面行驶的特点

砂路表面松散,受压后变形大,嵌入轮胎花纹内的砂土在水平方向的抗剪切破坏能力差,使附着系数降低,轮胎的滚动阻力增大,砂路和流沙地容易使汽车打滑,特别在流沙地上,汽车车轮的滚动阻力系数可达 0.15~0.30 或更大,而驱动轮由于附着系数低产生空转,影响汽车的通过性能。

(3)汽车在积雪路面行驶的特点

积雪路面对汽车通过性能的影响是很大的,主要取决于雪的特性和厚度。雪层的密度越大,其承受的压力也越大。雪层密度越小,车轮附着系数下降,汽车行驶条件变差。雪层的厚度越大汽车的通过性越差。雪层的密度、硬度都与气温和压实程度有关;气温低,雪层干而硬,气温高则相反。雪层的厚度为 7~10 mm 时,对汽车正常行驶影响不大。如果雪层加厚又特别是松软的雪层,汽车通过能力明显下降。经验表明:雪层厚度大于汽车离地间隙的1.5倍,其密度低于 450 kg/m³ 时,便不能行驶。当气温为 -10 ~ -15 ℃时,雪路的主要性能见表8.2,从表中可以看出,雪层密度越小,车轮附着系数下降,汽车行驶条件变差。

表 8.2 雪路在 -10 ~ -15 ℃的主要性能

雪的状态	雪的密度/(kg·m⁻³)	车轮的滚动阻力系数	车轮的附着系数
中等密度的雪	250~350	0.10	0.10
密实的雪	350~450	0.05	0.20
非常密实的雪	500~600	0.03	0.30

(4)汽车在冰路上行驶的特点

汽车在冰路上行驶,车轮与冰面的附着系数非常小,在冬季结冰的道路上,附着系数甚至降低到0.1以下,但车轮的滚动阻力与刚性路面相差不大。为了保证行车安全,在冰路上行车时,车速要低,行车间隔要大。在通过结冰河流时,需要检查冰的厚度和坚实状态,应按选定路线平稳匀速通过,中途不准换挡,不准使用紧急制动,不允许停车。途中发现冰层裂痕应及时避开绕路行驶。在气温低于 0 ℃情况下,汽车沿冰封的渡口行驶时,冰层的最小厚度见表8.3。

表 8.3 冰层的承载能力

汽车的总质量/t	气温 -20 ~ -1 ℃时冰层厚度/cm	从渡口到对岸的最大距离/m	
		海 冰	河 冰
3.5	25~34	16	19

续表

汽车的总质量/t	气温 −20 ～ −1 ℃时冰层厚度/cm	从渡口到对岸的最大距离/m	
		海　冰	河　冰
≥10	42 ～ 46	24	26
≥40	80 ～ 100	38	38

(5)汽车在无路条件下使用的特点

汽车在无路条件下使用,驱动轮与路面的附着力减小,车轮滚动阻力增大,路面上还有突出的障碍物影响汽车通过。汽车在这种路况下使用,燃料消耗量较大,比正常使用条件高出约35%。

8.6.2　汽车在坏路和无路条件下使用的技术措施

从使用方面改进恶劣道路行驶的技术措施主要有:

(1)提高车轮与路面的附着力,防止车轮滑转

在汽车驱动轮上装防滑链是提高车轮与路面附着系数的有效措施,防滑链的形式主要取决于路面状况和汽车行驶系结构,防滑链条有普通防滑链和履带链条。

1)普通防滑链

它是带齿的(圆形、V 形或刀形)链带,用专门的锁环装在轮胎上,如图 8.13 所示。轮胎应在装好防滑链后再充气,使其拉紧,防止行车时出现响声,链条与胎面距离 10 ～ 20 mm 为宜。带齿的防滑链在冰雪路面和松软层不厚的土路上有良好的通过性。但在黏土路上当链齿塞满土时,使用效果则显著下降。

2)履带链

履带链有菱形和直形两种,如图 8.14 所示。履带链能保证汽车在坏路上,甚至驱动轮陷入土或雪内仍可以通过,菱形履带链还具有防侧滑能力。

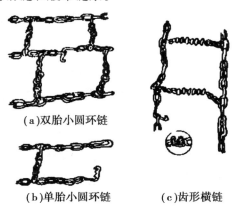

(a)双胎小圆环链

(b)单胎小圆环链　　(c)齿形横链

图 8.13　普通防滑链

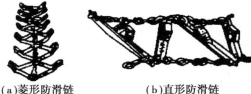

(a)菱形防滑链　　　　(b)直形防滑链

图 8.14　汽车用履带式防滑链

防滑链的缺点是链条较重,拆装不方便,汽车带上防滑链后,其动力性和经济性均下降,在硬路面上行驶时冲击大,使轮胎和后桥磨损增大,因而仅在克服困难道路时才使用。对于克服短而难行的无路地段时,可使用容易拆装的防滑块和防滑带,如图8.15所示。

(a)防滑带　　　　　　　　　　　(b)防滑块

图8.15　汽车用防滑带和防滑块

(2)采用合理的驾驶方法

在劣质道路上行驶时,要选择好的行车线路,尽可能避开泥泞较深、滑度较大的路面。通过泥泞或翻浆路时,最好一鼓作气地通过,中途不要换挡、不停车。如果被迫停车,再起步时也不能挂最低挡,轻踏加速踏板起步,使牵引力低于附着力,避免打滑。

松散道路附着系数很低,防止侧滑很重要,所以在驾驶时,使用制动要特别小心,尽量不用紧急制动,转向也不能过急,以免发生侧滑,尤其是坡道或急弯行驶更要注意降低车速,若一旦出现侧滑,首先要抬起加速踏板降低车速,在路面宽度允许的情况下,立即将方向盘向着车轮侧滑的方向转动,以防止继续侧滑或发生事故。

当车轮陷入泥泞道路空转打滑时,不可盲目加大加速踏板行程强行驶出,以免越陷越深,强行驶出易破坏机件。

(3)合理地使用汽车轮胎

汽车轮胎对其通过性有很大影响,为了提高汽车通过性,必须正确选择轮胎气压、花纹、结构参数等,使汽车行驶阻力减小,而又获得较大的附着力。

汽车在松软道路上行驶时,轮胎单位面积的压力越大,滚动阻力就越大,汽车通过性就越差,所以降低轮胎气压,加大轮胎宽度,可改善行驶条件,当汽车打滑陷入泥泞路中时,为了减轻单位面积压力,可卸下运载货物。这同汽车打滑而未陷下时,有意增加后轴附近装载货物,改变汽车附着质量,达到提高附着力的目的是不矛盾的。

另外,可使用调压胎。驾驶员可以在驾驶室内调节轮胎从正常气压降到极低的气压49～68.6 kPa。这样轮胎的印痕面积可增大2～3倍,使汽车在松软和泥泞的道路上的行驶性能得到改善。在冬季来临时,可结合维护选择新胎或花纹深的轮胎,并进行合理搭配,以防打滑与侧滑。

(4)采用自救或他救的方法

当汽车陷入坑中时,可根据具体情况,采用其他车辆拖出的他救方法或自救的方法驶出陷坑。他救是指用其他车辆,将被陷汽车拉出陷坑的一种方法。在没有其他车辆时,可采用自救的方法驶出陷坑:若车壳未触地,可将土坑铲成斜面,再垫上碎石等,然后用汽车前进或后退的方法将汽车驶出陷坑;如果桥壳触地,车轮悬空时,可先在车轮下面垫上木板、树枝、碎石等,再以低挡驶出。如果驱动轮滑转,也可如图8.16所示,将绳索一端固定在树干(或木桩)上,绞鼓装在汽车驱动轮上,汽车驱动轮转动时,如同绞盘一样将汽车拖出陷坑。

图 8.16　汽车的自救
1—绞鼓;2—绳;3—木桩

知识拓展

汽车正确使用的技巧

(1)正确刹车

1)利用发动机减速

现在的电喷发动机被动运转的时候,电脑会控制少喷油甚至不喷油,此时油耗很低。如果开车的时候发现前面较远处有红灯,并且路上车很少,此时就应该松开油门,让发动机怠速,而不要急于挂空挡踩刹车。

2)不带 ABS 的车辆制动

不带 ABS 的车辆制动的时候,尽可能采取点刹,即如同蜻蜓点水那样多点几下,这样可以在刹车的同时有效控制车辆的前进方向,减少危险的发生。危急时刻刹车一脚到底之后,如果车子出现侧滑或甩尾,要冷静地观察这种失控会不会造成严重后果。如果可能造成的话,则必须缓一脚或者几脚刹车来调整方向,然后再把刹车用力踩下去。

3)带 ABS 的车辆制动

遇到紧急情况,带有 ABS 车辆急刹的时候,一定要用力把刹车踩到底,同时注意控制好方向,千万别用"点刹"的方法。否则 ABS 很可能不能马上介入,从而延长刹车距离,降低安全性。这时候车子会有明显的震动,甚至会出现一些异常的响声,脚下刹车踏板也会跳动,其实这都是正常现象。

4)紧急刹车要防止后车追尾

紧急刹车的时候,还要注意后车追尾的隐患。这种情况常见于市区行驶,如果前车紧急停车,那么在紧急刹车之后,尽可能把刹车缓一脚,使车子向前溜一下,给后车留出可以缓冲的余地。

5)刹车防止"点头"现象

踩刹车的力度是有讲究的,正确的力度是由轻渐重,然后由重渐轻,待车辆停止的瞬间,刹车力度刚好变为零,这才是最理想的刹车力度。这样操作,车上乘员会感觉非常舒适,可以有效避免车辆"点头"现象。

（2）正确使用后视镜

1）正确调整后视镜角度

要获取最大的有效后视角度，依下述的方式调整才是最正确的。

①左侧后视镜调整要领：把水平线置于后视镜的中线位置，然后再把车身的边缘调到占据镜面影像的1/4。

②右侧后视镜调整要领：把水平线置于后视镜的2/3位置，然后再把车身的边缘调到占据镜面影像的1/4。

③中央后视镜调整要领：水平摆中间、耳际放左边。远方的水平线横置于中央后视镜的中线位置，然后再移动左右，把自己右耳的影像刚好放在镜面的左缘。

2）回头看看才能确保净空

正常的驾驶人员在仅转动眼球而不回头的情况下，可以看到前方200°左右的范围，换句话说，还有约160°是看不见的。要靠三片小小的镜子涵盖这剩下的160°，实在是"不可能的任务"。事实上，左、右后视镜再加中央后视镜，只能再提供额外60°左右的可视范围，那么这剩下的100°该怎么办呢？

很简单，就回头去看！在美国考驾照时，实际路试有个重要的项目就是在转弯和变换车道时，有没有回头以确定有无来车。很多人开车都是方向灯一打，左右后视镜瞄一眼，一看没车就弯过去了，擦撞和侧撞往往都是因此而造成。

当然，在回头确认侧后方是否有来车之前，必须首先保证车处于前方安全的情况下。这一瞬间的动作，在大部分的情况下都不会影响驾驶安全。虽然现在有很多新车都配备了双曲率后视镜，但这不过是把左右后视镜的视角范围再扩大一些，仍无法涵盖所有的区域。

3）清理后视镜

左、右后视镜因为暴露在外，很容易沾到空气中的油污，用一般的面纸擦拭，效果总是不太好，一遇到雨水还是模糊不清。

牙膏是很好的后视镜清洁剂，用淘汰的牙刷沾一点牙膏，由中心向外画圆方式把镜面刷均匀，再用清水洗净即可。牙膏本身除了具有清洁效果外，也是很细致的研磨剂，可以把左、右后视镜上的油垢、顽垢清除干净。即使遇到雨水，水滴也会结成球状而迅速排除，不会粘在镜面成一片，妨碍驾车安全。

（3）正确使用ABS

ABS是制动防抱死系统，主要分为机械式和电子式两种。它的工作原理主要是依靠装在各车轮上高灵敏度的车轮轮速传感器以及车身上的车速传感器，通过计算机控制，使车辆始终处于临界抱死间隙滚动状态，即"抱死—松开—抱死—松开"的循环工作过程。目前，配置ABS的轿车越来越多。如何更好地利用ABS，保证驾乘者安全，至少应遵循以下"四要""四不要"和"四注意"。

1）"四要"

①要始终将脚踩住制动踏板不放松，这样才能保证足够和持续的制动力，使ABS有效地发挥作用。

②要保持足够的制动距离。当在良好的路面上行驶时，至少要保证离前面的车辆有3 s的制动时间，在不好的路面上行驶时，要留给制动更长的时间。

③要事先练习 ABS,使自己对 ABS 工作时的制动踏板震颤有准备和适应能力,而教练场、空旷的停车场是练习紧急制动使用 ABS 的理想场所。

④要事先阅读汽车驾驶员手册,进一步理解汽车生产厂提供的 ABS 的各种操作说明。

2)"四不要"

①不要在驾驶 ABS 汽车时比驾驶非 ABS 汽车时更随意。即使对于 ABS 汽车,急转弯和快速变道以及其他急打方向盘的做法,也是不适当和不安全的。

②不要反复踩制动踏板。在驾驶 ABS 汽车时,反复踩制动踏板会使 ABS 时通时断,导致制动效能降低和制动距离增加。实际上,ABS 本身会以更高的速率自动增减制动力,并提供有效的方向可控能力。

③不要忘记转动方向盘。ABS 为驾驶员提供了方向盘的可控能力,可 ABS 本身并不能完成汽车转向操作。

④不要在 ABS 制动时被 ABS 的正常液压工作噪声和制动踏板震颤吓住,这种声音和震颤是正常的,且可以让驾驶员因此感知 ABS 正在起作用。

3)"四注意"

①ABS 系统对制动液的要求非常高,应严格按照使用说明书的要求选用制动液,禁止掺杂不同型号的制动液。

②注意维护 ABS 车轮传感器及齿圈的清洁,防止有泥污、油污,特别是磁性物质黏附在其表面影响正常工作。

③装有 ABS 系统的车辆应严格遵循规定的轮胎气压标准,同时要保持同轴轮胎气压的均衡,严禁使用不同规格的轮胎。

④在行车中司机应经常注意仪表板上的 ABS 告警灯情况,如发现闪烁或发亮不灭,说明 ABS 系统已经脱离工作状态。

(4)自动变速器使用方法

自动变速器的选挡杆相当于手动变速器的变速杆,一般有以下几个挡位:P(停车)、R(倒挡)、N(空挡)、D(前进)、S(or2,即为 2 速挡)、L(or1,即为 1 速挡)。这几个挡位的正确使用对于驾驶自动变速器汽车的人来说尤其重要,下面就一起来熟悉一下自动变速器各挡位的使用要领。

1)P(停车挡)的使用

发动机运转时只要选挡杆在行驶位置上,自动变速器汽车就很容易行走。而停放时,选挡杆必须扳入 P 位,从而通过变速器内部的停车制动装置将输出轴锁住,并拉紧手制动,防止汽车移动。

2)R(倒挡)的使用

R 位为倒挡,使用中要切记:自动变速器汽车不像手动变速器汽车那样能够使用半联动,故在倒车时要特别注意加速踏板的控制。

3)N(空挡)的使用

N 位相当于空挡,可在启动时或拖车时使用。驾驶者在等待信号或堵车时常常将选挡杆保持在 D 位,同时踩下制动踏板。若时间很短,这样做是允许的,但若停止时间长时最好换入 N 位,并拉紧手制动。因为选挡杆在行驶位置上,自动变速器汽车一般都有微弱的行驶趋势,长时间踩住制动等于强行制止这种趋势,使得变速器油温升高,油液容易变质,尤其在空调器工作、发动机怠速较高的情况下更为不利。有些驾驶员为了节油,在高速行驶或下坡时将选挡杆扳到 N 位滑行,这很容易烧坏变速器。因为这时变速器输出轴转速很高,而发动机却在怠速运转,油泵供油不足,润滑状况恶化,易烧坏变速器。

4)D(前进挡)的使用

正常行驶时将选挡杆放在 D 位,汽车可在 1~4 挡(或 3 挡)自动换挡,D 位是最常用的行驶位置。需要掌握的是:由于自动变速器是根据油门大小与车速高低来确定挡位的,所以加速踏板操作方法不同,换挡时的车速也不同。如果起步时迅速将加速踏板踩下,升挡晚,加速能力强,到一定车速后,再将加速踏板很快松开,汽车就能立即升挡,这样发动机噪声小,舒适性好。

D 位的另一个特点是强制低挡,便于高速时超车,在 D 位行驶中迅速将加速踏板踩到底,接通强制低挡开关就能自动减挡,汽车很快加速,超车之后松开加速踏板又可自动升挡。

5)S,L 位低挡的使用

自动变速器在 S 位或 L 位上处于低挡范围,可以在坡道等情况下使用。下坡时换入 S 位或 L 位能充分利用发动机制动,避免车轮制动器过热而导致制动效能下降。但是从 D 位换入 S 位或 L 位时,车速不能高于相应的升挡车速,否则发动机会强烈振动,使变速器油温急剧上升,甚至会损坏变速器。另外,在雨雾天气时,若路面附着条件差,应换入 S 位或 L 位,固定在某一低挡行驶,不要使用能自动换挡的位置,以免汽车打滑。同时必须牢记,打滑时应将选挡杆推入 N 位,切断发动机的动力,以保证行车安全。

习　题

1. 汽车在泥泞路上行驶时,防止车轮滑转的方法有哪些?
2. 汽车陷入松软的泥坑中打滑时,驶出陷坑的措施有哪些?
3. 高温条件下,汽车使用有何特点? 改善其使用性能应采取什么措施?
4. 高原条件对发动机性能有何影响? 常采取什么措施来改善其使用性能?
5. 汽车在走合期内使用有何特点? 在走合期如何正确使用汽车?
6. 改善发动机低温使用性能有哪些措施?

第 **9** 章
汽车维护

学习目标

【能力目标】

1. 理解我国汽车现行的维护制度的原则;

2. 理解汽车定期维护周期确定的原则;

3. 掌握定期维护的作业内容;

4. 掌握非定期维护的作业内容。

【知识目标】

1. 了解我国汽车维护制度的发展过程;

2. 掌握我国汽车现行的维护制度的原则和分级;

3. 掌握汽车各类维护的基本要求;

4. 掌握汽车各类定期维护的技术规范;

5. 掌握汽车非定期维护的内容。

9.1 我国汽车现行维护制度及其分类

汽车的使用寿命、动力性、经济性、安全性以及平顺性等都与汽车使用过程中的维护密切相关。即便完全相同的车辆,由不同的驾驶员驾驶,汽车的性能就会不一样。同一辆车在使用中维护得好坏也决定了这辆车的综合性能。由此可见,在日常驾驶过程中对汽车的维护,不但对汽车的各项性能产生重要影响,也直接关系到汽车的行驶安全和使用寿命。为保障车辆安全、可靠地运行,要使车辆经常处于良好的技术状况,符合机动车安全运行技术标准。除了应对车辆进行定期检修外,还应进行预防性的检查维护。

9.1.1 我国汽车维护制度的发展过程

我国汽车维护制度是伴随着我国汽车维修业的不断发展而逐步建立和完善起来的。随着我国汽车工业的飞速发展和汽车保有量的迅猛增加,特别是自20世纪80年代开始,汽车维修业从汽车运输业中分离出来,并逐步成为在国民经济中有巨大作用和一定影响的独立行业以后,汽车维护制度已成为我国汽车维修、汽车运输、汽车营销与售后服务等行业的重要标准和技术依据。

我国的汽车维护制度先后历经了以下3个主要发展过程。

(1)初步形成我国汽车维修制度的过程

1954年交通部颁布了《汽车运输企业技术标准与技术经济定额》(简称"红皮书"),在全国各运输企业中施行。其中规定:汽车技术保养分为例行保养、一级保养、二级保养3个级别;汽车修理分为小修、中修和大修3个类别。

(2)汽车维修实行三级技术保养和四类修理的过程

1965年交通部颁发了《汽车运用规程》和《汽车修理规程》,将汽车保养分为4级,即例行保养、一级保养、二级保养、三级保养。各级保养的重点作业项目是:例行保养以清洁、检查、补给为中心;一级保养以紧固、润滑为中心;二级保养以检查调整为中心;三级保养以部分总成解体消除隐患为中心。汽车修理分为汽车大修、总成大修、汽车小修和零件修理4个类别。

(3)建立新的汽车维护制度的过程

1990年3月交通部发布了第13号令,对原汽车保修制度的指导原则进行了重大的改革。即将"定期保养、计划修理"改为"定期检测、强制维护、视情修理"。取消了大拆大卸的三、四级保养制,改为二级维护制。1995年2月25日颁布了交通行业标准JT/T 201—1995《汽车维护工艺规范》(简称"JT 201规范"),并规定从1995年7月1日起,在全国交通运输及汽车维修行业中实施。

1999年交通部组织有关单位和专家对原JT 201规范进行了研究、探讨和修改,并起草制定了我国第一个国家标准GB/T 18344—2001《汽车维护、检测、诊断技术规范》。2016年12月13日发布GB/T 18344—2016《汽车维护、检测、诊断技术规范》,该标准替换GB/T 18344—2001《汽车维护、检测、诊断技术规范》,并自2017年7月1日起实施,这是我国迄今为止汽车维护制度的最新标准。

9.1.2 我国汽车维护制度的原则

在国家标准GB/T 18344—2016《汽车维护、检测、诊断技术规范》中明确提出了"定期检测、强制维护、视情修理"作为实施汽车维护制度的原则。强制维护同样是在"计划预防维护"的基础上进行的,只是进一步强调了维护的重要性,以及必须按规定的维护周期和作业项目强制进行。"强制"就是汽车一经行驶到规定的维护周期,必须按期强制执行,并在维护作业时,保证维护质量。但汽车进行维护时,又不能对其主要总成大拆大卸,只有在发生故障需要解体时,才允许进行解体。

(1)定期检测

定期检测是利用现代化的技术手段,应用现代化的汽车检测诊断设备,定期对汽车进行检查测试,以正确判断汽车的技术状况。"定期检测"的贯彻与实施是由道路运政管理机构和汽车维修企业两个方面共同完成的。

一是道路运政管理机构对所有从事运输的汽车按其类型、新旧程度、使用条件和强度等情况制订具体的定期检测制度，使各种车辆在行驶一定里程或时间后，按时进行综合性能检测。

二是定期检测要求汽车维修企业结合汽车的维护周期进行，以此来确定附加作业项目，掌握汽车技术状况的变化规律，同时通过对汽车的检测诊断和技术鉴定，确定汽车需要修理的内容。

（2）强制维护

强制维护是在计划预防维护（定期维护）的基础上进行状态检测的维护制度。过去的"定期维护"之所以改为现在的"强制维护"，就是为了进一步强调维护的重要性，防止忽视及时维护，造成汽车技术状况急剧变化的现象出现。强制维护要求车辆行驶一定里程和时间后，到维修企业进行二级维护作业，保障车辆安全运行。

（3）视情修理

"视情修理"是随着汽车检测与诊断技术的发展和维修市场的变化而提出的。过去的"计划修理"经常会出现修理不及时或提前修理的情况，其结果不是造成车辆技术状况恶化，就是造成浪费。"视情修理"的实质是：由原来的以行驶里程为基础确定汽车修理方式改变为以汽车实际技术状况为基础的修理方式，汽车的修理内容、作业范围是通过检测诊断后确定的。因此，检测诊断是实现"视情修理"的技术保证，"视情修理"体现了技术与经济相结合的原则。

9.1.3　汽车维护的目的

汽车维护的目的在于保持车容整洁，及时发现和消除故障隐患防止车辆早期损坏，使车辆达到下列要求。

①车辆经常处于良好的技术状况，随时可以出车。

②在合理使用的条件下，不致因中途损坏而停车，以及因机械事故而影响行车安全。

③各部总成的技术状况尽量保持均衡，以延长汽车大修间隔里程。

④减少车辆噪声和排放污染物对环境的污染。

⑤在运行过程中，降低燃、润料以及配件和轮胎的消耗。

9.1.4　我国现行的汽车维护的分级及基本要求

我国现行的汽车维护制度根据其作业周期不同主要分为定期维护和非定期维护两大类。其中，定期维护分为日常维护、一级维护和二级维护；非定期维护主要包括走合期维护和季节性维护等。我国现行维护制度，着重强调强制性日常维护，增加检测性定期维护。对日常维护和一级维护实行定期强制执行，提高安全、节能、环保与寿命等性能，对二级维护要先进行检测诊断和技术评定，根据检测结果，确定附加作业或小修项目，结合二级维护一并进行。各类维护的具体分级见表9.1。

表 9.1　汽车维护的分级

分　类			作业重点
汽车维护	定期维护	日常维护	清洁、补给、安全检查,由驾驶员负责
		一级维护	清洁、润滑、紧固,由维修工负责
		二级维护	检测、调整、附加修理作业,由维修工负责
	非定期维护	换季维护 / 进入夏季维护	各对应 8 项作业内容
		换季维护 / 进入冬季维护	
		走合期维护 / 走合前维护	对新车或大修后的车辆运行初期进行磨合维护
		走合期维护 / 走合中维护	
		走合期维护 / 走合后维护	
	封存和启用维护		保持车辆性能,防止锈蚀和老化

(1)汽车日常维护及其基本要求

1)汽车日常维护

汽车日常维护以清洁、补给和安全检视为作业中心内容,由驾驶员负责执行的车辆维护作业。日常维护是发挥车辆效率、减少行车事故、节约维修成本、降低能源消耗和延长车辆使用寿命的重要环节。从日常维护的定义中我们可以明确两个概念:一是汽车日常维护是日常性的作业;二是日常维护工作的责任人是驾驶员。

2)日常维护的基本要求

汽车日常维护的目的是保证车辆各部分清洁和润滑,各总成、部件工作正常,尤其是要掌握车辆安全部件的技术状况。具体要求做到:车容整洁;工作介质(燃油、润滑油、动力传动液、冷却液、制动液及蓄电池电解液等)充足;密封良好,水、电、油、气无泄漏;附件齐全无松动;制动可靠、转向灵敏、灯光喇叭等工作正常。

驾驶员作为日常维护的负责人,在对汽车进行日常维护工作中,要把握好出车前、行车中、收车后这 3 个重要环节。

①出车前的日常维护主要包括:环顾车辆一圈查看有无异常情况,并在起步前对车身、装载、轮胎及轴向松旷量、灯光喇叭、各种工作液的容量及是否泄漏、转向、制动效能等重点部位进行查验。出车前检查汽车的习惯,对保护人、车安全非常重要,应坚持进行出车前的维护工作。

a.检查整车外观、油漆和腐蚀情况。检查时,如果发现有小的擦伤或锈斑应尽快修补,以免锈蚀扩大。

b.检查挡风玻璃刮水片。刮水片容易老化和产生裂纹等现象,影响刮水质量和行车安全。当发现刮水片磨损或老化损坏时,应及时更换刮水片。

c.检查挡风玻璃和倒车镜。检查驾驶室内外各后视镜面是否完好有效,并擦拭干净;擦拭驾驶室各挡风玻璃;检查门锁与玻璃升降器摇手柄是否齐全有效。如果上述零件有缺损,应予以修复或更换。

d.检查车门和发动机罩技术状况。检查所有车门,包括后备厢盖,应关闭自如,锁扣应作用良好。为保险起见,发动机罩一般设有双扣锁,当第一道锁扣释放后,第二道锁应仍能扣住发动机罩。

e. 检查、紧固车轮螺栓。在检查轮胎气压的同时,应按标准扭矩校正车轮螺栓。

f. 检查轮胎的技术状况。轮胎是汽车行驶的重要部件,轮胎技术状态的好坏直接影响汽车行驶的安全和性能。轮胎气压影响汽车的使用性能和轮胎的寿命,因此,每次出车前都应检查轮胎气压,必要时进行补气和调整。每月至少用轮胎气压表检查一次轮胎气压,高速行车时轮胎气压的检查尤为重要。检查轮胎气压的测量和调节工作,应在轮胎处于低温状态下进行。轮胎气压应符合规定要求,见表9.2。

表9.2　常见国产轿车的轮胎气压

车　型	轮胎规格	空载、半载/kPa		满载/kPa		备胎/kPa
		前	后	前	后	
桑塔纳	195/60R1485H	180	190	190	240	250
捷　达	185/60R14T	200	180	200	260	260
富　康	165/70R1379T	220	220	220	220	240

在检查轮胎气压的同时,还应仔细检查轮胎的磨损情况,是否有割伤或异常情况,如果出现异常磨损或割伤,应及时查明原因。轮胎如果出现磨损不均匀,除轮胎气压不正常的缘故外,前轮定位失调也是主要原因之一。检查轮胎侧面有无划伤,胎冠面有无裂纹。如有异常,应修补或更换。检查轮胎花纹的深度,对于行驶在一般道路上的汽车,当其花纹深度小于1.6 mm时;对于行驶在高速公路上的车辆,当其花纹深度小于2.4 mm时,均应更换该轮胎。

为保证轮胎使用的安全性,在小型车的轮胎胎冠和侧面均设有胎面磨耗标记。当磨损量超过正常限度时,它就会显露出来。这个标记是横贯胎面上宽约12 mm的凸起。发现磨损至这个标记时,应及时更换轮胎。

如果发现轮胎异常磨损时,应检查转向机构的技术状况,轮胎的异常磨损一般都是由转向系统故障造成的。清除轮胎花纹内和轮胎之间的金属片、石块等夹物。轮胎每行驶10 000 km应进行轮胎换位,以保证轮胎的均匀磨损。

g. 检查整车各种液体的泄漏情况。观察汽车停放位置有无油污泄漏情况,如果发现车下有燃油、润滑油、水或其他液体时,应尽快找到泄漏的具体位置,排除泄漏故障。观察车下泄漏液体的位置和颜色,可以判断出泄漏的总成。例如,观察发动机部位下部:红色液体一般是从液力助力转向机和自动变速器泄漏出来的;淡绿色液体或无色液体可判定为是防冻液;蛋黄色液体多为制动液和离合器操纵机构的液体;棕色或黑色液体多为发动机泄漏的机油;清洁的水滴一般是热天使用空调制冷所致,微量滴水属正常现象。

h. 检查车厢栏板及后门栏板是否牢固、可靠,货物的装载必须捆扎牢固、平稳安全。对拖带挂车的汽车,还应检查连接装置有无裂损、松旷、变形等现象,各种辅助设施是否符合规定,以保证牵引装置安全可靠。

i. 查方向盘、离合器、制动踏板自由行程和驻车制动器的情况是否正常,离合器踏板与制动踏板自由行程应符合正常规定值。注意,方向盘自由转动量不得超过30°。

j. 启动发动机后,检查发动机有无异响和异常气味,查看仪表工作是否正常。

②行车中驾驶员要充分运用视觉、听觉、嗅觉和触觉等感觉器官及时发现行车中的异常情况或故障先兆,并利用中途休息间隔,环绕车辆,查验是否出现异常情况。

a. 车辆起步后,应缓慢行驶一段距离,其间应检查离合器、转向、制动等各部分的工作性能。

b. 在行驶中,应经常注意查看车上各种仪表,擦拭各种驾驶机件,察听发动机及底盘声音;如发觉操纵困难、车身跳动或颤抖、机件有异响或焦臭味时,即应停车检查进行必要的调整和修理。

c. 行驶中发动机动力突然下降,应检查是否冷却液或机油量不足引起发动机过热所致(注意,水温高时不要打开水箱盖以防烫伤)。

d. 行驶中方向盘的操纵忽然变得沉重并偏向一侧,应检查是否因其中一边轮胎泄气所致。

e. 车辆行驶涉水路段后,应注意检查行车制动器的制动效能。

f. 检查车轮制动器有无拖滞、发咬或发热现象,驻车制动器作用是否可靠。

g. 检查轮毂、制动毂(盘)、变速器、分动器和驱动桥温度有无异常。

h. 检查轮胎的外表和气压及温度,清除胎间和胎纹中的杂物。

i. 检查冷却液和机油量,有无漏水、漏油、气压制动有无漏气现象。

j. 检查转向、制动装置和传动轴、轮胎、钢板弹簧各连接部位是否牢固可靠。

k. 检查装载和拖挂装置是否安全可靠。

上述 f ~ k 项可在途中停车或装卸货物期间进行。

③收车后驾驶员不要急于离开,要耐心细致地检查全车外表、检查发动机有无"四漏",工作介质是否添加,冬季时还应注意防冻保温,最后应关闭总电源、拉紧手制动、关闭车窗,锁好车门。

a. 停车后,应将手动制动杆拉紧,并把变速杆挂入一挡或倒挡,自动变速器的汽车应挂入停挡,以防止汽车自动滑移,发生危险。

b. 熄火前,观察电流表、机油表、水温表、气压表的工作是否正常;熄火后,观察电流表是否反向漏电的指示(若电流表指针偏向"－"侧,则说明存在漏电现象)。

c. 每日停驶后转动机油粗滤器手柄 2 ~ 3 圈,视情况放出沉淀物,并放出储气筒中的积液,关好开关。

d. 检查有无漏油、漏水、漏气现象,视需要补充燃油、润滑油和冷却水。

e. 检查油水分离器中是否有积水和污物,注意清除干净。

f. 检查轮胎气压,清除胎间及表面的杂物。

g. 检查风扇皮带和空压机皮带的松紧度以及完好情况,必要时应进行调整。

h. 检查轮胎螺母和半轴螺母是否松动,并检查钢板弹簧总成是否有折断及骑马螺栓(U 形栓)是否松动。

i. 对于气压制动装置的车辆,应将储气筒内的空气放净,并关好放气开关;对于液压制动车辆,应检查总泵制动液和液面高度。

j. 在冬季当气温低于或接近 0 ℃时,若车库内无保温设施,汽车冷却系也未加防冻液,每用车后应将散热器和汽缸水套的放水开关打开,放尽存水,并作短时间的发动,排尽余水,然后关好放水开关。

k. 检查、整理随车的工具、附件,并切断电源。

l. 打扫车厢和驾驶室,清洗底盘,擦拭发动机、各部附件和清洁整车外表,同时查看各部有无破损。

m. 及时排除已发现的故障,为下次出车做好准备。

(2)汽车一级维护及其基本要求

汽车一级维护是指除完成日常维护作业外,以清洁、润滑、紧固为作业中心内容,并检查有关制动、操作等安全部件,由汽车维修企业负责执行的车辆维护作业。汽车一级维护的基本要求随着汽车行驶里程的增加,有些零部件可能会出现松脱,润滑部位出现缺油、漏油等不良现象,对汽车的操作安全性会造成一定的隐患。汽车的一级维护就是为了及时消除这些隐患而实施的一项运行性维护作业。随着现代汽车维修技术的发展,汽车免解体清洗技术及汽车检测诊断仪器的运用,使得汽车维护作业的技术含量正在逐步提高。因此,一级维护必须由汽车维修企业的专业维护人员来完成,这对加强车辆维护工作的管理,确保车辆技术状况都具有一定的意义。

(3)汽车二级维护及其基本要求

汽车二级维护是指除完成一级维护作业外,以检查、调整转向节、转向摇臂和悬架等经过一定时间使用容易磨损或变形的安全部件为主,并拆检轮胎,进行轮胎换位;检查调整发动机工况和排气污染控制装置等,由维修企业负责执行的车辆维护作业。

汽车二级维护是一次以消除隐患为目的的性能恢复性作业,尤其是恢复达标的排放性能和恢复安全性能。因此,保证汽车二级维护作业的全面性和彻底性非常重要。故应抓好以下3个方面的工作:

①全面完成二级维护检测诊断项目。

要充分运用现代汽车不解体检测诊断技术和先进的仪器仪表设备认真完成所有二级维护作业的检测项目。

②加强对汽车二级维护作业过程的检验。

③认真执行汽车维护竣工出厂检验制度。

(4)汽车维护周期

汽车维护周期的长短直接影响汽车维护费用与寿命周期费用。合理确定维护周期需要有足够的、可信的使用数据。这些数据除依靠经常性的统计积累外,还可有计划地将 $15 \sim 20$ 辆汽车作为一组,进行 $3 \sim 6$ 个月的实际运行试验,记录汽车出现故障或技术状况变化的情况。由于一组或几组汽车所进行的实际运行试验、运行条件、驾驶操作水平、维修水平等多方面因素的影响,试验结果具有一定的随机性,因此必须在进行数理统计分析后,再进行全面实际运行考察,根据运行考察的结果对维护周期进行适当地调整。并对确定的维护周期、车辆的维修费用进行技术经济综合分析,使汽车的单位行驶里程的维修费用最少。

汽车日常维护的周期为出车前、行车中和收车后。汽车一、二级维护周期的确定,应以汽车行驶里程为基本依据,对于不便于用行驶里程统计、考核的汽车,可用时间间隔确定一、二级维护的周期。这就是说,一、二级定期维护的间隔没有统一的规定,主要是依据车辆使用说明书的有关规定确定,同时依据汽车使用条件的不同,由省级交通行政主管部门规定。采用时间间隔时,可依据汽车使用强度和条件的不同,参照汽车一、二级维护行驶里程周期确定。

图 9.1 是汽车维修费用与维护周期的关系曲线。汽车单位行驶里程的维护费用是随着

维护里程的增长而减少(如图 9.1 中的曲线 1),但汽车单位行驶里程的小修费用,则随着维护里程的增长而增大(如图 9.1 中的曲线 2)。将曲线 1 和曲线 2 叠加后,组成的曲线 3 就是维护里程与维修总费用的关系曲线。曲线 3 上的最低点(即图中的 B 点)所对应的里程,就是维修费用最小的维护周期里程。

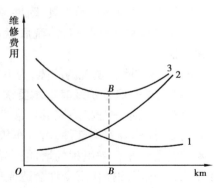

图 9.1 维修费用与维护周期的关系
1—汽车单位行驶里程的维护费用曲线;
2—汽车单位行驶里程的小修费用曲线;
3—维护里程与维修总费用的关系曲线

目前,我国确定汽车维护周期的基本方法是试验法和类比法。在确定维护周期时,主要依据汽车制造厂的使用说明书、科研部门的研究成果和本地区以及与本地区使用条件类似的一些汽车使用单位的经验。

在确定汽车一、二级维护周期时,应注意以下几个原则:

①将车辆使用说明书作为制订汽车维护周期的重要参考依据。汽车制造厂的车辆使用说明书中的有关维护周期的规定及要求,要作为制订汽车维护周期的重要参考依据。同时在具体操作时,应根据车辆的使用情况和运行条件有所调整。

②要根据汽车使用条件调整车辆维护周期。汽车的使用条件包括汽车运行地区的地理环境、气候、风沙条件,以及汽车的运行强度(包括负荷大小、运行速度、运行频率)和燃、润料的品质等。汽车生产厂推荐的车辆维护周期,只限于一般的使用条件。

③要结合在用车排放治理适当调整维护周期。

9.1.5　汽车技术维护工艺的内容与过程

汽车技术维护工艺是指利用生产工具按一定要求维护汽车的方法,是在维护汽车过程中积累起来的,并经过总结的操作技术经验。

(1)技术维护的主要工艺内容

汽车技术维护工艺按其操作特点和执行条件不同,可分为若干个基本单元。每个基本单元由一系列分散的细小的工作组成,这一系列工作称为作业。例如,在维护中的润滑和调整作业,因作业性质不同而分为两个基本单元。各个基本单元的不同组合,即构成了车辆的各级维护工作。汽车的技术维护工艺按其作业性质一般可分为下列 7 个基本单元:

1)外表清洁、整修作业

①清洗汽车和挂车外部的污泥。

②打扫、清洗和擦拭货车车厢、驾驶室、客车车身内外表面和各类附件。

③必要时进行除锈、补漆。

2)检视紧固作业

①检视汽车各总成件和机件外表。

②检视各机件外部连接螺栓(螺母)的紧度,必要时进行紧固。

③配换失落或损坏的螺母、螺栓、销子和滑脂嘴等零件。

3)轮胎作业

①检查轮胎气压并充气。

②检查外胎状况及清理胎面嵌入物。

③修补或更换内、外胎。

④进行轮胎换位。

4）试验调整作业

①检查汽车各机构、仪表和总成的技术状况。

②对发动机曲柄连杆机构、配气机构、点火系、燃料系、冷却系、润滑系及转向系、制动系、行驶系、传动系进行必要的调整。

5）润滑作业

①检查润滑油(脂)的品质;更换各部润滑油、润滑脂。

②清洗发动机润滑系,视需要更换滤芯。

6）电气作业

①清洁、检查、调整及润滑各电气设备。

②配换个别损坏或不适用的零件及导线。

7）添加燃、润料作业

①检查油箱存油情况,添加燃料。

②检查润滑油(脂)的数量,进行补给。

③添加制动液、减振液。

(2)技术维护的工艺过程

汽车技术维护工艺过程是指汽车维护的各种作业按一定方式组合,顺序、协调地进行的过程。其目的在于通过一定顺序进行维护工作,使生产有条不紊、高效、优质、低消耗。

汽车维护工艺的划分具有灵活性。有的按作业的内容单一划分(如清洁、润滑作业),有的几个内容结合进行(如检视与紧固作业),还有的按汽车组成部分划分(如电气作业、轮胎作业)。根据这些划分情况,可以相应安排维护工艺过程。

各级维护过程的顺序大致是,首先进行外表清洁作业,然后进行检视紧固作业,与此同时或在其后进行试验调整作业、电气作业、轮胎作业和添加作业等,最后进行润滑作业和外表整修作业。对于某些相互干扰和影响的过程,还可以交叉进行,先完成某一工艺单元的一部分,继而进行另一工艺单元,然后再完成原先留余下来的工艺单元。

9.2　汽车的定期维护

按照 GB/T 18344—2001《汽车维护、检测、诊断技术规范》的规定,汽车定期维护的内容主要包括:汽车日常维护作业;汽车一级维护的项目、作业内容和技术要求;汽车二级维护的作业过程;汽车二级维护检测、诊断及其附加项目的确定;汽车二级维护过程检验;汽车二级维护的基本维护项目、作业内容和技术要求;汽车二级维护竣工检验项目和技术要求。

这7项主要内容的核心是汽车二级维护的检测、诊断,并根据检测结果,确定附加作业项目,以恢复汽车的正常技术状况。

9.2.1　汽车日常维护技术规范

(1)日常维护的作业内容

1)清洁要求

对车辆的外观、发动机外表进行清洁,保持车容整洁。

2)检视补给要求

对汽车各部润滑油(脂)、燃油、冷却液、制动液及液压油等各种工作介质和轮胎气压等进行检视补给。

3)检查安全装置和发动机状况

对汽车制动、转向、传动、悬架、灯光、信号等安全部位和装置以及发动机的运转状态进行检视、校紧,确保行车安全。

(2)日常维护技术规范实例

1)蓄电池的维护

经常保持蓄电池的外壳干燥、清洁和通气孔畅通。经常检查电解液液面的高度。缺液时,应及时加入蒸馏水。应在接线柱和接头表面涂上凡士林或润滑脂,以防腐蚀;车辆一个月以上不用时,需拔下蓄电池负极电缆。蓄电池如长期放置,需定时充电,尤其在冬季,必须使蓄电池保持充足电的状态,以防止电解液液面降低而造成蓄电池结冰。

2)空气预滤器的维护

空气预滤器用于在空气滤清器之前对空气进行预先过滤,较大的颗粒被收集在空气滤清器的鸭嘴形导管中。维护时,用手将鸭嘴形管口捏开,即可将鸭嘴形导管中的杂物排出。

3)空气滤清器在维护使用中,应保持良好的通气性

当滤芯堵塞时,将滤芯从空气滤清器中取出,用手或木棒轻轻敲击,或用小于 300 kPa 的压缩空气从里向外吹,将尘土除掉。同时将滤清器壳内的灰尘清除掉,不要用湿布擦拭滤芯。装复中,要注意所有连接处的密封性。

4)发动机怠速的调整

调整怠速应在发动机水温达到 80 ℃,空调和冷却风扇不工作时进行调整。发动机正常怠速应为(850 ± 60)r/min,空调工作时为(950 ± 50)r/min。

5)轮胎的维护

有些轿车装用的是无内胎轮胎。应经常检查轮胎的气压是否符合标准(包括备胎);轮胎表面是否有不正常的磨损、开裂和鼓包。拆装轮胎应在轮胎拆装机上进行,并应作动平衡检验。严禁用手工直接拆装轮胎。更换轮胎时,要注意同一车轴上不要用轮胎牌号和新旧不同的轮胎。

9.2.2　汽车一级维护的技术规范

(1)检查作业及要求

汽车一级维护作业的检查项目主要包括:影响排放性能的发动初点火系和排气净化装置的工作状况检查、全车各部分密封性能的检查、油液液面检查、发电机等传动带外观检查等。上述检查项目一般为人工检视及仪器测量,由维修技工来完成对检查出来的问题作相应的小修处理。

（2）检查、紧固作业及要求

汽车一级维护技术规范中对发动机总成及各装置,底盘总成及传动连接状况和车架、车身及车身附件有检查紧固的要求,其拧紧力矩应符合规定。

（3）检查、调整作业及要求

对发电机传动带、轮胎气压、轮载轴承间隙及离合器、制动踏板自由行程等有检查、调整的要求,并要求所调整的数据应符合该车出厂规定。

（4）润滑作业及要求

汽车一级维护技术规范对底盘转向和传动部件及全车各润滑点有润滑的要求。其主要对象是万向节十字轴、横直拉杆、球头销、转向节、传动轴中间轴承及万向节。

（5）清洁作业及要求

汽车一级维护的清洁作业较日常维护的要求有了进一步的提高。要求除日常维护的清洁之外,还要对发动机空气滤清器、空压机空气滤清器、曲轴箱通风系空气滤清器、机油滤清器和燃油滤清器等滤芯要检查、清洁或更换。要求各滤芯应清洁无破损,上下衬垫无残缺,密封良好,安装牢固;对变速器、差速器齿轮箱和蓄电池通气孔等要求清洁畅通。汽车一级维护的作业内容和技术要求见表9.3。

表9.3 汽车一级维护作业项目及技术要求

序号	项目	作业内容	技术要求
1	点火系	检查、调整	工作正常
2	发动机空气滤清器、空压机空气滤清器、曲轴箱通风系空气滤清器、机油滤清器和燃油滤清器	清洁或更换	各滤芯应清洁无破损,上下衬垫无残缺,密封良好;滤清器应清洁,安装牢固
3	曲轴箱油面、化油器油面、冷却液液面、制动液液面高度	检查	符合规定
4	曲轴箱通风装置、三元催化转化装置	外观检查	齐全、无损坏
5	散热器、油底壳、发动机前后支垫、水泵、空压机、进排气歧管、化油器、输油泵、喷油泵连接螺栓	检查校紧	各连接部位螺栓、螺母应紧固,锁销、垫圈及胶垫应完好有效
6	空压机、发电机、空调机皮带	检查皮带磨损、老化程度,调整皮带松紧度	符合规定
7	转向器	检查转向器液面及密封状况,润滑万向节十字轴、横直拉杆、球头销、转向节等部位	符合规定
8	离合器	检查调整离合器	操纵机构应灵敏可靠;踏板自由行程应符合规定

续表

序号	项 目	作业内容	技术要求
9	变速器、差速器	检查变速器、差速器液面及密封状况,润滑传动轴万向节十字轴、中间承,校紧各部连接螺栓,清洁各通气塞	符合规定
10	制动系	检查紧固各制动管路、检查调整制动踏板自由行程	制动管路接头应不漏气,支架螺栓紧固可靠。制动联动机构应灵敏可靠,储气筒无积水、制动踏板自由行程符合规定
11	车架、车身及各附件	检查、紧固	各部螺栓及拖钩、挂钩应紧固可靠,无裂损,无窜动,齐全有效
12	轮胎	检查轮辋及压条挡圈;检查轮胎气压(包括备胎),并据情况补气;检查轮毂轴承间隙	轮辋及压条挡圈应无裂损、变形;轮胎气压应符合规定,气门嘴帽齐全;轮轴承间隙无明显松旷
13	悬架机构	检查	无损坏、连接可靠
14	蓄电池	检查	电解液液面高度应符合规定,通气孔畅通,电桩夹头清洁、牢固
15	灯光、仪表、信号装置	检查	齐全有效,安装牢固
16	全车润滑点	润滑	各润滑安装正确,齐全有效
17	全车	检查	全车不漏油、不漏水、不漏气、不漏电、不漏尘,各种防尘罩齐全有效

注:技术要求栏中的"符合规定"指符合实际使用中的有关规定。

9.2.3 汽车二级维护的技术规范

(1)汽车二级维护作业过程

汽车二级维护是新的汽车维护制度中规定的最高级别维护,其目的是维护汽车各总成、机构的零件具有良好的工作性能,及时消除故障隐患,保证汽车动力性、经济性、排放净化性、操纵性及安全性等各项综合性能指标满足要求,确保汽车在二级维护间隔内能正常运行。

目前,我国的汽车维护制度实行状态检测下的二级维护制度,汽车二级维护首先要进行检测。汽车进厂后,根据汽车技术档案的记录资料(包括车辆运行记录、维修记录、检测记录、总成修理记录等)和驾驶员反映的车辆使用技术状况(包括汽车动力性,异响,转向,制动及燃、润料消耗等)确定所需检测项目,依据检测结果及车辆实际技术状况进行故障诊断,从而确定附加作业。附加作业项目确定后与基本作业项目一并进行二级维护作业。为此,汽车二级维护的工艺过程较一级维护增加了维护前检测诊断,以确定附加作业项目的内容。二级维护过程中要进行过程检验,过程检验项目的技术要求应满足有关的技术标准或规范;二级维护作业完成后,应经维护企业进行竣工检验,竣工检验合格的车辆,由维护企业填写《汽车维护竣工出厂合格证》后方可出厂。汽车二级维护工艺过程的流程图如图9.2所示。

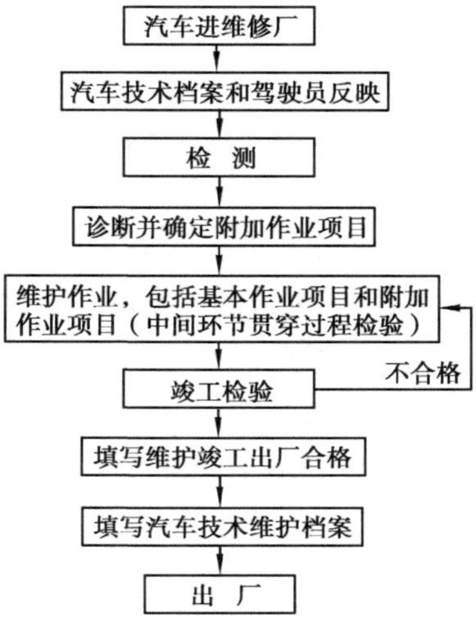

图9.2　二级维护工艺流程

(2)汽车二级维护检测、诊断

对汽车二级维护检测项目进行检测时,应使用该检测项目的专用检测仪器,仪器精度须满足有关规定。检测项目的技术要求应参照国家有关的技术标准或原厂要求。汽车二级维护检测项目见表9.4。

表9.4　汽车二级维护检测项目

序　号	检测项目
1	发动机功率,汽缸压力
2	汽车排气污染物,三元催化转化装置的作用
3	电控燃油喷射系统
4	柴油车检查供油提前角、供油间隔角和喷油泵供油压力
5	制动性能、检查制动力
6	转向轮定位,主要检查前轮定位角和转向盘自由转动量
7	车轮动平衡
8	前照灯
9	操纵稳定性,有无跑偏、发抖、摆头
10	变速器,有无泄漏、异响、松脱、裂纹等现象,换挡是否轻便灵活
11	离合器,有无打滑、发抖现象,分离是否彻底,接合是否平稳
12	传动轴,有无泄漏、异响、松脱、裂纹等现象
13	后桥,主减速器有无泄漏、异响、松动、过热等现象

(3)汽车二级维护附加作业项目的确定

根据汽车二级维护检测结果,结合汽车运行等方面的信息,对汽车技术状况进行综合评价,以确定合理的附加作业项目。其确定原则是:

①附加作业项目的确定,必须要依据仪器设备或观察、路试所得到的结果进行。

②确定以消除汽车故障为目的的二级维护附加作业项目和作业内容,恢复汽车的正常技术状况。

③附加作业项目确定后,与基本作业项目一并进行二级维护作业。

(4)二级维护基本作业项目

二级维护是汽车定期维护中最重要的基本作业项目。二级维护的作业项目的内容和作业质量,直接关系汽车的运行性能和使用寿命。汽车二级维护基本作业项目是无论车辆的技术状况如何都必须完成的内容,它真正体现了强制维护的要求。作为一个适用于所有车辆二级维护的技术规范,其规定的基本作业项目和要求是原则性的,具有指导意义。不同车辆的二级维护的基本作业项目可根据车型的结构及使用特点有所变更。基本作业项目详见表9.5。

表9.5　二级维护基本作业项目

序号	维护项目	作业内容	技术要求
1	发动机润滑油、机油滤清器	更换润滑油 视情更换机油滤清器	润滑油规格性能指标符合规定 液面高度符合规定 机油滤清器密封良好,无堵塞,完好有效
2	检查润滑油油面高度	检查转向器、变速器、主减速器等润滑油规格和液面高度,不足时按要求补给	符合出厂规定
3	空气滤清器	清洁空气滤清器	空气滤清器清洁有效,安装可靠恒温进气装置真空软管安装可靠。进气转换阀工作灵敏、准确
4	油箱及油管 燃油滤清器 燃油泵	检查接头及密封情况 清洁燃油滤清器,并视情更换 检查燃油泵,必要时更换	接头无破损、渗漏,紧固可靠 燃油滤清器工作正常 燃油泵工作正常、油压符合规定
5	燃油蒸发控制装置	检查清洁,必要时更换	工作正常
6	曲轴箱通风装置	检查、清洁	清洁畅通,连接可靠,不漏气,各阀门无堵塞、卡滞现象,灵敏有效,符合规定
7	散热器、膨胀箱、百叶窗、水泵、节温器、传动皮带	检查密封情况、箱盖压力阀、液面高度、水泵 检视皮带外观,调整皮带松紧度	散热器及软管无变形、破损及渗漏;箱盖接合表面良好。胶垫不老化、箱盖压力阀开启压力符合要求;水泵不漏水,无异响;节温器工作性能符合规定 皮带应无裂痕和过量磨损,表面无油污、皮带松紧度符合规定

续表

序号	维护项目	作业内容	技术要求
8	进、排气歧管、消声器、排气管汽缸盖	检查、紧固,视情补焊或更换按规定次序和扭紧力矩校紧汽缸盖	无裂痕、漏气、消声器性能良好扭紧力矩符合规定
9	增压器、中冷器	检查、清洁	符合规定
10	发动机支架	检查、紧固	连接牢固、无变形和裂缝
11	化油器及联动机构	清洁、检查、紧固	清洁,联动机构运动灵活,连接牢固。无漏油、气现象,工作系统和附加装置工作正常
12	喷油器、喷油泵	检查喷油器和喷油泵的作用,必要时检测喷油压力和喷油状况,视情况调整供油提前角	喷油器雾化良好,无滴油、漏油现象,喷油压力符合规定供油提前角符合规定
13	分电器、高压线	清洁、检查	分电器无油污,调整触点间隙在规定范围内,无松旷、漏电现象,高压线性能符合规定
14	火花塞	清洁、检查或更换火花塞,调整电极间隙	电极表面清洁,间隙符合规定
15	气门间隙	检查调查	符合规定
16	电控燃油喷射系统供油管路	检查密封状况	密封良好,作用正常
17	三元催化装置	检查三元催化装置时作用,必要时更换	作用正常
18	离合器	检查调整离合器踏板自由行程	离合器踏板自由行程符合规定

续表

序号	维护项目	作业内容	技术要求
19	前轮制动	检查前轮制动器调整臂的作用	作用正常
		拆卸前轮毂总成、制动蹄、支承销;清洗转向节、轴承、支承销、清洁制动底板等零件	清洁、无油污
		检查制动盘、制动凸轮轴,校紧装置螺栓	制动底板不变形,按规定力矩扭紧装置螺栓 凸轮轴转动灵活、无卡滞,转向间隙符合规定
		检查转向节及螺母、保险片及油封、转向节臂,校紧装置螺栓	转向节无裂纹,螺纹完好,与螺母配合应无径向松旷,保险片作用良好,油封完好不漏油 转向节轴径与轴承的配合间隙符合要求,转向节臂装置螺栓扭紧力矩符合规定
		检查内外轴承	液柱保持架无断裂,滚柱无脱落,无裂损和烧蚀,轴承内圈无裂损和烧蚀
		检查制动蹄及支承销	制动蹄无裂损及明显变形,摩擦片不破裂,铆接可靠,摩擦片厚度符合规定 支承销无过量磨损,支承销与制动蹄承孔衬套配合间隙符合规定
		检查制动蹄复位弹簧	复位弹簧应无明显变形,自由长度、拉力符合规定
		检查前轮毂、制动鼓及轴承外座圈,校紧轮胎螺栓内螺母	轮毂无裂损 轴承外座圈无裂纹,无麻点,无烧蚀 制动鼓无裂纹,外边缘不得高出工作表面,检视孔完整,内径尺寸、圆度误差、左右内径差符合规定 轮胎螺栓齐全完好,规格一致,按规定力矩扭紧
		装复前轮毂、调整前轮轴承松紧度及制动间隙	装复支承销,制动蹄支承销孔均应涂润滑脂,开口销或卡簧齐全有效 润滑轴承 制动鼓、制动片表面清洁,无油污 制动片与制动鼓的间隙应符合规定,转动无碰擦现象或声响,检视孔挡板齐全 轮毂转动灵活,用拉力计测量时可转动、且无轴向间隙 保险可靠,防尘罩、衬垫完好,螺栓垫圈齐全紧固(螺栓规格一致)

续表

序号	维护项目	作业内容	技术要求
20	后轮制动	拆半轴、轮毂总成、制动蹄、支承销,清洗各零件及制动底板、半轴套管	轮毂通气孔畅通 各零件及制动盘、后桥套管清洁无油污
		检查制动底板、制动凸轮轴,校紧连接螺栓	制动底板不变形,连接栓按规定力矩紧固 凸轮轴转动灵活,无卡滞,轴向间隙和径向间隙符合规定
		检查后桥半轴套管、螺母及油封	套管无裂纹及明显松动,与螺母配合无径向松旷 油封完好,无损坏,无漏油 套管颈与轴承配合间隙符合规定
		检查内外轴承	轴承保持架无断裂,滚柱不脱落,无裂损和烧蚀 轴承内座圈无裂纹、烧蚀
		检查制动蹄及支承销	制动蹄无裂纹及变形,摩擦片不破损,铆接可靠,摩擦片厚度符合规定 支承销与制动蹄承孔衬套配合间隙符合规定 支承销无过量磨损
		检查制动蹄复位弹簧	复位弹簧无变形,自由长度符合规定,拉力良好
		检查后轮毂、制动鼓及轴承外座圈,检查扭紧半轴螺栓,检查轮胎螺栓,校紧内螺母	轴毂无裂损 轴承外座圈不松动,无损坏 制动鼓无裂纹,内径、圆度误差、左右内径差符合规定,外边缘不得高出工作表面,制动鼓检视孔完整 半轴螺栓齐全有效
		检查半轴	半轴无明显变曲,不磨套管,无裂纹,花键无过量磨损或扭曲变形
		装复后轮毂,调整制动间隙	装复支承销、制动蹄片时,承孔均应涂润滑脂,开口销或卡簧齐全可靠 润滑轴承 套管轴颈表面应涂机油后再装上轴承 制动蹄片、制动鼓面应清洁,无油污 制动蹄片与制动鼓的间隙应符合规定,无转动物碰擦现象和声响,检视孔挡板齐全紧固 轮毂转动灵活,拉力符合规定 锁紧螺母按规定力矩扭紧

续表

序号	维护项目	作业内容	技术要求
21	转向器、转向传动机构	检查转向器传动机构的工作状况和密封性,校紧各部螺栓 检查调整转向盘自由转动量	转向盘自由转动量符合规定,转向轻便、灵活,无卡滞和漏油现象。垂臂及转向节臂无弯曲及裂损,各部螺栓连接可靠
22	前束	调整	符合规定
23	变速器、差速器	检查密封状况和操纵机构,清洁通气孔	密封良好、通气孔畅通,操纵机构作用正常,无异响、跳动、乱挡现象
24	传动轴、传动轴承支架、中间轴承	检查防尘罩 检查传动轴万向节工作状况 检查传动轴承支架 检查中间轴承间隙	防尘罩不得有裂纹、损坏,卡箍可靠,支架无松动 万向节不松旷,无卡滞,无异响 传动轴承支架无松动 中间轴承间隙符合规定
25	空气压缩机、储气筒	清洁,校紧	清洁、连接可靠,无漏气,安全阀工作正常
26	制动阀、制动管路、制动踏板	检查制动踏板自由行程 检查紧圆制动阀和管路接头 液压制动检查制动管路内是否有气	制动踏板自由行程符合规定 制动阀和管路接头连接可靠,无漏气 液压制动管路内无气
27	驻车制动	检查驻车制动性能,检查驻车制动器自由行程	符合规定、作用正常
28	悬架	检查、紧固、视情补焊、校正	不松动,无裂纹,无断片,按规定扭紧力矩紧固螺栓
29	轮胎(包括备胎)	检查紧固,补气,进行轮胎换位、磨损严重时更换轮胎	气压符合规定,清洁,无裂损、老化、变形,气门嘴完好,轮胎螺栓紧固,轮胎的装用符合规定
30	发电机、发电机调节器、起动机	清洁、润滑	符合规定
	蓄电池	检查,清洁,补给	清洁、安装牢固,电解液液面符合规定
31	前照灯、仪表、喇叭、刮水器、全车电器线路	检查、调整,必要时修理或更换	前照灯、喇叭、各仪表及信号装置功能齐全、有效,符合规定 刮水器电机运转无异常,连动杆连接可靠 全车线路整齐,连接可靠,绝缘良好
32	车身、车架、安全带	检查、紧固	性能可靠,工作良好无变形、断裂、脱焊、连续螺栓、铆钉紧固
33	内装饰	检查、紧固	设备完好,无松动
34	空调装置	检查空调系统工作状况、密封状态	制冷系统密封,制冷效果良好 暖气装置工作正常
35	润滑	全车加注润滑脂的部位全部润滑	润滑脂嘴齐全有效,润滑良好

注:技术要求栏中的"符合规定"指符合实际应用中在有关技术规定或技术要求中的规定。

（5）汽车二级维护的过程检验

汽车二级维护的过程检验是一项过程质量管理工作,其目的是实现维护过程的质量控制,也是落实《技术规范》具体要求、确保汽车维护质量的重要环节。现在的许多企业都在开展 ISO 9002 系列质量体系认证工作,这一先进的管理模式特点就是强调生产(服务)过程的每一个环节的管理都要落实相关的技术标准。没有过程管理,就不会有良好的技术保障。因此,对汽车二级维护的过程检验提出如下要求:

①维护作业的全过程要实施跟踪检验,即应在二级维护作业项目(包括基本作业项目和附加作业项目)执行过程中全面地、自始至终地实施质量检验。

②在二级维护作业的整个过程中,要认真作好检验记录。特别是对有配合间隙、调整数据和拧紧力矩等技术参数要求的作业项目要有检验数据的记录,作为作业过程质量监督的依据,也可为汽车竣工出厂检验提供依据和参照。

③在过程检验中,各维护项目的技术要求需满足相应的技术标准,即表9.5 二级维护作业项目中"技术要求"一栏的内容,或按该车出厂说明书的有关规定执行。

（6）汽车二级维护竣工检验

汽车二级维护竣工检验是一项对汽车维护质量进行的检测评定工作。在《技术规范》中明确指出:"汽车在维修企业进行二级维护后,必须进行竣工检验,且各项目参数应符合国家或行业标准。竣工检验合格的车辆填写维护竣工出厂合格证后方可出厂;检验不合格的车辆应进行进一步的检测、诊断和维护,直到达到维护竣工技术要求为止。"

汽车二级维护竣工检验的重点主要是对二级维护及其附加作业项目的质量进行检测评定,由汽车综合性能检测站按标准进行,所出具的检测报告,作为汽车维修企业的质量检验员签发出厂合格证的依据之一。汽车二级维护竣工的具体要求见表9.6。

表9.6　二级维护竣工要求

序　号	检测部位	检测项目	技术要求	备　注
1	整车	清洁	汽车外部、各总成外部、三滤应清洁	检视
		面漆	车身面漆、泥子无脱落现象,补漆颜色应与原色基本一致	检视
		对称	车体应周正,左右对称	汽车平置检查
		紧固	各总成外部螺栓、螺母按规定力矩扭紧,锁销齐全有效	检查
		润滑	发动机、变速器、转向器、减速器润滑符合规定,各通气孔畅通。各部润滑点润滑脂加注符合要求。润滑脂嘴齐全有效,安装位置正确	检视
		密封及电器	全车无油、水、气泄漏,密封良好,电器装置工作可靠,绝缘良好	检视
		前照灯、信号、仪表、刮水器、后视镜等装置	稳固、齐全有效符合有关规定	检视

续表

序 号	检测部位	检测项目	技术要求	备 注
2	发动机	发动机工作状况	发动机能正常启动,低、中、高速运转均匀及稳定、水温正常,加速性能良好,无断裂、回火、放炮等现象,发动机运转稳定后应无异响	路试
		发动机功率	无负荷功率不小于额定值的80%	检测
		发动机装置	齐全有效	检视
3	离合器	踏板自由行程	符合原厂规定	检测
		离合情况	接合平稳,分离彻底,无打滑、抖动及异响	路试
4	转向系	转向盘最大转动量	符合规定	检查
		横直拉杆装置	球头销不松旷,各部螺栓螺母紧固,锁止可靠	检查
		转向机构	操作轻便、转动灵活,无摆振、跑偏等现象。车轮转到极限位置时,不得与其他部件有碰擦现象	检测
		前束及最大转向角	符合规定	检测
		侧滑	符合GB 7258中的有关规定	检测
5	传动系	变速器、传动轴、主减速器	变速器操纵灵活、不跳挡,不乱挡。变速器传动轴、主减速器各部无异响,传动轴装配正确	路试
6	行驶系	轮胎	轮胎磨损应在规定范围内、同轴轮胎应为相同的规格和花纹,转向轮不得使用翻新轮胎,轮胎气压符合规定,后轮辋孔与制动鼓观察孔对齐	检查
		钢板弹簧	钢板弹簧无断裂、位移、缺片、U形螺栓紧固,前后钢板支架无裂纹及变形	检查
		减振器	稳固有效	路试
		车架	车架无变形,纵横梁无裂纹,铆钉无松动,拖车钩、备胎架齐全,无裂损变形,连接牢固	检查
		前后轴	无变形及裂纹	检查

序　号	检测部位	检测项目	技术要求	备　注
7	制动系	制动性能	应符合 GB 7258 中的有关规定	路试或检测
		制动踏板自由行程	符合规定	—
		驻车制动性能	应符合 GB 7258 中的有关规定	路试和检测
8	滑行	滑行性能	符合规定	路试或检测
9	车身、车厢	车身	驾驶室装置紧固，门锁链灵活无松旷，限动装置齐全有效，驾驶室车门关闭牢靠，无松动，挡风玻璃完好，窗框严密，门把、门锁、玻璃升降器齐全有效。发动机罩锁扣有效，暖风装置工作正常	检查
10	排放	尾气排放测量	符合有关标准的规定	检测

9.2.4　汽车各级维护实例

下面以实车为例，介绍汽车各级维护的主要作业内容。

（1）东风 EQ1090 型汽车日常维护

日常维护是各级维护的基础，属于预防性的维护作业，由驾驶员每天在出车前、行车中和收车后负责执行。以清洁、补给和安全检视为中心内容。

1）出车前维护

①清洁汽车外表，并检查报修项目是否修复良好。

②检查汽车主要外露部位的螺栓、螺母是否齐全、紧固、有效。

③检视机油、燃油、冷却水、制动液是否符合要求；电解液是否充足；轮胎气压是否符合标准。

④检视照明、信号、喇叭、刮水器、后视镜、门锁、门窗玻璃及其升降摇手柄是否齐全有效。

⑤检查乘员乘坐或货物装载是否符合规定，挂车、半挂车的牵引或连接装置是否牢固可靠，随车装备是否齐全。

⑥检视转向装置和横、直拉杆等连接部位是否牢固可靠；手制动器、脚制动器、离合器的工作情况是否良好。

⑦检查驾驶证、行驶证和必须携带的行车证件是否齐全。

⑧启动发动机，检查发动机运转是否正常，有无异响，各仪表工作是否正常；检查汽车各部有无漏水、漏油、漏气、漏电。

2）行车中维护

行驶途中的检查，包括途中行驶和途中停车两种检查。

①发动机水温高于 50 ℃以上，气压高于 390 kPa 才能行驶。

②注意各仪表工作是否正常。

③电、气喇叭音响是否正常。

④注意发动机和底盘有无异响和异味。

⑤注意转向系、制动系是否灵活、有效,离合器工作是否正常。

⑥检查制动器有无拖滞发热现象。

⑦检视轮胎外表及气压,清除胎纹中杂物。

⑧检视有无漏水、漏气、漏油现象。

⑨检视转向机构、操纵机构等各连接部位是否牢固可靠。

⑩检查离合器踏板自由行程,润滑踏板轴。

⑪检视拖挂装置是否安全可靠。

⑫注意乘客和货物的动态。

3)收车后维护

①清洁汽车外表及驾驶室内部。

②检视各连接装置有无松动。

③检视有无漏水、漏气、漏油现象,并补充燃油、润滑油、制动液。

④检视冷却系情况,夏季需要定期换水,以免堵塞;冬季应放水。

⑤检查轮胎气压状况并清除胎纹中杂物。

⑥检视钢板弹簧总成情况。

⑦叠片式粗滤器应顺时针转动粗滤器手柄3~5圈。

⑧需放净储气筒内的积水、油污,并关好开关。

⑨排除故障并报小修项目。

⑩通过日常维护,使汽车达到车容整洁;螺栓、螺母不缺不松,油、气、电、水不渗不漏,轮胎气压正常;手、脚制动及转向系统灵活可靠;润滑良好;发动机,底盘无异响;灯光、喇叭、刮水器等工作正常。

⑪冬季气温低于 - 30 ℃,露天放置的车辆应拆下蓄电池放入室内保温。

(2)东风 EQ1090 型汽车一级维护

一级维护由专业维修工负责执行。除日常维护作业外,以清洁、紧固、润滑为中心内容,并检查有关制动、操纵等安全部件。

①清洁汽车及各总成的外部。

②清洁蓄电池外部,检视并添加蒸馏水。

③检查并紧固车前钣金零件、驾驶室、车厢等部位的连接螺栓。

④检查并紧固发动机的悬置件。

⑤检查变速器及减速器的润滑油平面,清洁通气塞。

⑥检查并调整风扇皮带及空气压缩机皮带的松紧度。

⑦检查传动轴十字轴 U 形螺栓、中间支承万向节 U 形螺栓和其他传动部分螺栓的紧固情况。

⑧检查转向机构各连接螺栓的紧固情况。

⑨检查前、后钢板弹簧 U 形螺栓及支架的紧固情况。

⑩按规定进行润滑。

(3) 东风 EQ1090 型汽车二级维护

二级维护由专业维修工负责执行。除一级维护作业以外,以检查、调整为中心内容,并拆检轮胎和进行轮胎换位。

①一级维护的全部项目。

②拆检车轮制动器,润滑制动蹄轴,清洗、润滑并调整轮毂轴承,调整制动蹄摩擦片与制动鼓之间的间隙,轮胎换位。

③检查发动机、变速器、转向器、减速器的润滑油,添加或更换。

④放出汽油箱内沉积物,清洗汽油滤清器和化油器进油接头上的滤网,清洁空气滤清器滤芯。

⑤调整气门间隙。

⑥清洗机油细滤器转子外罩内壁沉积污垢。

⑦更换机油粗滤器纸滤芯。

⑧清洁并润滑分电器。

⑨清除火花塞积炭,校正电极间隙。

⑩检查蓄电池电解液密度,必要时进行充电。

⑪检查离合器踏板自由行程,润滑踏板轴。

⑫清洗空气压缩机的空气滤清消声器的滤芯及储气筒单向阀。

⑬清洗气压调节阀接头处的滤芯罩和滤芯。

⑭检查转向器油面,不足时添加。

⑮检查转向盘的自由转动量,必要时进行调整。

⑯检查传动轴十字轴轴承及中间支承有无松旷,检查各叉形凸缘螺母的紧固情况。

⑰检查并调整前轮前束。

⑱检查曲轴箱通风装置,清洗单向阀。清洁并润滑起动机、发电机。

⑲按润滑规定进行润滑。

(4) 柴油车的维护

柴油车除燃料系的作业项目外,其余均与汽油车相应各级维护作业范围相同。其燃料系的维护如下:

1)日常维护

①清洗加油管口的柴油滤网。

②从粗、细柴油滤清器内放出沉淀油污,并随即启动发动机 2~3 min。

2)一级维护

①放出柴油箱内的沉淀物质。

②清洁输油泵和柴油滤清器外表,清洗滤网;放出柴油滤清器中的沉淀物质;用柴油清洗内部;放出输油管路中的空气,检查供油系统的密封情况。

③检查供油操纵机构的连接情况,润滑所有接头。

④检查喷油泵和调速器的机油平面,视需要添加机油。

3)二级维护

①拆洗柴油箱。

②清洗柴油滤清器及其滤芯,视需要更换滤芯;疏通柴油管路。

③拆洗输油泵,清洗滤网,检查油阀工作情况,视需要调整输油压力。

④清洗喷油器,清除积炭,检查各喷油器的喷油压力和雾化情况。必要时拆检喷油器。

⑤清洗喷油泵和调速器,试验其工作性能;更换喷油泵和调速器内的机油,检查连接部分。

(5)挂车的维护

挂车的结构虽然比主车(牵引车)简单,但也必须定期进行维护。任何重主车、轻挂车的做法都是错误的,不但使挂车加剧损坏,而且容易造成严重事故。

挂车的维护作业可结合主车维护作业。其维护作业也可分为日常维护、一级维护和二级维护等。

1)日常维护

日常维护分为出车前、行车中和出车后维护。

①检查轮胎外表是否有损伤和嵌石,轮胎气压是否符合规定,轮胎螺母是否紧固。

②途中停车时,检查悬架部分的连接紧固情况;钢板弹簧有无折断或移位。

③摸试检查轮毂、制动鼓有无过热现象。

④检查拖曳装置、牵引架等连接是否良好。

⑤检查牵引架、转盘、转盘中心螺栓等是否良好。

⑥检视拖曳装置、牵引架、牵引架销和销座各部连接的可靠性。车轮转向式挂车应检查全部转动和连接部位工作是否可靠。

⑦检查制动装置连接是否可靠。

⑧检查灯光标志信号等装置是否完好。

⑨注意挂车在行驶中是否有过分偏摆和振抖的现象。

⑩检视挂车和主车拖挂连接的可靠性。

⑪检查气压式制动装置的管路连接是否良好。

⑫检查灯光、标志信号装置是否良好。

⑬检查防护网及支架,保险钢丝绳(链)等是否完好。

⑭其他项目与主车相同。

2)一级维护

一级维护以润滑、紧固为中心,除执行日常维护作业项目外,还有以下内容:

①检查车架及挂环、转盘架、车轴、牵引架、缓冲弹簧和安全防护装置有无损坏。

②紧固各外露部位螺栓、螺母。

③按规定对润滑部位加注润滑脂。

④其他项目与主车相同。

3)二级维护

二级维护以检查、调整为中心,除执行一级维护作业项目外,还有以下内容:

①检视牵引架挂环磨损情况。

②拆检转盘、滚子滚道、中心销及套的磨损情况。

③按规定对润滑部位进行润滑。

④其他部位与主车相同。

9.3　非定期维护

9.3.1　换季维护

换季维护是指为了使汽车适应不同季节的环境变化而实施的特殊的保护性维护。由于冬季和夏季气温相差较大,为保证车辆在冬、夏季的合理使用,在季节转换之前,应结合定期维护,附加一些相应的项目,使汽车适应气候变化的运行条件,此种附加性维护称为季节性维护。季节性维护一般分为换入冬季时的维护和换入夏季时的维护。

(1)冬季维护内容

①检视百叶窗能否全闭;安装发动机附加保温罩及启动预热装置。

②根据润滑油的使用性能,发动机及底盘各总成换用冬季用润滑油。

③放出变速器、分动器、差速器及转向器等处的夏季齿轮油;清洗、检查齿轮和轴承,校正主减速器齿轮的啮合间隙,然后加注冬季用齿轮油。

④测试节温器效能。

⑤调整蓄电池电解液密度(适当增大,在严寒地区电解液密度应不低于1.25),校正发电机调节器,适当增加充电电流和电压。

⑥进、排气歧管上有预热阀装置的调整到"冬"字位置。

⑦调控火花塞间隙和断电触点间隙(适当减小),以增强火花强度。

⑧采取防寒,防冻、防滑等保护措施。

(2)夏季维护内容

①检查百叶窗的开闭功能,拆除发动机的保温功能附件和预热启动装置,对其进行整修后妥善保管。

②拆洗汽缸体和散热器的放水开关,清洗发动机水套,测试节温器效能。

③放出发动机润滑油(单级油)、空气压缩机润滑油、机油滤清器中的冬季用油,清洗润滑系统,加入夏季机油。

④放出变速器、分动器、差速器及转向器等处的冬季齿轮油;清洗、检查齿轮和轴承,校正主减速器齿轮的啮合间隙,然后加注夏季用齿轮油。

⑤清洗轮毂轴承,换用稠度较高的轴承润滑脂。

⑥调换进、排气歧管上的预热阀于"夏"的位置。

⑦调整发电机、分电器、火花塞间隙及蓄电池电解液的密度。

⑧打开机油、散热器开关,清通各通气道。

9.3.2　走合期维护

走合期维护是指对新车或大修后的车辆在运行初期所作的维护,其目的是改善零件表面几何形状和表层物理力学性能。汽车的走合期维护是确保汽车使用寿命的关键,所以在走合期内要特别注意走合前、走合中、走合后的维护。

（1）**走合前的维护**

①清洗全车外部。

②检查、紧固外露的螺栓、螺母和锁销。

③检查蓄电池的放电情况、电解液密度和质量。

④检查轮胎气压是否符合标准。

⑤检查冷却水、润滑油、制动液及其他工作液液面是否正常，各结合面是否有渗漏；必要时进行添加或更换。

⑥检查变速器各挡是否能够正确啮合；检查转向机构是否灵活可靠；检查制动系统是否灵敏有效，不符合要求的应予以调整。

⑦检查电器、灯光、仪表是否工作正常。

（2）**走合中的维护**

走合中的维护一般是指完成走合里程一半时的汽车维护，主要的维护项目包括以下内容：

①清洗发动机润滑系统，更换润滑油和滤芯，润滑全车各个润滑工作点。

②检查制动效能和制动稳定性，不符合要求的应立即调整或更换。

③检查、紧固发动机缸盖和进气道螺栓、螺母及其他外露螺栓。

④检查轮胎的磨损、温度和气压等状况。

（3）**走合后的维护**

走合后的维护作业项目应结合二级维护对汽车进行全面的清洗、检测、紧固、调整、补给和润滑作业。主要的作业项目包括以下内容：

①清洗机油盘，更换"三滤"（机油滤清器、燃油滤清器、空气滤清器）和机油。

②检查、调整或更换火花塞及调整气门间隙。

③润滑汽车各个润滑点。

④检查调整离合器踏板和制动踏板自由行程，调整制动器间隙，更换制动蹄片。

⑤按技术要求紧固汽缸盖螺栓和外露螺栓螺母。

⑥清洗检查变速器、差速器、轮毂、转向节等总成和部件，并进行换油。

⑦拆除限速装置。

（4）**以东风 EQ1090 型汽车为例，说明走合维护具体作业内容**

1）走合前维护主要内容

①清洗汽车，检查各部位的连接及紧固情况。

②检视散热器的存水量及冷却系统有无漏水现象。

③检查制动系统的工作是否正常，各管路接头处有无漏气现象。

④检视发动机、变速器、减速器以及转向器内润滑油油面是否符合规定，不足时应予补加，并检查有无漏油现象。

⑤检查转向机构各部位有无松旷和卡滞现象。

⑥检查轮胎气压是否符合标准。

⑦检查电气设备、灯光和仪表工作是否正常，同时检查蓄电池的电解液面高度是否符合规定。

⑧检查变速器各挡是否正确啮合。

2）走合中维护

①应在平坦良好的路面行驶。

②正确驾驶,平稳地接合离合器,及时换挡。严禁拖挡、猛冲,避免突然加速和紧急制动。

③速度限制：

一挡	不超过 5 km/h
二挡	不超过 10 km/h
三挡	不超过 15 km/h
四挡	不超过 25 km/h
五挡	不超过 40 km/h

为限制汽车在走合期内的速度,出厂时在进气歧管与化油器之间装有限速片,用铅封锁住,走合期内严禁拆除。

④载质量限制：走合期内不允许拖带挂车,载质量不得超过 3 500 kg。

⑤经常注意变速器、后桥、轮毂以及制动鼓的温度,若有严重发热时,应查找原因予以排除。

⑥尤其应注意机油压力和控制发动机冷却水的正常温度。

⑦走合 200 km 以后,应按规定力矩和顺序拧紧汽缸盖及进、排气歧管螺纹、螺母。

⑧走合 500 km 以后,应在热车状态更换发动机机油,并防止铁屑、污物等杂质堵塞油道,刮伤轴承。

东风 EQ1090E 型汽车新车出厂时,发动机润滑油内加有特殊添加剂,以促进发动机摩擦副零件的早期磨合。因此在 500 km 或 1 000 km 换油时,最好将其沉淀后滤去杂质再用。

3）走合后维护

①清洗发动机油底壳和粗滤器,并更换发动机机油,按规定力矩检查连杆螺栓和曲轴轴承盖螺栓的紧固情况。

②清洗变速器、后桥、转向器,并更换润滑油。

③检查并紧固车身、车厢各部的连接情况,调整车厢栓钩。

④紧固前、后悬架的 U 形螺栓的紧固螺母(在满载情况下进行),检查后钢板弹簧固定端的螺栓以及小 U 形螺栓的紧固情况。

⑤按规定力矩检查底盘和传动部分的各部连接情况。

⑥按规定力矩紧固转向机构各带有开口销的螺母。

⑦按规定力矩检查并紧固制动底板的紧固螺栓、螺母。

⑧调整点火正时,调整发动机怠速和检查气门间隙。

⑨按一级维护作业项目进行润滑和维护。

9.3.3　封存启用维护

车辆的封存启用维护是对较长时间闲置的车辆所进行的维护,目的是在停用期间保持车质车况处于良好的技术状况。当车辆较长时间封存时,由于汽车各机件受自然条件的影响,会产生锈蚀、橡胶老化等问题,使车辆的技术状况逐渐变坏,因此,必须对所封存的车辆进行必要的维护。

（1）做好二级维护

封存前要进行一次二级维护作业。车辆要用支架支起，使轮胎离开地面；发动机机罩和门窗要关闭严密、锁紧。检查油漆，脱落之处应涂以防锈漆；排除发动机曲轴箱和汽缸中的废气和可燃混合气，并向发动机火花塞孔内加注脱水机油，以防化学腐蚀和氧化。密封各总成的孔隙、放松风扇传动带和空气压缩机传动带；对于重要的橡胶制品应涂以橡胶防老化涂料。蓄电池应按时充电。电解液的密度和液面高度应符合规定，并定期检查维护。

（2）车辆露天封存

要用苫布等物遮盖，防止日晒雨淋；放尽油箱内的燃油，停车方向应尽可能使汽油箱背向阳光。停放封存车辆的周围不准堆放易燃易爆物品，并应备有消防器材和制订消防方案。

（3）定期检查

检查车辆各系统及总成零部件的工作情况，并给予必要的补充维护作业；每隔一个月摇转曲轴 20 ~ 30 转；每隔一季度要进行一次原地发动机运转和传动系统的空转试验；每隔半年应进行短距离的空车行驶试验。空驶前的车辆应严格按照出车前的操作规程进行检查，对行驶中和行驶后出现的故障或异常现象要及时排除。

（4）妥善保管

封存后的车辆要进行妥善地保护和管理，经常检查封存车辆的外观和技术状况，严格执行封存车辆的维护制度。要最大限度地减少自然侵蚀，保证车辆能在短时期内迅速启封使用。严禁拆卸和挪用车辆上的任何零部件。

（5）启封使用

启封前应进行一次二级维护作业，对车辆进行全面、细致地检查和清洁工作，进行路试合格后，方可投入正常使用。

知识拓展

常见的错误养车法

有车族对爱车总是爱护有加，但不少车友用的却是错误的保养办法，结果自然适得其反。

（1）机油加得过多

当机油不足时，轴承与轴颈等会发生润滑不良、加剧磨损甚至引发烧瓦轴事故。但机油太多，发动机同样也要出故障，即在工作时曲轴柄、连杆大端会产生剧烈搅动，将增加发动机内部功率损失，还会使溅到缸壁上的机油增多，产生烧排机油故障。因此，机油应控制在机油尺的上、下刻线之间为好。

（2）盲目喜欢进口轮胎

有些车友特别喜欢进口轮胎，但适合欧洲路况的轮胎在国内往往难有上佳表现，特别是在胎侧的耐冲击力方面特别"娇气"，容易引发胎侧起包等。一些国外品牌的轮胎在国内合资生产后，都根据国内道路状况在轮胎侧面增加了一层帘子布，从而大大增强了胎侧的抗冲击力，合资生产的轮胎从性能上讲完全能够替代进口轮胎。

(3)车内设备随意增加

爱车对车主来说就像一个移动的家，追求车内乘用舒适和豪华无可厚非，但不少车主喜欢在车内加装各种设备。这种改装，如果处理不妥当，会影响汽车性能及操纵，易留下后遗症或影响行车安全。

(4)太阳下洗车伤车漆

很多私家车主喜欢在烈日下洗车，认为这样洗后很快就能将车身上的水晒干，实则错矣。太阳下洗车，洗后车身很快就会晒干，但同时也易损伤车漆，因为太阳下，水所形成的凸透镜效果会使车漆的最上层产生局部高温现象，时间久了，车漆便会失去光泽。若是在此时打蜡，也容易造成车身色泽不均匀。所以，洗车打蜡最好是在有遮蔽的条件下进行，如果无法保证，则最好选在阴天或是晴天的早晨、傍晚时分进行。

(5)水箱"开锅"忙加水

夏季天气热，有的司机一看见水箱出现"开锅"现象，就担心发动机温度再升高，立即熄火加水。这种做法是错误的，它极可能造成汽缸盖因为突然受冷而出现开裂现象。

如果碰见水箱"开锅"，一般正确的方法是：立即停车，让发动机保持怠速空转继续散热；同时打开发动机罩，提高散热速度。待冷却水温度降低后，再将发动机熄火。此时如果冷却水数量不足时，应缓缓添加，以防汽缸盖因骤然受冷而出现开裂。

(6)冷却水温度太低——磨损发动机

夏季天气炎热，有的司机为了防止发动机温度过高，一味要求冷却水温度尽可能的低；有的司机为了达到降温的目的，干脆把节温器拆去，这些做法都是不对的。

汽车发动机既怕热又怕冷，如果冷却水温度过低，会使燃油燃烧恶化，油耗增加，加剧磨损，机油黏度增加，发动机功率降低。试验表明，汽车行驶时冷却水温度为 40 ~ 50 ℃时，发动机磨损增加 60% ~ 80%，功率降低 25%，油耗增多 8% ~ 10%。因此，发动机冷却水的温度并非越低越好，一般应控制在 80 ~ 90 ℃。

(7)长期不用车或短途用车

有的人虽然成为有车族，但平时"不舍得"开车，只有放假时才开车出去玩，其实这样的用车方式是很伤车的。引擎与变速箱等传动机件表面会因常处于与空气直接接触的状态而生锈，电瓶也会因为长期的自然放电影响使用寿命。最好的方法是每隔几天就运行一次车，每次行驶 30 ~ 40 min。另外，总是短途用车也会伤车，车随时在动但都开不远，是伤车的重要原因。

车上机件在发动机启动至稳定阶段之间磨损最严重，发动一次车电瓶所消耗的电力也大约要行驶 20 分钟才能补足，这样的用车习惯很容易使车子提早出毛病。

(8)新蓄电池不充电

蓄电池的首次充电称为初次充电，初次充电对蓄电池的使用寿命有极大的影响。若不充电，即加"水"直接使用，蓄电池的容量不高，寿命将缩短；若直接充电，也会缩短寿命。通常蓄电池的初次充电是在加注完电解液后，用小电流充电大约 1 h 即可安装使用。

(9)螺栓过紧

汽车上用螺栓、螺母连接的紧固件很多，应保证其有足够的预紧力，但也不能拧得过紧。若拧得过紧，一方面将使连接件在外力的作用下产生永久变形；另一方面将使螺栓产生拉伸永久变形，预紧力反而下降，甚至造成滑扣或折断现象。

(10) 风扇皮带太紧

夏季气温过高,有的司机认为提高风扇皮带的紧度,可以提高发动机冷却效果,因此便一个劲地提高风扇皮带的紧度,造成风扇皮带过紧,殊不知这样的做法是不对的。风扇皮带应该保持松紧适当,因为过紧会使轴承负荷过大,磨损加剧,功率消耗增加,同时也会使水泵轴弯曲,皮带拉长变形,寿命缩短。

(11) 洗车像洗澡

夏季气温升高,灰尘加大,车身容易脏,车主洗车的频率也开始上升,很多车主在洗车时也希望像给自己洗澡一样弄得彻彻底底。但这里要注意的是,一定要保持汽车空调外表的干爽,如果汽车空调不小心被弄湿,会影响汽车空调的寿命。

习　题

1. 我国汽车维护制度的原则是什么?
2. 简述我国现行的汽车维护的分级。
3. 日常维护的基本要求有哪些?
4. 简述汽车一级维护和二级维护的基本要求。
5. 汽车非定期维护的内容主要有哪几项,分别说明为什么要进行这些非定期维护?
6. 汽车走合期维护的基本内容有哪些?
7. 汽车换季维护的内容有哪些?
8. 汽车封存启用维护的措施有哪些?

第 10 章
汽车保养

学习目标

【能力目标】

1. 能正确使用保养工具；
2. 能按照工艺流程进行规范的保养操作；
3. 能正确规范地填写工单。

【知识目标】

1. 掌握车用工作油液的选择原则及数字字母的含义；
2. 掌握轮胎上字母数字代码的含义。

10.1 汽车保养的意义

汽车的使用性能随着行驶里程和时间的增加，以及受到各种环境因素、使用方式等因素的影响，车辆的动力性、经济性和可靠性逐渐下降。尤其是发动机机油受高温、高速或者低温磨合等工况的影响，会产生变黑、变质、机油添加剂变性、机油滤清器堵塞等现象，造成发动机工作恶化。另外，在汽车使用过程中零件会发生松落、磨损、老化等现象，影响汽车的正常使用。因此，必须对车辆进行定期保养。

汽车保养与汽车维修是不一样的，下面来了解下汽车保养与维修的区别和联系。

10.1.1 保养和修理的区别

（1）作业技术措施不同

保养以计划预防为主，通常采取强制实施的作业；而修理是按计划视需要进行的作业。

（2）作业时间不同

保养通常是在车辆发生故障之前进行作业；而修理通常是车辆发生故障之后进行作业。

（3）作业目的不同

保养通常是降低零件磨损速度，预防故障发生，延长汽车使用寿命；而修理通常维修已出现故障或失去工作能力的机件、总成，恢复汽车良好的技术状况、工作能力，延长使用寿命。

10.1.2　保养与修理的关系

汽车保养和汽车修理是密切相关的。修理中有保养,保养中有修理。在车辆保养过程中可能发现某一部位或机件将要发生故障或损坏的前兆,因而可利用保养时机对其进行修理。而在修理的过程中,对一些没有损坏的机件也要进行保养,这是很自然的事情。

因此,汽车保养和汽车修理的关系是辩证的。在日常活动中,一定要处理好两者之间的关系,坚持以保养为重点,克服"重修轻保""以修代保"的不良倾向。"三分修,七分养"说的就是这个道理。

10.2　汽车保养操作规范与流程

汽车保养是保持汽车处于良好技术状况的基础,也是汽车实现高效、低耗、安全、可靠运行的基本技术保证。定期对车辆进行各级维护保养,可以延长汽车使用寿命,减少维修次数,降低使用成本。各个汽车公司针对每款车型都有相应的保养工艺手册,保养工艺手册是维修保养人员的操作规范和保养指南,维修保养人员按统一标准和程序进行保养,可实现保养流程的标准化、规范化和程序化。

车辆的保养分为两种情况,一种是在一般使用条件下的车辆保养,另一种是在苛刻使用条件下的车辆保养。

正常行驶状态称为一般使用条件,相对使用环境恶劣的状态称为苛刻条件。苛刻条件通常指:出租车、租赁车、教练车等营运性质的车辆、比赛用车;在温度经常超过30 ℃的环境下用车;在工地、矿山、沙地、空气污染较重等灰尘较大的环境下用车;经常短途(5～10 km)行驶的车辆;经常添加劣质汽油或者含硫较高的汽油的车辆。

苛刻条件下使用的车辆,或者接近苛刻条件使用的车辆,应以定期保养规范为基础适当缩短保养里程或时间间隔。对于保养间隔为10 000 km的车辆,建议每隔6 000～7 500 km进行一次更换发动机机油和机油滤清器、清洁空气滤清器等项目的维护;对于保养间隔为15 000 km的车辆,建议每隔7 500～10 000 km进行一次更换发动机机油和机油滤清器、清洁空气滤清器等项目的维护;或者每间隔6～8个月进行一次更换发动机机油和机油滤清器、清洁空气滤清器等项目的维护。

10.2.1　保养操作的要点

①保养操作每一步骤中,如发现有问题应通过服务顾问向用户指出并在派工单上注明,征得客户同意后再作进一步处理。

②边检查、边记录,不允许先记录后检查,规范填写工单。

③目视检查的部位要做到眼到、手到、嘴到,边做边报。

④严格按照保养工艺规范操作,螺栓力矩按工艺手册规定力矩拧紧。

⑤时刻注意安全,包括自身安全、车辆安全、他人安全。操作过程如果需要启动车辆,先提醒车前人士。车辆举升过程中,注意车辆支撑是否可靠,支撑位置是否恰当;车辆下降过程中,注意观察车辆下无人后再操作。

⑥工具、零件、油液三不落地。

⑦使用厂家推荐的油液。

⑧检查部位作适当清洁。

保养操作一般由 2 人一组共同完成,操作过程有分工,也有协作。

10.2.2　汽车保养操作流程

(1)第一部分:车辆进入工位,车轮着地-半着地

1)准备工作

①保养操作之前,先做好准备工作,包括使用工具的准备和整理,取下身上的钥匙链、手表、戒指等金属饰物,以防操作过程划伤车身。

②安装维修保养 4 件套,即驾驶员座椅套、方向盘套、变速杆套、脚踏垫。

③维修技师 B 在车辆后侧方引导,维修技师 A 驾驶车辆进入工位。

④查看车辆 VIN 码,根据车辆年份代码选择合适的工单。

⑤快速垫好车轮三角木,并插上尾气吸收管,检查车身表面及灯罩表面有无刮痕损伤。

2)检查车辆减振器

①按压车辆减振器上方,正常的按压应该有一定弹性,但又不是很轻松。

②举升车辆至车轮半着地位置,环车一周,检查举升机支撑是否可靠。

3)雨刮的检查

①技师 A:检查雨刮片是否失效或老化,喷嘴是否松动;在挡风玻璃上喷水,防止雨刮片干刮。技师 B:在车内打开开关配合检查。

②检查雨刮器各个挡位可否正常刮刷,风挡玻璃清洗液有无喷出。能喷出则认为液位正常,不能喷出则添加清洗液至可喷射即可。

4)灯光检查

①技师 A:检查前部灯光,包括示廓灯、近光灯、远光灯、前雾灯、左转向、右转向、危险警报灯、喇叭,关闭手势。然后检查后部灯光,包括示廓灯、制动灯和第三制动灯、倒车灯、后雾灯、左转向灯、右转向灯、危险警报灯及牌照灯,关闭手势。技师 B:在车内打开开关配合检查。

②雨刮及灯管配合检查过程中,维修技师 A 和技师 B 要先进行位置校核。车内的技师 B 要能清楚看到技师 A 的手势,再进行后面的手势操作,边做边报。

雨刮及灯光检查的手势图见表 10.1。

表 10.1　雨刮及灯光检查的手势图

说明内容	手　势	前　部	尾　部
伸出双手,两手握成拳		准备	准备

续表

说明内容	手　势	前　部	尾　部
伸出两手的小指		小灯检查	小灯检查
竖起两手的大拇指		大灯近光检查	刹车灯检查,踩 2 或 3 次刹车踏板
竖起两手的大拇指并指向后方		大灯远光检查	倒车灯
大拇指指向驾驶席一方		驾驶席的转向灯检查	驾驶席的转向灯检查
大拇指指向副驾驶一方		副驾驶的转向灯检查	副驾驶的转向灯检查
双手的大拇指朝外		危险警告灯	危险警告灯

续表

说明内容	手　势	前　部	尾　部
竖起两手的大拇指,并朝下		雾灯检查	雾灯检查,同时检查车牌灯
检查完毕 伸出双手,两手握成拳		检查完毕,关灯	检查完毕,关灯

灯光检查完毕后,打开发动机舱,铺挂翼子板防护罩。取出备胎,放到备胎架上。

5)蓄电池检查

①技师 A:检查蓄电池的固定有无松动,蓄电池极柱应清洁无锈蚀、无烧损。检查正极接头卡箍与极柱底部是否接触良好,使用万用表检查蓄电池的静态电压,静态电压应大于或等于 12.4 V;检查蓄电池动态电压,发动机转速稳定在 2 000 r/min 时,蓄电池动态电压应为 14 ~ 14.8 V。技师 B:启动发动机使发动机转速稳定在 2 000 r/min。

注意事项:启动车辆前提醒车前人员注意。

②维修技师 A 负责发动机舱的检查,维修技师 B 负责驾驶室内的检查。

6)发动机机油液面检查

①将车辆停放在水平地面上,发动机停止运转 10 min 以上让机油回流到油底壳;将机油标尺拔出查看机油是否异常,然后擦净机油;将油尺完全插入导管,再次拔出油尺检查:油液位超过机油标尺上、下限标记1/2处为合格;否则应排除泄漏后,再添加接近到上限标记处,清洁擦拭干净。

注意事项:使用厂家推荐的机油;机油标尺把手一侧的位置应该高一些,以免机油回流造成读数错误;油尺下放置一手帕,以防机油滴落到车身或地面上。

符号 W 前面的数字越小,说明其低温黏度越小,低温流动性越好,适用的最低气温越低。W 后面的数字越大,其黏度越大,适用的最高气温越高。W 前面的数字越小,W 后面的数字越大,说明机油黏温特性越好,适用的气温范围越大。例如 SL5W30,SL 表示机油的质量等级,5W30 表示机油的黏度等级。W 表示冬季,5W 表示最低环境使用温度是 − 25 ℃,最大低温为 − 25 ℃,黏度为 3 500 MPa·s。100 ℃ 运动黏度最小为 12.5 mm^2/s。

②拧松机油加注口盖,拧松机油滤清器。拧松但不取下,以防杂物落入。

7)冷却液面检查

在发动机停止工作 10 min 后或水温显示低于 100 ℃ 后开始检查;确认冷却液膨胀罐或水箱中的冷却液液位在 MAX 与 MIN 标记之间。如果液位低于 MIN 标记,应先排除泄漏、排气故障,然后添加至接近 MAX 标记处,清洁擦拭干净。

注意事项:用湿抹布包住后慢慢松开膨胀罐或水箱盖子,待降压后再打开,注意防止高温水蒸气烫伤。每次都必须用测试仪检查冷却液的冰点,冰点应低于 $-35\ ℃$,否则应更换冷却液。图 10.1 为冰点测试仪。图 10.2 至图 10.5 为冰点测试仪的测量结果。

图 10.1　冰点测试仪

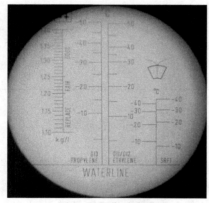

图 10.2　背对光线

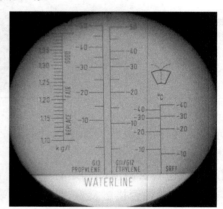

图 10.3　刚好在零刻线

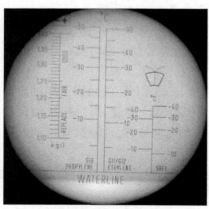

图 10.4　低于零刻线

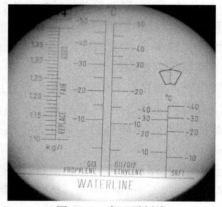

图 10.5　高于零刻线

冷却液冰点测试仪使用前需要清洁、校零。使用前应冲洗去除以前残留的液体和杂质。然后校零,对着光线,如果刻度低于或高于零刻线,需要调到零刻线,如图 10.6 所示。调零后,用吸管(图 10.7)吸少许冷却液滴到测试仪上,如图 10.8 所示,盖上玻璃片,对着光线观察,冰点应低于 $-35\ ℃$,否则应更换冷却液。

图 10.6　校零

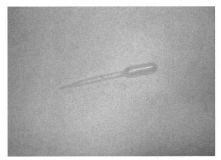

图 10.7　吸管

图 10.8　加冷却液

8）动力转向液面检查

拧下动力转向储液罐盖,将油尺擦净;拧紧储液罐盖,再次拧下储液罐盖;检查液面,分以下两种情况:在 H 标记与 ADD 标记之间,如果液位低于 ADD 标识,应先检查是否有油液泄漏,然后添加至接近 C 标记处;在 MAX 标记与 MIN 标记之间,如果液位低于 MIN 标记,应先检查是否有油液泄漏,然后添加至接近 MAX 标记处。清洁擦拭干净。

注意事项:如系统有泄漏,排除故障后必须排气。

9）制动液液面检查

目视检查:检查制动液液面是否在 MAX 和 MIN 标记之间,如果液面低于 MIN 标记,应先排除制动系统是否有泄漏或者制动蹄/片是否磨损严重;然后添加制动液至接近 MAX 标记处;最后擦拭干净。

对于行驶时间超过 1 年的车辆,还需用制动液检测仪检查制动液的含水率,如图 10.9 至图 10.11 所示。检测时检测仪发出绿灯则制动液为合格,如果出现红光或者是黄光,则表示制动液不正常,应更换制动液。制动液一般 2 年更换一次。

注意事项:如系统有泄漏,排除故障后必须排气。黄色灯介于正常和非正常之间,通过服务顾问建议用户更换。

图 10.9　正常(绿色)

图 10.10　不正常(红色)

图 10.11　不正常(黄色)

10）风挡玻璃清洗液液面检查

风挡玻璃清洗液能喷出则认为液位正常，不能喷出则添加清洗液至可喷射即可。

11）空气滤清器滤芯、空调滤芯的清洁

进行空气滤清器清洁工作：先清洁外表面，拆除空气滤清器滤芯用压缩空气进行清洁，如图10.12所示。滤清器内部也要进行清洁，全部进行清洁完毕后，再装复空气滤清器滤芯。

空调滤芯的清洁与空气滤清器类似，如图10.13所示。

图10.12　空气滤清器滤芯　　　　图10.13　空调滤芯

注意事项：压缩空气吹的方向与进气方向相反。

12）检查曲轴箱通风软管是否堵塞

维修技师B配合启动发动机，维修技师A拔下曲轴箱通风软管一端，观察管口有无出风。

13）检查上部管路、线束

检查各传感器线束固定是否良好，线束有无老化、破损，走向有无干涉。检查发动机舱上部燃油管、进气管、冷却液管、助力转向液管、制动液管路、空调管路等，检查接头是否渗漏，固定是否牢靠，走向有无干涉。同时检查发动机变速器上部各密封面有无油、水的渗漏。对所有检查的部件进行清洁。

技师A操作的同时，维修技师B配合技师A，在车内外同时进行检查。

14）车内检查

检查内部灯光照明、阅读灯、氛围灯是否正常；检查照明组合仪表是否正常；检查天窗车窗玻璃升降器、防夹功能是否正常；检查中控门锁功能是否正常；检查无钥匙进入、一键启动功能是否正常；检查空调、音响各功能按钮是否正常；变速器操纵杆的变换是否工作正常；使用诊断仪读取和删除故障；检查方向盘高度调节功能是否正常；检查座椅前后位置调节、座椅高度调节、座椅按摩功能、座椅加热功能、座椅头枕高度调节、儿童座椅安装纽扣等是否正常工作；同时检查驾驶员安全带功能是否正常；点烟器功能是否正常。

15）车外检查

①在车内检查完毕后应检查安全带的功能是否正常；在检查至后车门位置时要检查后阅读灯照明是否正常；检查驻车制动的功能是否正常。

②拧松轮胎螺栓。

注意事项：按对角线顺序拧松，用带指针指示的扭力扳手，勿用可调级式扭力扳手。

③松开手刹。完成第一部分的项目检查完毕后立即进行总结和记录。

(2) 第二工位：车辆举升至半人高位置

车辆举升至半人高位置。

1）轮胎轴承间隙检查

技师A、技师B同时在两侧上下搬动轮胎，检查轮胎轴承间隙是否过大、有无松旷现象。

2）拆卸轮胎

技师 A、技师 B 同时在两侧按照从前到后的顺序拆卸车轮,放在轮胎架上。注意:轮胎按顺序摆放,或者给各位置轮胎标号,以免顺序混乱,一般原位装复。

3）检查轮胎

检查轮胎和备胎花纹沟内有无石子异物等,如有则清理石子;如有钉子,则通过服务顾问与客户沟通后再作处理。检查轮胎是否偏磨,有无裂纹、鼓包、破损,轮胎花纹型号是否一致,轮胎安装方向是否正确,轮辋是否变形,平衡块是否缺失,气门嘴是否居中,气门嘴盖是否缺失。检查花纹深度并记录。有钉子扎入的轮胎要事先征询用户意见是否取出维修;有磨损、鼓包或气门嘴损坏的轮胎要通过服务顾问要求用户更换或维修。

4）检查制动片、制动盘厚度

①拆卸制动摩擦片,检查制动轮缸是否漏油,密封圈是否老化,是否变形。

②用游标卡尺测量制动片厚度并记录;用千分尺测量制动盘厚度并记录数据,测量时千分尺测量位置离制动盘边缘距离约 10 mm,测 3 次取最小值,3 个测量点相距 120°。

③如客户反映感觉制动时抖动比较厉害时,测量制动盘端面跳动量;测量完毕安装制动片。

注意事项:如果手上油渍粘到制动盘制动片,要对制动盘制动片进行清洁。游标卡尺、千分尺使用前要校零,如果无法校零,测量后要减去初始值。制动卡钳螺栓如拆卸必须使用新的。螺栓拧紧力矩须符合工艺手册上的力矩要求。

5）制动盘、车轮除锈

用砂纸打磨制动盘、轮毂与制动盘固定位置,除去锈渍,涂抹少许润滑脂。

6）检查减振器

技师 A、技师 B 同时在两侧工作,同时检查减震器防尘套有无裂纹老化、有无漏油情况。

7）检查制动器附近的管路、连接杆

技师 A、技师 B 同时检查左右两侧前制动器附近的转向球头销,横向稳定杆连接球头,稳定杆连接杆球头销,防尘套有无老化、裂纹、漏油现象。检查制动管路接头有无漏油,固定是否牢固,走向是否有干涉。检查轮速传感器有无破损,固定是否良好。

扳动制动盘检查转向齿条防尘套有无漏油或老化裂纹现象,固定卡箍出固定是否牢靠。转动制动盘检查传动轴轮胎侧和变速箱侧的防尘罩有无漏油或老化裂纹现象,固定卡箍处固定是否牢靠,对 ABS 齿圈附近作适当清洁。

（3）第三工位:车辆升起(举升至一人高)

维修技师 A 从车辆前部向后检查,维修技师 B 从车辆后部向前检查。

维修技师 A:拆下下护板,拆下油底壳放油螺塞,排空发动机机油。当机油呈滴状排出且每秒少于一滴即可排放干净,更换放油螺塞密封圈,用手将放油螺塞拧紧到位,再用扭力扳手拧紧。检查发动机底部燃油管、制动管、空调管、冷却液管、助力转向管,检查接头有无泄露,固定是否牢靠,走向有无干涉。检查发动机、变速器壳体有无可磕碰、有无油水渗漏现象。检查横向稳定杆、连接杆下部防尘套、三角臂球头和转向球头防尘套有无漏油或老化、裂纹现象。

技师 B:在车辆后部检查制动管接头是否漏油、固定是否牢靠、走向有无干涉。检查线束有无破损、固定数否牢靠、走向有无干涉。检查排气管纵向对中情况应无干涉现象,排气管表面是否锈蚀损伤,固定件应牢靠无松旷,排气管隔热板是否与车身底部接触,有无破损,固定牢靠,如有地盘剐蹭的应启动发动机后检查排气管有无漏气现象。

完成第 3 部分的项目检查后,立即进行总结和记录。

(4)第四工位:车辆下降车轮离地-着地

1)安装车轮

维修技师 A 和维修技师 B 同时安装左右两侧车轮。

车辆在举升机底部,车轮半着地。

2)紧固车轮螺栓

按工艺手册车轮螺栓拧紧力矩拧紧所有车轮螺栓。

车辆在举升机底部,车轮完全着地。

3)检查胎压

检查轮胎的胎压,包括备胎胎压,检查完毕把备胎放回后备厢。轮胎胎压标签一般在车辆 B 柱或 A 柱上。如某四轮中某一轮胎压与其他车轮胎压相差较大,则进一步对该轮胎进行漏气检查。给压力不足的轮胎加气或压力过高的轮胎放气。

4)加注机油

更换机油滤芯与密封圈、安装拧紧机滤并清洁机滤附近、加注发动机机油,清洁机油加注口附近。

5)检查发动机机油液面

连接好尾气抽取装置,启动发动机并保持发动机运转 1 min 左右,检查发动机机油液面是否正常。

6)更换火花塞

根据行驶里程更换,一般 30 000 km 更换。

(5)第五工位:车辆在举升机顶部

①举升车辆至车辆在举升机顶部。

技师 A:检查机油放油螺栓处及机滤安装处有无漏油现象,清洁发动机底部。

技师 B:安装发动机下护板,按维修手册规定力矩紧固底盘螺栓。

技师 A:降低举升机并塞好后车轮挡块。

技师 B:塞好前车轮挡块。

②车辆驶出工位。

技师 A:检查车门铰链并润滑。

技师 B:用发动机电脑读取故障码、删除故障码。

③取下防护五件套(换挡杆套、驻车制动杆套、方向盘套、座椅套及地板垫),清洁发动机机舱、取下前格栅布及左右翼子板布、盖好引擎盖并清洁。

技师 A、B 填写检查记录,整理工具,清洁工位。

④操作完毕。检查员抽检。检验员路试并检查动态仪表。

知识拓展

汽车停驶　保养别停

人们常说的:汽车不是用坏的,而是"放"坏的。汽车若长期不用,极易影响汽车的使用寿命,因此需要做特别的养护。

(1)汽车停驶的危害

1)油封老化

车辆停驶,油封四周的接触受力总是不均匀的。受力大的方向,油封变量就大;车辆停驶时间越长,其变量就越不易恢复,直到油封发生永久变形,这样非常容易漏油。

2)机油氧化腐蚀机件

车辆长期停驶,机油氧化的现象会很严重。机油氧化后,一是润滑的效果会变得很差,二是一些酸性物质还会对机件造成腐蚀。车辆停驶时间越长,变质越严重。当发动机再次启动时,汽缸与活塞间会形成干摩擦或半干摩擦,加速零件的磨损,缩短零件使用寿命,而且启动阻力大大增加,造成启动困难。汽车停驶后,发动机的汽缸、活塞表面的润滑油膜由于要接触空气中的氧气和其他有腐蚀性的酸碱成分,会造成润滑油膜变质,形成一层胶状物而失去润滑作用。车辆停驶时间越长,变质越严重。

3)蓄电池提前报废

现在,汽车上用的一般是铅酸蓄电池,其特点是一旦汽车停驶就会产生自放电。在正常条件下,蓄电池每昼夜自放电可使电容量下降1%以上。尤其严重的是,蓄电池长期自放电后,极板表面产生硫化物,影响蓄电池再充电的效果,最终导致蓄电池提前报废。

4)轮胎变形

汽车停驶后,汽车总重由4个轮胎接触地面的部位承受,从而造成接触部位受压收缩变形。汽车停驶时间越长,变形部位越不易恢复,使轮胎四周的承重分布发生变化,滚动半径不均匀,造成轮胎不平衡。一旦汽车进入高速行驶后,就会发生车身抖振,不仅影响乘车的舒适性,加速轮胎的磨损,还可给行车带来不安全的因素。

5)电子元件出故障

汽车上的电子元件及连接件有一个共同的特点,就是要防水、防潮和防腐蚀,否则就会引发故障。对于停驶车辆的电子元件或插线接头,受潮的可能性就会大大增加,并且停驶时间越长,发生故障的概率就越高。

(2)汽车停驶期间的保养

1)清洗整理

汽车停放前,应清洗整理全车,不要留下泥渍。胎压要调到上限,油箱内加满油,并关闭全车电路。若停放期超过一个月以上,不但要将胎压调到上限,而且应每隔一周定时移动车辆数厘米,以免车胎因固定一个位置受压着地,造成该部位辐射钢丝变形。

2)停放车库内

汽车停驶最好将汽车存放在车库内,以防日晒漆面褪色。如果没有这个条件,至少也要给汽车罩上汽车罩。要选择多层的汽车罩,这样就可以有效地减少阳光对漆面的影响。因为强烈的阳光照射能使漆面缓慢地褪色并且破坏汽车零件中的乙烯基、皮革和橡胶。另外,一定要选择质量好的汽车罩,并且大小要合适,否则车罩在风的吹动下与车身来回摩擦,如同给汽车罩上了一层砂纸,而且在不停地打磨。

3)车库内保持通风

车库内的潮湿不仅会使金属部件锈蚀,还会损坏电气元件,这对于自动化程度较高的汽车是致命的。因此,停放车辆的车库内应经常保持通风,使空气相对湿度保持在 70% 以下。在易锈蚀的部位和机件表面应涂以机油、润滑脂或者用油纸包扎起来。对于各总成机构上的孔隙,应加以密封,避免空气、水分和灰尘进入内部。

4)将车架起来

汽车在停驶前,应用的千斤顶或专用支架把车子架起来,使轮胎和悬架元件不再受力。

5)放净防冻液

汽车停驶前,应放净冷却系统中的全部防冻液,放掉机油,电瓶应在充足电后摘下桩头,在停放期间还应定期充电。

6)油箱要密封

汽车长期停驶,汽油的辛烷值会随着轻质成分的损失和胶质含量的增加而下降,从而使其抗爆性随之降低。因此,汽油油箱要严密封闭,并且避免温度过高,汽油储存的时间最好不要太长。

7)油箱要加满

如果车辆存放时没有或有少量的燃油,水会浸入系统中而使其生锈和腐蚀。如果系统中存有燃油,汽油中的化学物质会逐渐分解变化,其中的化学物质与氧气发生反应,产生胶质沉淀物和清漆类物质,这就会堵塞燃油管路。正确做法是向燃油中添加稳定剂,延长汽油的使用寿命并保证其不变质。

8)每月启动发动机一次

汽车如长期不用,最好每月启动发动机一次,检查发动机的运转情况。如有异常现象,需及时调整、维修。

9)每周行驶一段里程

当一段时间内不使用车时,最好每周将车开到公路上高速行驶一段里程,以保持车辆的各种使用性能。

10)检查蓄电池

蓄电池的电解液液面必须高于极板 10 ~ 15 mm,不足时应及时添加蒸馏水,应保持电量充足,必要时应对蓄电池充电。

习　题

1. 简述汽车保养的意义。

2. 汽车保养操作要点有哪些?

3. 两人一组做保养实操练习。

参考文献

[1] 余志生. 汽车理论[M]. 6 版. 北京:机械工业出版社,2018.

[2] 徐中明,肖盛云,何富俭. 汽车运用工程基础[M]. 3 版. 重庆:重庆大学出版社, 2013.

[3] 郭彬. 汽车使用性能与检测技术[M]. 2 版. 西安:西安电子科技大学出版社,2010.

[4] 杨柏青,王凤军. 汽车使用与技术管理[M]. 北京:北京大学出版社,2005.

[5] 黄俊平. 汽车性能与使用[M]. 北京:机械工业出版社,2004.

[6] 戴良鸿. 汽车使用与日常养护[M]. 2 版. 上海:复旦大学出版社,2016.

[7] 邹小明. 汽车使用与技术管理专门化[M]. 北京:人民交通出版社,2003.

[8] 陈作兴. 汽车一、二级维护[M]. 北京:机械工业出版社,2007.

[9] 张世荣. 汽车概论[M]. 2 版. 北京:高等教育出版社,2008.

[10] 曹建国,廖林清,等. 汽车概论[M]. 4 版. 重庆:重庆大学出版社,2016.

[11] 刘晶郁,李晓霞. 汽车安全与法规[M]. 2 版. 北京:人民交通出版社,2015.

[12] 杨万福. 发动机原理与汽车性能[M]. 北京:高等教育出版社,2004.

[13] 李军. 汽车使用性能与检测技术[M]. 北京:人民交通出版社,2002.

[14] 许洪国. 汽车运用工程[M]. 5 版. 北京:人民交通出版社,2014.

[15] 蔡凤田,等. 汽车节能与环保实用技术[M]. 北京:人民交通出版社,1999.

[16] 曹晓光,崔淑华. 汽车运用基础[M]. 北京:高等教育出版社,2005.

[17] 陈焕江. 汽车运用基础[M]. 3 版. 北京:机械工业出版社,2013.

[18] 范海燕. 汽车运行材料[M]. 北京:机械工业出版社,2009.

[19] 凌永成,李雪飞. 汽车运用基础[M]. 北京:北京大学出版社,2008.

[20] 赵英勋. 汽车运用技术[M]. 2 版. 北京:机械工业出版社,2017.

[21] 郎全栋,曹晓光. 汽车使用技术[M]. 北京:高等教育出版社,2005.

［22］何宝文,刘学明.汽车文化与常识[M].2版.北京:清华大学出版社,2015.

［23］孙凤英,臧杰.汽车运行材料[M].北京:人民交通出版社,2000.

［24］韩同群.汽车发动机原理[M].2版.北京:北京大学出版社,2012.

［25］戴良鸿.汽车使用与日常养护[M].2版.上海:复旦大学出版社,2016.